L'EMPREINTE

ISBN : 978-2-8132-3208-3

www.editions-tredaniel.com
info@guytredaniel.fr
www.facebook.com/tredaniel.reflexion
@tredaniel_reflexion

FLORIAN GOMET

L'EMPREINTE

UNE COURSE DE 3500 KM

SANS ARGENT SANS PASSEPORT SANS CHAUSSURES

Guy Trédaniel éditeur
19, rue Saint-Séverin
75005 Paris

La perfection est atteinte, non pas lorsqu'il n'y a plus rien à ajouter, mais lorsqu'il n'y a plus rien à retirer.

Antoine DE SAINT-EXUPÉRY

La société dans laquelle nous vivons est dans la croyance qu'avoir est plus important que faire, et que la résultante d'avoir et de faire est alors de pouvoir être.

Don Ernesto ORTIZ

Le dieu courant

Le voilà en courant : pieds nus, ses longs cheveux blonds descendant sur ses épaules. Il est comme Apollon, le dieu du Soleil. Sa course est si facile comme s'il courait avec le vent et la terre. À le regarder, on peut voir la beauté qu'il porte en lui : lacs de montagne clairs, des rivières furieuses, des plaines sans fin, on peut voir la liberté et la pureté de l'homme au début des temps. Il est la preuve que Dieu habite en chacun de nous.

Veronica BERINDE, athlète roumaine

SOMMAIRE

PRÉLUDE

Cette quête du dépouillement débute «par hasard», comme bien des choses décisives dans ma vie. Nous sommes en 2014, je suis alors un ancien prof de maths de 30 ans reconverti comme indépendant dans les travaux forestiers. Dans cette nouvelle vie, je trouve mon équilibre en partant en voyage, à vélo ou à pied, tous les ans pendant mes congés estivaux. Ma prédilection va à la montagne et l'Arctique, là où la nature est encore sauvage. J'ai ce besoin de solitude au milieu de la pureté de cette nature pour me ressourcer et me reconnecter au vivant. C'est là-bas que je m'extirpe de la civilisation, cette matrice avec son lot de règles, de devoirs, de croyances, ses consensus, ses peurs, ses tabous, etc. Le temps de ces voyages, je ne suis plus une personne juridique qui joue un rôle dans la société, mais tout simplement un être humain qui se connecte à la vie et à son être intérieur. Lors de ces retrouvailles avec la vie, la magie opère à chaque fois et je rentre alors chez moi un peu plus humain, plus vivant. Derrière moi, je laisse à la Terre des couches de conditionnements qui ne m'appartiennent pas et agissent comme un voile occultant la réalité et le Moi véritable.

En parallèle à ce processus de nettoyage alchimique, cela fait six ans que je poursuis une quête, inconsciente, sur les vérités éternelles de ce monde et ses lois. Je cours à leur rencontre à travers une série de voyages: 2008, la traversée de l'Italie à vélo; 2009, le tour de la Roumanie à VTT; 2010, le tour de la Lozère à pied; en 2011, la traversée de la Suisse à pied; en 2012, la traversée de la Norvège à vélo et à pied; en 2013, un mois de repérages sac au dos au Québec et en Ontario; et, en 2014, la descente de la Loire en kayak.

Cette dernière année marque un tournant décisif dans ma trajectoire, comme si les bénéfices apportés par tous ces voyages avaient brusquement ouvert une porte en moi. En l'espace de six mois, grâce à l'intermédiaire d'amis et une succession de synchronicités, je découvre et mets en pratique: la méditation, la course pieds nus, le jeûne, le véganisme, l'exposition volontaire au froid, le yoga et les respirations conscientes. Cette période de transformation m'apporte les outils de développement physique et psychique nécessaires pour être en mesure d'aborder un nouveau chapitre de ma vie: celui des grandes expéditions et des premières mondiales.

En 2015, juste avant de partir pour America Extrema[1], je prends conscience que toutes les pratiques hygiénistes que j'ai découvertes l'année précédente ouvrent un nouveau champ des possibles dans le domaine de l'exploration. Que ce soit celle du corps humain, de la planète ou des deux en synergie. En combinant, par exemple, trek et jeûne pour augmenter l'autonomie du marcheur. Je prends conscience que l'humain peut produire de l'énergie sans nourriture, se déplacer sans chaussures et se réchauffer sur commande, à condition de maîtriser suffisamment son mental et son corps. Il est donc théoriquement possible de partir à l'aventure sans rien. Ma première idée n'est pas de brusquement partir en jeûnant et à moitié nu à l'assaut de l'Everest. Je préfère y aller progressivement en commençant par un climat

1. Nom que j'ai donné à l'expédition au cours de laquelle j'ai traversé intégralement l'Amérique du Nord, soit douze mille kilomètres en quinze mois par moyen non motorisé. Le récit de cette expédition a été publié sous le titre *La Marche sans faim*, éditions Omaël Mayor, 2019.

confortable et avec une présence à mes côtés pour m'apporter le soutien matériel et moral nécessaire en cas de besoin. Grâce à ces explorations d'un nouveau genre, je commence à entrapercevoir la possibilité de transcender la condition terrestre et de déchirer le voile de l'ignorance entretenue par notre civilisation. Je ressens l'excitation et la joie enfantine de découvrir un nouveau terrain de jeux où mon âme va pouvoir s'exprimer. Derrière cette quête qui se précise et prend possession de ma vie, il y a aussi le besoin de liberté, de briser les chaînes du connu et de répondre à cette question fondamentale: «Qui suis-je?» Exit les récits d'aventure dont je me suis délecté jusqu'à présent, ils me semblent maintenant d'une époque révolue. En revanche, je me sens attiré mystérieusement par les Évangiles alors que je n'ai absolument aucune culture dans le domaine religieux. En les lisant, quelle n'est pas ma stupéfaction d'apprendre que cela fait plus de deux mille ans que des hommes ont déjà eu l'idée de voyager volontairement sans rien: les apôtres. Je découvre aussi que les sâdhus[2], ces Indiens qui ont renoncé à la société pour se libérer de l'illusion, continuent de nos jours à vivre et à se déplacer sans aucune possession matérielle. C'est dans les textes sacrés que je puise alors inspirations et enseignements pour préparer mon futur voyage.

---

2. Les sâdhus ou sadhous sont, en Inde, ceux qui ont renoncé à la société pour se consacrer à l'objectif de toute vie, selon l'hindouisme, qui est le *moksha*, la libération de l'illusion (*māyā*), l'arrêt du cycle des renaissances et la dissolution dans le divin, la fusion avec la conscience cosmique. En tant que renonçants, ils coupent tout lien avec leur famille, ne possèdent rien ou peu de choses, s'habillent d'un *longhi*, d'une tunique, de couleur safran pour les shivaïtes, jaune ou blanche pour les vishnouites, symbolisant la sainteté, et parfois de quelques colliers. Ils n'ont pas de toit et passent leur vie à se déplacer sur les routes de l'Inde et du Népal, se nourrissant des dons des dévots.

L'été 2016, je rentre d'America Extrema après avoir réalisé une première mondiale : la traversée des monts Mackenzie en solitaire, en période hivernale, et sans moyen motorisé. Même s'il vient à peine de s'ouvrir, le chapitre des expéditions « traditionnelles » est définitivement clos pour moi. Car chaque jour qui passe, je réfléchis à la réalisation d'un voyage sans rien. J'estime qu'un certain nombre d'années d'entraînements et d'expériences intermédiaires seront nécessaires. En outre, je ne suis pas encore sûr de la forme que va prendre cette grande aventure dont je rêve. J'envisage dans un premier temps d'aller jusqu'au Tibet. Mais le projet me paraît trop ambitieux pour une première. Plus raisonnablement, j'opte pour la traversée de l'Europe pieds nus, sans argent, sans équipement ni papiers. Pas de téléphone, de cartes routières, de GPS, de boussoles. Bref, sans rien, comme si je partais pour un footing autour de la maison !

Le temps de renflouer mon compte bancaire avec mon travail de sylviculteur qui participe à mon entraînement et, deux ans plus tard, en août 2018, je suis prêt pour un premier test : traverser à nouveau les monts Mackenzie, mais cette fois en période estivale et sans manger. Un trek de trois cent soixante kilomètres en quatorze jours avec un simple équipement minimaliste : une tente, un duvet, des sandales et des vêtements légers. Je vois cette expédition singulière comme un jalon intermédiaire avant la traversée de l'Europe. Elle fait l'objet d'un récit[3] personnel et d'un documentaire[4] sur le jeûne produit et réalisé par Damien Artero. La diffusion de *La Marche sans faim* m'ouvre les portes d'un réseau dont j'ignore même l'existence : celui de l'alimentation vivante et de l'hygiénisme. J'y découvre les principes de base de la santé vitaliste et de la médecine régénérative. Je comprends ainsi

3. *La Marche sans faim*, *op. cit.*

4. Damien Artero, *La Marche sans faim*, Planète.D, 2019.

l'importance, pour accéder à la pleine santé, de manger majoritairement vivant[5], de jeûner régulièrement et de purger quand le besoin s'en fait sentir. De nouvelles habitudes viennent ainsi enrichir les pratiques hygiénistes que j'ai déjà mises en place.

Au cours de l'année 2019, nouveau virage dans ma vie, je découvre la permaculture, le tantra, différents outils de développement personnel, la radiesthésie et le magnétisme. Ces nouveaux centres d'intérêt, qui ont tous comme point commun de tourner autour du mystère de la vie, viennent enrichir et compléter mes pratiques hygiénistes quotidiennes : respirations conscientes, méditation, yoga, renforcement musculaire, alimentation vivante, jeûne intermittent, bain ou douche froide. Auxquelles s'ajoutent quarante-cinq jours de jeûne et quelques dizaines de purges par an. Je me sens plus proche que jamais de cette « autre vie » qui se cache derrière la banalité du quotidien. Cet univers invisible mais bien réel devient palpable à ma sensibilité nouvellement acquise. Je me sens davantage connecté à mon intuition et ma confiance en elle grandit. Je rencontre également Florence, qui devient ma compagne et, avec ses deux enfants, nous apprenons à pratiquer l'hygiénisme en famille. Ma vie se transforme sur tous les plans en l'espace de seulement deux ans, et avec l'expérience acquise au cours de ces onze années d'entraînement physique intensif et des nombreuses expéditions pendant lesquelles j'ai appris à repousser toujours plus loin mes limites, je me sens prêt pour traverser l'Europe sans rien. En signe de confirmation, chaque fois que je me visualise dans cette aventure, je ressens une onde de joie parcourir mon corps que j'interprète comme un signal favorable de mon âme.

---

5. Manger vivant consiste à s'alimenter avec des fruits, des légumes et des oléagineux crus. J'expérimente avec succès l'alimentation vivante depuis 2018.

Même si je n'ai pas encore d'idée précise de l'itinéraire, deux conditions s'imposent d'emblée: d'une part me déplacer le long des véloroutes pour être le moins possible dans la circulation automobile, d'autre part aller jusqu'à la mer Noire qui m'attire depuis longtemps sans que je sache pourquoi. Après quelques recherches, l'itinéraire s'impose de lui-même comme une évidence: je suivrai la véloroute 6, qui passe à côté de chez moi, jusqu'à Constanța, son terminus, au bord de la mer Noire. L'itinéraire, long de trois mille cinq cents kilomètres, est balisé jusqu'en Serbie et il est, pour une bonne part, à l'écart de la circulation automobile. Si bien que, exception faite des huit cents derniers kilomètres où la signalisation est inexistante, l'absence de cartes ne devrait pas trop me pénaliser. Cette véloroute dite «des fleuves» me fera passer par huit pays: France, Suisse, Allemagne, Autriche, Slovaquie, Hongrie, Serbie et Roumanie. L'absence de papiers d'identité ne devrait pas poser de problèmes tant que je serai dans l'espace Schengen, c'est-à-dire jusqu'en Hongrie. En revanche, pour entrer en Serbie et en Roumanie, j'aurai à contourner les postes frontières en passant par les secteurs boisés qui les jouxtent. D'après les photos satellites consultées sur le Net, c'est théoriquement possible...

Le projet est alors baptisé Eurotopia. La contraction d'Europe et d'*Utopia* (en référence au livre de Thomas More). N'est-il pas en effet utopique de vouloir courir des milliers de kilomètres pieds nus, sans argent, sans équipement, sans papiers et en ne mangeant que des fruits et des légumes crus? Pourtant, je me sens aligné avec ce projet décalé qui laisse perplexes les personnes auxquelles j'en parle; soit elles n'en voient pas l'intérêt, soit elles le qualifient d'irréalisable. C'est surtout le «sans papiers» qui les fait réagir: «Comment tu vas faire sans papiers?!» Et moi de leur répondre: «En contournant les postes frontières et en passant en cachette.» Sur un ton réprobateur, on me prédit alors mille mésaventures, notamment celle de finir en prison. Le fait que je veuille défier l'autorité suscite manifestement l'irritation chez mes interlocuteurs. Beaucoup pensent que c'est normal et que c'est pour notre bien que l'on nous impose un nom de famille, une identité juridique, des papiers. Tout comme ils pensent que c'est une bonne chose qu'il y ait des frontières entre les pays pour contrôler le flux de personnes. Ce n'est pas mon avis. De toute manière, si je veux prétendre partir sans rien, je me dois de laisser à la maison tout ce qui pourrait favoriser mes déplacements.

Si cette entreprise se veut hasardeuse, elle est en revanche la plus simple que j'ai eu à organiser. Je n'emporte qu'une tenue de coureur et une banane contenant principalement du matériel vidéo pour conserver un témoignage. La réalisation d'un film est aussi importante que l'aventure en elle-même. La difficulté, surtout pour ce type de projet, est de trouver une source de financement. La solution me parvient lorsque je lis une notification sur Facebook qui me conduit au profil de Magà Ettori, un végane réalisateur de film, que je contacte par téléphone. Il m'encourage alors à écrire un dossier de présentation et à le soumettre à des producteurs spécialisés dans les documentaires. Rompu à cet exercice, Magà m'aide à le rédiger tout en m'informant qu'il existe des milliers de producteurs mais que mes chances d'en trouver un sont très minces. Nous sommes déjà fin février et le départ est prévu pour la deuxième moitié d'avril en fonction de la météo. Avec des délais aussi courts pour trouver des fonds, Magà a raison d'être pessimiste mais je tente quand même ma chance. Premier jour, premier lot d'e-mails, je reçois un SMS: «Florian. C'est Pierre Barnérias de Tprod. C'est OK, tu as trouvé un producteur!» Je peine à croire que ce soit si facile et je redoute qu'il change d'avis. Par précaution, je soumets le dossier à une centaine d'autres producteurs. Parmi les rares réponses que je recevrai, toutes seront négatives. Je m'en remets alors à la Providence: si le film doit voir le jour, ce sera avec Pierre.

Par commodité, je conserve le même matériel vidéo qui a fait ses preuves pendant l'expédition La Marche sans faim. Il ne me reste plus qu'à me procurer une banane et la tenue de coureur sur mesure sur laquelle je travaille depuis bientôt un an. Je veux porter des vêtements ressemblant à ceux des Tarahumaras, ces coureurs mexicains mis sous le feu des projecteurs par le best-seller de Christopher McDougall: *Born to Run*. C'est grâce à ce livre que j'ai découvert les bienfaits de la course pieds nus et que je me suis débarrassé de toutes mes blessures à répétition: tendinites, contractures, sciatiques et autres algies causées par l'usage de chaussures avec amorti qui déforment la foulée. Porter cette tenue mexicaine est donc une manière de rendre hommage à ce peuple qui, indirectement, a changé ma vie. À partir de photos trouvées sur Internet, je fais dessiner cette tenue par la couturière Valérie Brasme de Salornay-sur-Guye. Mélange de coton et de chanvre, le haut est fait d'un tissu ample décolleté avec des fronces et des manches courtes. Le bas est constitué d'une jupe en coton avec une pointe devant et une derrière. Pour le confort de la peau, la tenue est 100% végétale, y compris la teinture: bleu indigo pour le haut et rouge garance pour le bas. Je choisis l'indigo comme symbole du féminin et de la connexion avec le divin, et le rouge garance comme symbole du masculin et l'ancrage à la terre. Là aussi, le travail est réalisé chez un artisan local, COLORis nature à Saint-Gengoux-le-National. Après l'analogie avec les apôtres dans ma manière de voyager, je suis de nouveau sidéré en découvrant que j'ai choisi exactement les mêmes couleurs que celles portées par les soldats de l'infanterie française au XIXe siècle. Sans le savoir, je me suis préparé une tenue de guerrier de la paix sur mesure. Encore un peu après, je découvre avec stupeur que ce sont les couleurs d'habits mentionnées dans *Dialogues avec l'ange* de Gitta Mallasz.

Après maintes retouches étalées sur un an, le travail de couture s'achève fin février en même temps que je trouve un producteur. Ma tenue est douce au contact de la peau, idéalement aérée dans l'entrejambe. Mieux, il n'y a aucun frottement qui pourrait irriter ma peau pendant la course. Elle est parfaite ! Tout est prêt pour le départ. Il ne me reste plus qu'à poursuivre l'entraînement pieds nus en attendant que les températures remontent et que je puisse partir avec de bonnes conditions météo. En effet, commencer pendant une période froide risquerait de me démotiver. Par expérience, je sais que c'est durant les premiers jours que le mental est le plus fragile : il faut lui laisser le temps de briser les peurs, les habitudes et de se sentir intégré corps et âme au projet. Ce serait un mauvais calcul que de risquer des galères quand le corps se souvient encore du confort de la maison et que le mental a peur de l'inconnu. Il lui faut des moments d'euphorie, de liberté grisante et quelques rencontres enchanteresses pour accepter enfin de se laisser embarquer par la magie du voyage et se résoudre à lâcher prise.

Rangée religieusement dans l'armoire de la maison, ma tenue attend son heure en compagnie d'une banane bleue conçue par une grande marque spécialiste de la course à pied. Par sa forme et sa taille, elle accueille parfaitement mon matériel vidéo constitué d'une petite caméra, d'un minitrépied, d'un micro, de deux batteries, de la connectique et de dix cartes SD de 64 Go chacune. Dans les espaces résiduels de la banane, je glisse quelques effets personnels : un couteau pour ouvrir ou couper des fruits, une brosse à dents, un peu d'huile de ricin pour purger, une aiguille pour retirer les épines qui ne manqueront pas de se planter dans mes pieds, du fil pour recoudre mon vêtement, un pendule pour utiliser la radiesthésie en cas de besoin, une dent fossilisée comme pierre de protection et un pendentif avec une fleur de vie. Tout cet attirail est facultatif pour traverser l'Europe sans rien, il m'apportera seulement un peu de confort relatif… Le plus important à mes yeux est ce que j'appelle le « pass », un document qui explique qui je suis, ce que je fais et ce dont j'ai besoin, traduit dans toutes les langues des pays où je vais passer. Constitué de trois pages recto verso, il contient également les photos aériennes de tous les postes frontières que je vais devoir contourner. L'ensemble, cloisonné, protégé de l'eau et de l'humidité par des Ziploc, pèse sept cents grammes. Il n'y a pas de vêtements de rechange, pas de sous-vêtements ni d'imperméable et aucune technologie exceptée le matériel vidéo. Difficile d'être plus minimaliste ! Le producteur trouvé, l'itinéraire tracé et l'équipement réuni, il ne me reste plus qu'à parfaire ma préparation en engrangeant un maximum de kilomètres dans les chemins autour de chez moi afin de partir avec des pieds robustes. Dernière ligne droite.

En ce début mars 2020, une tension monte chaque jour un peu plus dans mon corps mais elle ne m'effraie pas. Au contraire, je sais que c'est le moyen utilisé par mon corps pour se préparer. Il accumule un maximum d'énergie tant sur le plan physique que mental. Presque quotidiennement, depuis plusieurs années, je visualise la traversée de l'Europe sans rien. Par exemple, quand je cours autour de chez moi, je m'imagine en chemin pour la mer Noire et je sens alors une joie cristalline faire vibrer toutes les cellules de mon corps. Instinctivement, par la visualisation et les émotions que je ressens comme si j'y étais, j'attire à moi ce que je souhaite. C'est un travail préalable important pour favoriser la réalisation d'événements. Il m'arrive aussi de m'imaginer être déjà à la mer Noire, marchant sur ses plages de sable chauffées par le soleil et me baignant avec félicité dans ses eaux salées. Dès qu'un doute émerge, ne serait-ce que sur ma capacité à réussir, une pensée positive correctrice prend le relais aussitôt et me fait visualiser sur une carte cette traversée sous forme d'un trait qui va de Gibles, mon lieu de résidence, à la mer Noire. Et rien n'arrête ce trait ! Il s'agit d'un mécanisme automatique et à peine conscient : je sais que je ne peux pas douter un seul instant puisque tout le voyage repose sur la confiance. Sans elle, je ne peux rien faire, alors je veille à ce qu'elle soit la plus forte possible tout en la protégeant des pensées négatives. Il ne s'agit pas non plus d'adopter un point de vue naïf et inconscient sur les difficultés qui m'attendent. Bien au contraire ! Je les connais très bien pour être parti maintes fois en expédition et, cette fois encore, je me prépare du mieux possible. L'élément décisif qui m'aide à ne pas douter: être connecté à mon intuition qui me dit de foncer! Cette même intuition qui me guide depuis toujours et qui m'a sauvé la vie à de nombreuses reprises. Je sais que je peux avoir une confiance aveugle en elle. Mais cela ne m'empêche pas de ressentir de la peur. Je l'entends, cette peur, et la laisse exprimer son point de vue. Mais ce n'est pas elle qui prendra la décision finale de partir ou pas, ce pouvoir étant réservé à mon intuition et à mon cœur.

Le processus de préparation suit normalement son cours jusqu'à ce que des événements politiques d'ampleur internationale viennent instiller le poison du doute: j'ai pensé à tout sauf à ça! Comment prévoir la Covid venant de Chine? N'écoutant jamais les médias mainstream, je ne me laisse pas contaminer par la peur qui submerge la planète entière au point de lui faire perdre définitivement la raison. Pour autant, je ne peux que m'intéresser de près à ce sujet quand le président de la République évoque une fermeture prochaine des frontières. Habituellement, je ne me sens pas concerné par ce qui se passe dans le monde car je vois cela de loin, comme une pièce de théâtre à laquelle je n'ai pas envie de participer. Mais lorsque les libertés individuelles sont menacées, et à plus forte raison quand je suis prêt à partir, je ne peux que me sentir concerné.

C'est reclus dans un coin de la campagne brionnaise que je préfère vivre et observer ce premier confinement de ma vie. Très vite, tout le monde ne parle plus que de ça. Les mensonges politiques se propagent grâce aux médias mainstream qui les répètent en boucle en faisant passer pour fous, ou complotistes, ceux qui osent penser différemment. J'assiste, effaré, à la mise en place d'un diabolique lavage de cerveau de la population. Bien sûr, ces médias ne mentionnent jamais ce que l'on peut faire pour renforcer son système immunitaire. Les mots d'ordre sont la peur, la protection et les mesures liberticides au nom de la sécurité. Mais si nous sommes manipulés c'est bien parce que nous sommes manipulables. Le problème est là. Cette situation est doublement frustrante pour l'hygiéniste que je suis qui considère que c'est toujours la toxémie[6] du corps qui fait le lit des maladies et que ces dernières n'auraient que peu d'emprise sur notre état de santé si nous avions une alimentation et un mode de vie adaptés à notre physiologie. Tant que la société ne regardera pas en face cet état de fait pour en tirer les mesures nécessaires, toutes les tentatives pour améliorer notre santé seront vaines. Sauf à considérer que le transhumanisme, que je vois comme une idéologie effroyable et létale, nous sauvera. Je décide alors de profiter du temps libre que m'offre ce confinement pour écrire le *Guide de survie au XXIe siècle* dans lequel j'expose, selon les principes hygiénistes, et au regard de mon expérience accumulée de ces dernières années, quelles sont les principales Lois du vivant que nous devrions connaître pour accéder à une santé optimale et ne plus avoir peur des maladies.

Progressivement, au fil des semaines, la tension monte dans le pays et le confinement s'étend à toute la planète. Cela m'inquiète fortement et mon intuition me dit de me dépêcher de trouver un grand terrain pour me mettre à l'abri et être autonome en alimentation. Finalement, je me laisse à mon tour gagner par la peur, mais pour d'autres raisons. Pour me mettre en sécurité, je suis même prêt à renoncer à Eurotopia que je prépare pourtant depuis cinq ans. Le temps des voyages est peut-être révolu et il y a d'autres priorités, telles que survivre dans une société ayant perdu la raison. Comme la fin du confinement n'en finit pas d'être

6. Présence de toxines dans les liquides organiques, les tissus et les cellules. Elles peuvent être d'origine endogène (produites par le corps en excès, en cas de stress par exemple) ou exogène (dans le cas d'une alimentation non physiologique par exemple, ou *via* la pollution).

repoussée, il n'est plus question de partir fin avril. Et même en faisant fi de l'interdiction de sortir à plus d'un kilomètre de chez soi, les gens peuvent avoir peur de m'ouvrir leur porte ou, pis encore, ils peuvent me dénoncer. Or j'ai besoin qu'ils coopèrent pour réaliser ce voyage. Bref, je ne sais plus quoi penser.

Début avril, je suis à deux doigts de prendre la décision de ne plus partir. Le jour où je suis prêt à retourner ma veste, six personnes me contactent pour me demander des nouvelles de mon départ compte tenu de la situation. Comme je leur faisais part de mes craintes, elles m'encouragent à partir malgré tout, insistant même en me disant que notre société a besoin d'hommes qui osent. Pour avoir lu peu de temps auparavant les travaux du physicien Philippe Guillemant[7] sur les synchronicités, je comprends que dans le futur j'ai déjà réalisé mon voyage et que des synchronicités se manifestent pour amener le présent à sa réalisation. Cette interprétation des événements me donne le déclic pour déjouer les doutes qui m'assaillaient et reprendre Eurotopia en main. Pour les besoins de la logistique, notamment avec l'équipe de tournage, il est urgent que je définisse une date de départ. C'est délicat puisque les frontières sont fermées et que je n'ai aucune idée de la date de leur réouverture ni même de celle de la fin du confinement. Je questionne alors mes guides en utilisant mon pendule au-dessus d'un abaque indiquant les jours du calendrier. Il m'indique le 11 juin, jour de la Saint-Barnabé, et j'apprendrai plus tard, avec beaucoup d'émotions, que je suis ainsi parti sans le savoir sous le patronage d'un apôtre.

Début avril, j'alterne des pages d'écriture dans le *Guide de survie* et des sorties en forêt consacrées à la plantation d'arbres pour l'Office national des forêts (ONF). C'est l'activité forestière que je

7. Pour en savoir plus sur ce physicien de la conscience aussi spécialiste de l'intelligence artificielle, rendez-vous sur son site: https://guillemant.net.

préfère, même si planter cinq cents arbres par jour à la pioche fatigue un peu à la longue. Un matin, en arrivant sur le chantier, je suis contrarié en constatant qu'une fois de plus, ils ont coupé des feuillus qui vont être remplacés par des sapins de Douglas. Je suis là pour les planter à raison de mille Douglas à l'hectare, un tous les trois mètres. Sur plusieurs hectares un broyeur est venu déchiqueter les souches et les morceaux de troncs gisant au sol. La terre est nue, écorchée vive, et le spectacle ne peut qu'évoquer la désolation. En cet instant, je prends conscience que je me mens à moi-même en considérant que travailler dans le reboisement est une bonne action pour la planète. Bien sûr, il est nécessaire de replanter des millions d'hectares afin que les arbres favorisent les pluies, enrichissent les sols, augmentent la biodiversité et rafraîchissent le climat. Car les arbres peuvent tout... Mais si je regarde la réalité en face, sur la centaine d'hectares que j'ai reboisée pour le compte des propriétaires forestiers en l'espace de cinq ans, je n'ai quasiment planté que des Douglas dont la monoculture dans ma région défigure les paysages, acidifie les sols et réduit la biodiversité. Ma seule consolation réside dans le fait que c'est mon dernier chantier car je suis bien décidé à arrêter cette activité après mon voyage. Pour faire quoi ensuite ? À cet instant je n'en sais rien. Une seule certitude, c'est que ce sera quelque chose de plus utile.

Hervé, un participant au dernier «jeûne et trek[8]», vient m'apporter son aide pour que je puisse finir les plantations dans les temps avant que les températures ne soient trop élevées. Tous ces événements qui se cumulent depuis plusieurs semaines me remuent et le prochain jeûne que j'organise du 8 au 14 avril 2020 arrive à point nommé. J'ai grand besoin de nettoyer mon corps

8. Le jeûne et trek est un concept que j'ai créé à la suite de l'expédition La Marche sans faim. Le principe consiste à jeûner et à marcher en itinérance dans la nature, sac au dos, en totale autonomie.

et mon esprit de tout ce stress. Au lieu de la quinzaine de participants attendue, seul Hervé ose braver l'interdiction de circuler pour venir marcher dans mon secteur. Qu'à cela ne tienne, la bonne humeur de mon compagnon est le meilleur antidote aux idées sombres que le confinement a fait naître en moi. Le trek se déroule en catimini dans les forêts du Beaujolais sous un soleil éclatant. En sept jours, nous parcourons deux cent dix kilomètres en marchant sans rien manger, rien de tel pour prendre soin de sa santé et avoir les idées claires.

1
DÉPART

Deux mois avant le départ, mes chantiers forestiers sont définitivement terminés et j'ai davantage de temps à consacrer à la course à pied. Par une matinée ensoleillée, je sors de chez moi pieds et torse nus sans mon attestation de sortie, c'est une limite à l'obéissance que je ne franchirai pas. En chemin, je m'arrête à deux reprises pour pratiquer le sun yoga puis je traverse une sombre forêt de Douglas jusqu'à un étang dans lequel je me baigne quelques minutes. Immergé jusqu'au cou, ma respiration ralentit au rythme d'une ventilation par minute et mon esprit se vide de toute pensée. Sa capacité à aligner les chakras en quelques instants est une des vertus magiques du froid. En sortant de l'eau, je me colle nu à un arbre pendant quelques minutes et la douce sensation d'être un arbre au milieu de la forêt m'habite. Par terre, je ramasse quelques plumes de geai que je fixe dans mes cheveux mouillés puis je reprends ma course. C'est un chemin que je prends presque chaque jour car je me sens caché par les arbres et en sécurité loin des maisons. J'y rencontre fréquemment, plus que d'ordinaire, des marcheurs qui ressentent eux aussi le besoin de s'aérer et d'échapper à la folie ambiante. Le coin, vallonné à souhait, permet de se mettre à couvert. Ce n'est pas un hasard s'il s'agit d'un secteur où les maquisards se cachaient pendant la Seconde Guerre mondiale. On y retrouve encore une vieille maison en ruine dissimulée dans la végétation et un monument au milieu des sapins érigé pour honorer leur mémoire.

En sortant de ce bois chargé d'histoire pour revenir chez moi par la petite route goudronnée qui slalome entre les fermes, une peur me saisit les tripes au point de me donner envie de faire demi-tour. Attiré par le soleil qui me réchauffe et ne comprenant pas la raison de cette crainte, je me force à rentrer par la route. Dix minutes plus tard, alors que je suis habillé comme Tarzan par 9 °C, je croise une voiture de gendarmes qui, heureusement, ne s'arrête pas. Je comprends mieux cette tension dans le ventre, je l'interprète comme un avertissement d'un potentiel danger. J'ai conscience que ce lien de cause à effet peut faire sourire quelqu'un de cartésien habitué à la rigueur scientifique. J'ai longtemps fait partie de ces personnes-là. Si ma façon de voir les choses a changé du tout au tout, c'est parce qu'à maintes reprises mon intuition s'est manifestée en me prévenant d'un événement qui s'est réalisé par la suite; comme, par exemple, au cours de l'hiver 2015-2016, lors de mon expédition America Extrema, pendant laquelle je souhaitais traverser la chaîne de montagnes appelée les monts Mackenzie, large de six cents kilomètres et située en Amérique du Nord juste en dessous du cercle polaire. Ma luge qui contient tout mon matériel est surchargée et je sais que, selon mes estimations, même si j'ai fait en sorte d'en embarquer le plus possible, les vivres vont venir à me manquer. Je ne trouve pas de solution à cet épineux problème mais mon intuition me souffle de partir quand même, de ne pas m'inquiéter car tout se passera bien. Je pars donc dans ces montagnes à grizzlys où aucun être humain ne vit. Inéluctablement arrive le jour où mon stock de vivres est épuisé, alors qu'il me reste encore la moitié du parcours à faire. Je me sens abandonné et terriblement en colère contre la vie de m'avoir guidé dans cette impasse. Pensant mourir d'épuisement dans les jours à venir, je continue d'avancer, le cœur lourd, jusqu'à ce que je tombe sur une cabane, dans laquelle j'ai la joie de découvrir tout un stock de nourriture laissé par des chasseurs l'été précédent. Je me sais alors sauvé et en mesure de terminer cette traversée. Tous mes voyages, en douze ans d'expéditions, ont été émaillés de ce genre d'événements hautement improbables qui m'ont souvent sorti de situations délicates, voire parfois sauvé la vie. J'ai beau venir du milieu scientifique au sein duquel on veut tout mesurer avant de déclarer que quelque chose existe, je ne veux pas ignorer le phénomène de l'intuition sous prétexte que je ne peux l'expliquer. D'autant plus qu'au fil des années, j'ai fini par réunir des explications probantes.

J'observe que depuis que je jeûne, mange vivant et nettoie mon corps par des purges, les messages de mon intuition se font de plus en plus clairs et fréquents. Cela me confirme ce que je soupçonne: le corps humain se comporte comme un émetteur-récepteur. Nous émettons et recevons en permanence des ondes qui contiennent des informations sur notre état vibratoire. Quand le cerveau et le corps sont bridés par des croyances et des pensées limitantes, en plus d'être encrassés par des poisons issus d'une alimentation inadaptée à notre physiologie, il leur est difficile de capter les messages. Exactement comme avec un téléphone dans un endroit où il y a peu de réseau. En revanche, si vous nettoyez votre mental et votre corps de ce qui les limite, alors, spontanément, votre intuition pourra se manifester à vous quand vous en aurez besoin. C'est aussi simple et magique que cela. Qu'on l'appelle intuition ou instinct selon les situations, c'est exactement le même phénomène qui est à l'œuvre quand les animaux fuient la côte avant un tsunami. Grâce à leur vie naturelle qui les relie à l'intelligence de la vie, ils sont prévenus d'un danger. D'aucuns objectent que si les animaux sont prévenus d'un tsunami alors que les humains ne le sont pas, c'est simplement parce qu'ils ressentent mieux les vibrations sismiques que nous. L'explication serait alors simplement une affaire de sensibilité nerveuse. Sauf que cela n'explique pas pourquoi ils fuient tous dans la bonne direction. Mon avis, c'est que l'humain moderne n'est plus à l'écoute de son corps, qu'il ignore que celui-ci lui envoie des messages en permanence et qu'il est également capable d'en capter de l'extérieur.

À un mois du départ programmé le 11 juin, toutes les pièces du puzzle s'assemblent. Le confinement se lève progressivement, l'équipe de tournage peut se libérer *in extremis* juste avant le départ pour venir chez moi, et les frontières européennes ouvrent le 15 juin. Juste à temps pour que je puisse passer ! Tous les feux sont au vert. La seule appréhension résiduelle concerne mes pieds. Jusqu'à présent je n'ai jamais réussi à courir plus de soixante-dix kilomètres pieds nus en une semaine. Au-delà, ça me fait mal. Or je m'apprête à courir trois mille cinq cents kilomètres avec l'impératif de rentrer avant novembre car il fera ensuite trop froid pour être pieds nus. Cela me laisse au maximum deux cents jours pour traverser l'Europe, soit une moyenne kilométrique hebdomadaire de cent quarante kilomètres, le double de ce que je cours d'ordinaire. Quand bien même je m'entraîne depuis six ans, les progrès sont très lents après trente ans de port de chaussures. Mon mental ne cautionne pas le rythme que je veux imposer à mes pieds du jour au lendemain et il me tourmente. Je lui cloue le bec en lui rappelant, autant de fois que nécessaire, que mon intuition me dit de foncer et que c'est elle que j'ai décidé d'écouter.

Trois jours avant le départ, arrive l'équipe de tournage de Tprod composée de Pierre Barnérias le réalisateur, Nicolas le producteur, Alexandre le preneur de son, et Éric le cameraman. C'est la première fois que nous nous voyons mais le courant passe instantanément. Pierre et son équipe n'ont jamais entendu parler d'alimentation vivante pas plus que d'hygiénisme. En revanche, tous ont compris le message d'amour et de confiance en la vie dont la société a cruellement besoin. C'est pour cela qu'ils sont là. Je souhaite aussi les amener à considérer que la santé nous est donnée à tous à condition de suivre les Lois du vivant qui sont d'une grande simplicité.

Pendant deux jours nous faisons connaissance tandis qu'ils me filment, courant dans divers endroits de la campagne brionnaise. Je comprends vite que leur absence de connaissances des Lois du vivant et de ma philosophie de vie hygiéniste est un obstacle à la réalisation du film. Il est nécessaire qu'ils comprennent mon point de vue à défaut de l'approuver. Le stock de mon *Guide de survie au XXIe siècle* arrive à point nommé par la poste. En complément, comme si l'Univers voulait mettre le paquet, deux amis coureurs, Hervé et Jérôme, assistent aux préparatifs. Nous sommes ainsi quatre adultes à manger vivant et à pratiquer l'hygiénisme: course à pied minimaliste, jeûnes réguliers, bains froids, méditations, respirations conscientes, etc. Nous sommes donc en force pour montrer que cette manière de vivre n'est pas la lubie d'une personne isolée mais un phénomène en pleine expansion dans le monde entier.

Florence, ma compagne, experte en cette cuisine crue et végétale que l'on appelle la crusine, prépare de délicieux plats qui émoustillent les papilles de l'équipe, bluffée que ce soit si bon et nourrissant. Nous sommes loin de la caricature trompeuse de l'assiette composée de quelques carottes et feuilles de salades. Et lorsque l'on écoute Jérôme, qui se fait un plaisir de nous abreuver de références scientifiques qui attestent des bénéfices pour la santé de ce type d'alimentation, on se dit que l'on est également loin d'un simple effet de mode New Age. Nous sommes ainsi en force pour séduire et convaincre l'équipe, si bien que Pierre et Alexandre sont prêts à essayer la purge au ricin[1] et au sulfate de magnésium pour nettoyer leur système lymphatique, et à modifier

1. L'objectif de la purge à l'huile de ricin (qui est une purge intestinale) est de nettoyer la lymphe circulante afin de libérer les cellules de leur encrassement humoral, permettre une meilleure circulation des liquides et une décongestion des organes émonctoires (intestin, foie, reins, poumons et la peau).

leurs habitudes alimentaires pour intégrer davantage de cru dans leurs repas.

Le lendemain, nous poursuivons les prises de vues par drones ainsi que les interviews. Pour la principale, nous allons en haut du Saint-Cyr, la montagne locale, où j'explique ma démarche et mes objectifs. Pendant nos allées et venues, nous réfléchissons à un nom plus cinématographique que Eurotopia. Nous pensons à «À contre-pied», «2 pieds fermes» et «3542 km». C'est finalement le titre *L'Empreinte* qui s'impose dans le fatras de nos suggestions tous azimuts. Puis, de retour à la maison, je déballe sur la table de la salle à manger le contenu des sept cents grammes de ma banane pour expliquer le rôle de chaque pièce de mon équipement. Nous finissons là-dessus. La matière est maintenant dans la boîte pour monter le *teaser* qui permettra d'aller chercher du financement. Ils n'ont rien pour payer le film et cela me plaît beaucoup. J'aime travailler avec ceux qui suivent leurs intuitions, ainsi nous pouvons nous comprendre.

Tous ces va-et-vient me permettent d'éluder ce bouillonnement intérieur de mon corps qui me donne le vertige et l'impression de surchauffer. Mon mental est furieux et se met martel en tête: *Comment vas-tu courir trois mille cinq cents kilomètres alors que tes pieds ne sont pas prêts? Comment vas-tu traverser l'Europe sans papiers? Et ces professionnels qui investissent du temps et de l'argent dans ton projet, qu'est-ce que tu vas leur dire si tu échoues?* Il ajoute même: *Les gens vont avoir peur de la Covid et ils ne vont pas t'ouvrir la porte! Tu vas finir en prison!* Je ne peux que lui rappeler, à ce cher mental paniqué, que je comprends ses peurs, qu'elles sont légitimes, mais qu'en l'espace de cinq ans je me suis préparé et qu'il est temps de passer à l'action. Advienne que pourra.

Dans ma maisonnée à Gibles, tout le monde profite de cette dernière soirée dans le plaisir simple d'être réunis. Je passe les derniers appels à mes proches qui me soutiennent depuis de nombreuses années et sur lesquels je sais que je peux compter. Même si, *a priori*, je ne risque pas ma vie sur Eurotopia, les au revoir doivent pour moi être solennels afin que je puisse partir l'esprit et le cœur vraiment libérés.

En attendant, je m'adonne à mon passe-temps favori : théoriser les comportements humains pour tenter d'en percer les mystères. Avoir pour faire et, enfin, être : voilà la croyance véhiculée par notre société en manque de sagesse la plus élémentaire. Si l'on ne possède pas ce qu'il faut pour faire quelque chose de notre vie alors nous ne sommes rien. C'est ce schéma erroné qui conduit les humains à faire des affaires quand ils ne savent pas ce qu'ils ont à faire. Car la vie fonctionne exactement selon l'inverse de cette logique. La priorité est, en premier lieu, d'apprendre à se connaître afin d'être. L'écrivain Tim Guénard dit, à ce sujet, qu'il y a trois questions fondamentales auxquelles tout être humain devrait pouvoir répondre sur lui-même : Quelle est ma raison de vivre ? Quel sens je donne à ma vie ? Quels sont mes talents ? Dans une version plus ancienne et universelle, il y a cette citation parfois attribuée à Socrate : « Connais-toi toi-même et tu connaîtras l'univers et les dieux. » Pour y parvenir, il y a un long chemin à parcourir pour nous rapprocher de notre être intérieur, ce qui va de pair avec le fait de nous émanciper peu à peu de nos conditionnements et croyances limitantes héritées de notre éducation. C'est alors que l'on peut faire le tri entre les modèles inculqués par la société, modèles que l'on avait pu suivre dans un désir d'adaptation et de conformisme, et nos véritables aspirations, voire de découvrir ces dernières. Pour être, ce qui est la base d'une vie heureuse et équilibrée, nous avons à nous reconnecter à notre nature profonde et à renouer avec ces véritables aspirations que l'on portait en nous avant que la matrice ne vienne les déformer.

Dès le moment où nous renouons ce dialogue avec notre être intérieur, notre vie se transforme progressivement, et ce d'une manière irrépressible. C'est depuis cet état d'authenticité avec nous-mêmes que nous attirons les personnes et les événements qui vont modifier positivement le cours de notre existence et nous apporter tout ce dont nous avons besoin. Tant que l'on ne renoue pas le dialogue avec notre âme, notre vie n'obéit guère qu'à la causalité et toute notre existence semble être conditionnée par le passé. Mais dès lors que l'on écoute ses véritables aspirations, on peut utiliser notre libre arbitre pour modifier avantageusement le cours des événements et déjouer la causalité grâce à la loi de l'attraction. Cette loi stipule que nous attirons dans nos vies les situations en concordance avec ce que nous vibrons. Cela signifie que, si l'on visualise ce que l'on désire profondément en le ressentant comme si cela s'était déjà produit, alors on va attirer cet événement désiré. Cette loi fonctionnerait d'autant plus efficacement que ce que l'on désire, ou ce que l'on craint, consciemment ou pas, est corrélé à une forte émotion positive ou négative. Selon cette vision, notre responsabilité serait donc totale dans tout ce qui nous arrive, y compris les événements négatifs qui trouveraient leur origine dans nos schémas inconscients. C'est ainsi qu'en étant solidement ancrés dans l'« être », on va naturellement attirer ce « faire » et cet « avoir » désirés, même si l'on part de rien. Cela peut paraître mystérieux voire magique, mais c'est ainsi que je conçois le fonctionnement de l'Univers.

Cet ordre naturel sur lequel je compte assurément me permet de trouver facilement le sommeil pour ma dernière nuit à la maison alors que tant de questions pourraient tourner en boucle. J'ai pourtant des raisons de m'inquiéter car la première étape programmée jusqu'à Génelard fait trente-cinq kilomètres alors que je n'ai jamais couru plus de vingt kilomètres pieds nus, et encore, non sans difficultés. Mais mon mental se tait, il a compris qu'il n'a pas sa place en ce moment. Alors je savoure une dernière nuit paisible dans ma maison en pierres. Le lendemain, elle sera vide pour plusieurs mois. Et, exception faite des deux premières nuits du voyage où le couchage est organisé chez des proches, je n'ai aucune idée des endroits où je dormirai par la suite. C'est peut-être ce côté imprévisible qui me plaît le plus quand je pars à l'aventure: ces plongeons confiants dans l'inconnu cassent mes routines et ceci m'est salutaire. Après tout, cela n'est-il pas le sort réservé aux morts que de toujours dormir au même endroit?

Au réveil, je passe en revue mille et un détails afin de m'assurer que la maison, la logistique du voyage et le pôle administratif sont prêts pour plusieurs mois de gestion à distance. Tout semble bon et cela me rassure. Je peux alors goûter pleinement à ce départ qui est le premier, en douze ans, à être festif. Il y a ma famille, des amis et, dehors, une quinzaine de personnes des environs qui sont venues me souhaiter bon voyage. Face à tant de personnes qui croient en moi, en cet instant, la possibilité d'échouer n'existe plus. Tprod et les journalistes de France 3 Bourgogne-Franche-Comté filment les ultimes préparatifs ainsi que les témoignages des personnes attendant le départ.

C'est une belle journée qui s'annonce et tout le monde est radieux. J'ai mis ma «tenue de super-héros» – comme le dit, en plaisantant, Alexandre le preneur de son – à laquelle j'ajoute deux pendentifs qui ne me quitteront pas. L'un représente le soleil, il pend à la hauteur de mon chakra solaire, l'autre est une fleur de vie qui est à hauteur de mon chakra du cœur. À l'extérieur de ma maison tout le monde est prêt pour le départ. Je me retrouve seul, quelques instants, devant la mappemonde murale sur laquelle sont représentés au feutre noir tous les itinéraires que j'ai suivis à travers le monde. Je songe au contraste avec mes autres départs qui se sont déroulés dans la plus stricte intimité et la pesanteur des doutes. Que de chemins parcourus jusqu'à ce jour où départ rime avec fête, et où je vais partir en laissant derrière moi ma maison grande ouverte.

Je fais le tour des visiteurs pour les remercier de leur présence et échanger quelques phrases. Et le 11 juin à 11 heures, l'heure du départ sonne. Sous le regard des caméras, Florence, ses deux enfants âgés de 6 et 8 ans et moi courons le premier kilomètre main dans la main, suivis de près par Jérôme à vélo et Hervé à pied également. La séparation est bien vécue par tout le monde, nous savons qu'elle est dans l'ordre des choses et que nous nous reverrons à mi-chemin à Vienne.

Je me retrouve alors seul avec Hervé et Jérôme qui souhaitent m'accompagner sur les deux premières étapes, celles où le couchage est programmé. Vers le deuxième kilomètre, je comprends soudainement que cette fois je suis vraiment en train de vivre ce rêve auquel j'aspire depuis cinq ans. Une immense vague de joie s'empare alors de mon corps et je me mets à rire un long moment. Je ris à la pensée qu'il m'aura fallu cinq années de réflexions et de préparations avant de lâcher mes peurs et d'oser partir comme un simple va-nu-pieds. Je ris aussi de voir l'œil curieux des caméras filmer une scène de vie des plus naturelles qu'il soit: un homme pieds nus qui court en s'alimentant avec des fruits et des végétaux crus exclusivement. Notre société, qui a eu la ridicule outrecuidance de vouloir pallier son manque de sagesse par toujours plus de technologies, s'est à ce point égarée qu'il est vraiment temps, je crois, de réaliser un film sur ce qu'est capable de faire le corps humain lorsqu'il n'est pas affaibli par une hygiène de vie inadaptée. La joie pure que je ressens provient aussi du sentiment de ne plus avoir à gérer, l'espace de quelques mois, l'administratif, le financier, les rendez-vous, les réseaux sociaux, etc. Nous sous-estimons à quel point ces «obligations» du quotidien nous coûtent en énergie et en joie de vivre. Devant mes deux amis surpris par mes rires, je réalise des pas de chat à plusieurs reprises. Une joie naturelle qui a toujours été au fond de moi se libère. Dieu que c'est bon de ne plus avoir aucune obligation autre que celle de mettre un pas devant l'autre ! C'est cette vie-là que nous devrions tous mener au moins un temps !

Sur les cinq premiers kilomètres, nous nous faisons doubler à plusieurs reprises par les équipes de tournage puis nous nous retrouvons seuls sur la route de campagne. Nous nous arrêtons de temps à autre lorsque nous voyons des cerisiers nous tendre gracieusement leurs branches pleines de fruits mûrs. Une chance qu'il y en ait pléthore cette année.

Le long de la D25 qui mène à Charolles, je suis attentif à la manière dont je pose les pieds afin de les économiser au maximum. J'ai bien présent à l'esprit que j'ai à parcourir ce jour-ci la plus longue distance que je n'ai jamais faite : trente-cinq kilomètres. Ce qui me rassure c'est que la suivante ne sera que de quinze kilomètres. Sur le long terme, mon idée est de courir des étapes d'au moins vingt kilomètres en moyenne, ce qui me permettra d'atteindre la mer Noire avant les premiers froids.

Dans le bourg de Charolles, nous prenons la direction de Génelard, la dernière ville de l'étape, et passons devant une épicerie où nous nous arrêtons pour nous ravitailler. Par chance, je suis en photo sur la une du *Journal de Saône-et-Loire* qui est vendu dans le magasin, ce qui m'aide à suggérer à la gérante de m'offrir quelques fruits. Ce qu'elle fait avec grand plaisir en me proposant de prendre tout ce dont j'ai besoin. Enjoués par cette marque de bonté spontanée, Hervé et moi filmons toute l'opération de ravitaillement où je me sers en pêches, concombres et bananes que nous rangeons dans les sacoches du vélo. Je vois ce premier ravitaillement comme une confirmation que je trouverai tout ce qu'il faut quand il le faudra.

Nous repartons pour la deuxième moitié de l'étape sur un asphalte plus rugueux qu'auparavant où je cours précautionneusement en songeant au vieil adage « Qui veut aller loin ménage sa monture ». Les journalistes de France 3 sont rentrés dans leurs quartiers et l'équipe de Tprod nous rejoint à Génelard où nous nous sommes arrêtés, une fois encore, sous un cerisier. Ils nous filment sur les derniers kilomètres de la journée et recueillent nos témoignages sur les berges du canal du Centre. C'est le moment du verdict : mes pieds n'ont absolument pas souffert de la distance. Même si je suis incapable d'expliquer pourquoi, preuve supplémentaire est faite que l'intuition est toujours juste et que tout est possible quand on a la foi.

Avec Pierre et son équipe, nous convenons de nous retrouver à Mulhouse pour la fin de la partie française dans deux semaines environ. Hervé, Jérôme et moi reprenons notre route pour quelques kilomètres jusqu'à la maison de mes premiers hôtes, Danielle et Joël, des amis de mes parents que je ne connais pas encore mais qui ont gentiment accepté de nous héberger pour la nuit. Mes amis parlent pour moi durant la longue soirée où je reste le plus souvent en retrait. J'anticipe le fait que je vais bientôt devoir me retrouver seul avec mon utopie et qu'il y aura alors un cap psychologique à franchir. La nuit prochaine sera encore organisée chez ma mère, ensuite la vraie aventure débutera. Plus qu'une journée de répit...

2

ÉCHAUFFEMENT DE BON AUGURE

Les prévisions météorologiques annonçant la pluie pour une bonne partie de la journée ainsi que des températures en deçà des 15 °C, donc plutôt fraîches pour un mois de juin, je me demande si c'est finalement une bonne idée d'être parti sans imperméable. Pour autant, je n'envisage pas de m'en procurer un en chemin, les dimensions de ma banane ne me permettant pas de le caser. À la place, si le besoin s'en fait sentir, je me vêtirai d'un sac-poubelle, dans lequel je ferai trois trous pour la tête et les bras, comme les coureurs quand ils patientent dans le froid avant une course. Je repousse l'heure du départ en buvant une tisane puis, vers 10 heures, j'opte finalement pour le confort bien relatif du fameux sac-poubelle.

Une fois dehors, je suis agréablement surpris par mes sensations plantaires indolores alors que je marche sur les petits cailloux de la cour trempée. Jérôme, Hervé et moi remercions une dernière fois nos hôtes avant de nous séparer. Jérôme retourne chez lui tandis qu'Hervé et moi poursuivons, le long du canal du Centre, ma route pour les trois jours à venir.

Un quart d'heure seulement après être parti, je prends conscience du fait que le sac-poubelle me prive du contact de l'eau sur ma peau alors que le principe de ce voyage est justement d'accueillir sans filtre tout ce que la vie m'offre. Je me fais ces réflexions au moment même où je passe devant une benne à ordures. J'arrache alors d'une main le sac pour le mettre dans le conteneur, en me disant, en outre, que je vaux mieux que de m'habiller de la sorte. Sans compter le fait que le froid a de multiples vertus parmi lesquelles :

- le développement des graisses brunes[1] grâce auxquelles la frilosité diminue ;
- une meilleure circulation sanguine : les muscles des veines se renforcent et les capillaires se développent, ce qui diminue le risque de varices, favorise la décongestion et le nettoyage des organes ;
- un système immunitaire boosté ;
- une augmentation de la confiance en soi qui découle du fait que nous devenons plus forts que notre peur d'avoir froid ;
- une diminution du stress en lien avec la libération d'endorphines, ce qui est stimulant et euphorisant pour le corps ;
- une tonification de la peau, des fascias et une amélioration de la qualité des cheveux.

Au-delà de toutes ces bonnes raisons, avec les centaines de bains froids que j'ai expérimentés ces dernières années, je sais que mon corps est tout à fait capable de se réchauffer ; il suffit que le mental soit prêt à accueillir la sensation de froid au lieu de lui résister.

La pluie n'arrête pas non plus mon ami Hervé qui me filme à de multiples reprises avec son téléphone tandis que je cours dans les flaques d'eau. Ses images seront potentiellement utilisées par le réalisateur du film. Je suis heureux d'être accompagné par des amis pour ces premiers jours de voyage, cela me permet de m'acclimater de manière plus douce et moins stressante. Avec Hervé, nous parlons de futurs projets comme la traversée de la

1. La graisse brune est une graisse naturelle de bonne qualité. Par sa richesse en mitochondries qui lui donne sa couleur, elle se distingue des autres graisses dites « blanches » ou « jaunes » qui, elles, ne produisent pas de chaleur.

Corse par le GR20 en sept jours sans manger avec un groupe de quinze personnes. Nous ne sommes jamais à court de sujets de conversation et nous ne cessons d'en parler que lorsque notre route croise celle d'un cerisier dont les branches dépassent sur la chaussée. Nous en mangeons chaque fois jusqu'à satiété tellement il y a abondance cette année, une aubaine. Hervé est étonné par ma faculté de les repérer, même de loin. J'ai moi-même le sentiment d'avoir un radar pour cela, comme si je sentais leur présence. Entre deux cueillettes, nous courons dans un tunnel de verdure le long du canal où des hérons cendrés font le piquet avec une étonnante immobilité. La chaussée qui a un revêtement lisse est très agréable sur cette petite étape de seulement quinze kilomètres; j'ai en effet prévu de m'arrêter chez mes grands-parents à Saint-Vallier, la ville où j'ai grandi. Ainsi, deux heures seulement après avoir quitté Danielle et Joël, Hervé et moi arrivons complètement trempés chez eux où nous trouvons des habits de change bienvenus.

En compagnie de ma mère qui nous a rejoints, nous profitons de cette journée pluvieuse pour regarder un des documentaires de Pierre Barnérias: *M et le troisième secret*. Il s'agit d'une enquête sur les apparitions de la Vierge Marie et, plus particulièrement, celle de Fatima en 1917 où elle aurait révélé trois secrets à des enfants. L'un d'eux, le troisième, aurait sciemment été dissimulé par le Vatican.

Ce sujet m'intéresse particulièrement depuis que j'ai appris que le troisième secret de Fatima, jamais révélé par le Vatican, concerne la crise historique que nous sommes en train de vivre aux niveaux politique, économique, social, moral et environnemental. L'autre raison qui motive ma curiosité provient des observations de Pierre qui, pendant les deux jours de tournage avant le départ, m'a fait remarquer les multiples statues de la Vierge érigées autour de chez moi. En effet, ma maison est située entre la Vierge de l'Apocalypse, sise dans le bourg de Gibles, et l'église de Notre-Dame-de-la-Nativité dans le bourg de Bois-Sainte-Marie. Un lieu de culte avec une énergie lumineuse et magnétique qui m'a plus d'une fois incité à m'y arrêter au milieu d'un footing. Le film m'émeut aux larmes tant je suis touché par l'amour qui se dégage des témoignages. En parallèle, je suis progressivement en train de prendre conscience du fait qu'Eurotopia n'est pas une expédition qui ne profitera qu'à moi, mais qu'il y a derrière elle un sens plus profond qui m'échappe encore.

Après ce film qui nous laisse tous songeurs quant au destin qui nous attend, c'est le moment des adieux. J'ai le cœur lourd d'appréhension face à tout cet inconnu qui me tend les bras. Je serre contre moi Albert, mon grand-père âgé de 95 ans, pendant quelques instants avant qu'il ne coupe court aux effusions en me disant: « Maintenant va ! Tu vois, on n'a plus beaucoup d'énergie mais on t'en donne encore. » Des paroles dites sur un ton péremptoire, accompagnées d'un geste des bras vers la sortie pour me signifier que l'heure est venue de partir et qu'il est de tout cœur avec moi.

Hervé et moi reprenons nos habits mouillés pour courir les derniers kilomètres de l'étape jusqu'à Montceau-les-Mines où habite ma mère qui nous reçoit avec un délicieux repas cru. Je le savoure d'autant plus que c'est probablement la dernière fois avant longtemps que je peux manger exactement ce dont j'ai envie, en particulier les algues dont je raffole.

Au matin du troisième jour de voyage, c'est l'heure des derniers adieux avec la famille. L'aventure est véritablement prête à commencer. Le soleil a remplacé la pluie tandis qu'Hervé et moi traversons Montceau où quelques personnes qui m'ont vu sur France 3 me saluent. Il est vrai que je suis facilement reconnaissable avec ma tenue de Tarahumara et mes pieds nus. À Blanzy, une passante m'arrête aussi pour me féliciter de mon initiative, puis nous rejoignons le canal du Centre. J'aime profondément sentir la présence rassurante et douce de l'eau et de son cortège d'arbres. L'asphalte est rugueux mais les pieds encaissent bien. Mis en confiance par les deux premières étapes, j'ai l'intention de courir au moins trente-cinq kilomètres ce jour-ci, si tout va bien. Le flot de conversations avec Hervé est anormalement éteint, je n'ai en effet ni l'énergie ni l'envie de parler. Toutes mes ressources sont mobilisées pour courir et, surtout, pour me concentrer sur mon objectif sans me laisser contaminer par la peur de l'inconnu. Car dans quelques heures, Hervé va prendre son train pour rentrer chez lui et je vais alors me retrouver tout seul, en face à face avec mon projet fou. Je suis paradoxalement traversé par cette inquiétude alors que je sais pourtant pertinemment au fond de moi qu'il y a des centaines de rencontres qui m'attendent au cours de ce voyage. Ce qui m'aide à aller de l'avant et à formuler des adieux chaque jour est cette conscience profonde que si je traîne et reste attaché à ce qui a été, alors je vais être en retard aux rendez-vous que la Providence a arrangés pour moi. À Montchanin, nous nous arrêtons dans un supermarché où je montre, comme un sésame, la première page du *Journal de Saône-et-Loire* qui est spécialement consacrée à mon aventure. Comme à Charolles, nous avons droit à un sac plein de fruits que nous allons savourer sur un parking attenant.

En début d'après-midi, je serre Hervé dans mes bras avant qu'il ne parte pour prendre son train en gare de Montchanin. Nous nous reverrons en août quand il viendra me filmer avec son drone. Nous ne savons pas encore dans quel pays ce sera. Dès que je me retrouve seul, une intersection se présente à moi sans que je sache où aller, faute de balisage. Par sûreté, je décide de rester au plus près du canal, ce qui me fait traverser un parc dont les chemins caillouteux ralentissent mon allure. Même si je n'aime pas spécialement utiliser ma caméra au cours d'un voyage, car cela me gêne pour vivre pleinement l'expérience, je fais l'effort de filmer quelques séquences. Maintenant que je n'ai plus de cameraman, j'ai parfaitement conscience que si je ne filme pas, c'est comme si je ne faisais rien, ou presque. Alors je me mets en scène à plusieurs reprises, même si j'ai les tripes nouées. Cela me contraint à faire régulièrement des allers-retours pour poser la caméra, courir devant, puis revenir pour la récupérer, opération que j'aurai à renouveler des centaines de fois au cours du voyage.

En fin de journée, je rejoins une portion de la VR6[2] dont le revêtement parfaitement lisse me permet d'avancer vite et sans douleur. La liberté que je ressens est grisante, comme si je n'étais attaché à aucun passé. J'ai l'intuition d'avoir couru dans les trente-cinq kilomètres quand je décide de m'arrêter pour la nuit à Saint-Julien-sur-Dheune. Sur un carré de pelouse à proximité des péniches, je m'accorde une heure de yoga et de méditation. Certains passants viennent me féliciter de ma souplesse et me faire part de leur étonnement, tandis que d'autres, plus nombreux, me regardent simplement avec curiosité. Bien ancré et centré après cette séance, je pars en quête d'un toit pour la nuit avec, quand même, une petite boule d'appréhension au creux du ventre.

Cela me semble plus facile d'aborder des personnes quand elles sont dehors pour leur demander l'hospitalité. Hélas, les cours des maisons sont vides, alors je me résigne à sonner aux portails et à frapper aux portes. Rien ne s'ouvre, sans que je comprenne la raison de ce silence. Aucune maison de ce bourg dans lequel je tourne en rond ne me paraît accueillante. Je préfère alors avancer un peu sur la VR6 où je rencontre des pêcheurs éméchés qui me proposent de passer la nuit sous leur tarp, invitation que je décline poliment. Je souhaite une nuit au chaud avec un vrai repas, et non attendre que la nuit passe, reclus dans un coin. J'ai parfaitement conscience du fait que si je ne m'accorde pas suffisamment de confort, je ne tiendrai pas la distance. Je poursuis sur le bord du canal lorsque, au moment même où je passe devant une maison, un homme âgé apparaît dans l'embrasure de sa porte d'entrée, nimbé par la lumière du soleil couchant. Je fais cependant quelques pas encore, le temps de la réflexion, puis je reviens en arrière pour lui expliquer mon projet et ce dont j'ai

2. Abréviation de véloroute n° 6 que j'utiliserai dorénavant.

besoin. Sans avoir l'air très étonné par mon histoire, il me propose volontiers un repas et de passer la nuit dans sa cabane de jardin. Nous allons la voir et je constate qu'elle est encombrée par du matériel de motoculture sous une couche de poussière peu engageante. Je décline sa proposition de dormir ici. Ce n'est pas parce que je voyage sans argent que j'ai l'intention de me résigner à être hébergé de la sorte. Après le tarp et la cabane de jardin, je suis surpris que l'on me propose de tels endroits pour dormir, comme si j'étais un vagabond. Mon objectif est de compter sur l'entraide, la confiance et la générosité, je décide donc d'aller voir plus loin. Je pressens qu'il est important que je pose clairement mes intentions et que je n'accepte pas n'importe quelles conditions. Je tiens à ce que cette première nuit soit confortable et de bon augure pour la suite. Le vieil homme insiste pour m'offrir un repas alors je lui explique que le plus important pour moi à cet instant-ci est de trouver un endroit où dormir. C'est seulement ensuite que je penserai à manger. D'ailleurs, le stress de ne pas encore avoir trouvé un toit me coupe tout appétit. Il me conseille alors d'aller voir le camping situé à quelques centaines de mètres au-dessus de chez lui. Je m'y rends promptement. Il y a là-bas plusieurs bungalows cosy aux formes fantaisistes, comme des tonneaux géants, et je m'imagine déjà installé confortablement à l'intérieur de l'un d'eux. La patronne du camping est souriante mais elle m'apprend que tout est réservé. L'heure tourne et, fatigué par cette journée, je me décide à retourner auprès de l'homme que j'ai abordé. Je suis convaincu qu'une fois que nous aurons fait connaissance autour d'un repas, il me laissera dormir chez lui. Si je me trompe, je serai bon pour passer la nuit dans la cabane de jardin.

Il a l'air d'apprécier mon retour et me demande ce que je souhaite manger. Je lui explique que je me nourris exclusivement de fruits, d'oléagineux et de légumes crus. Les seuls aliments vivants que l'on arrive à dénicher dans sa cuisine sont des échalotes et des noix. Spontanément, il me propose alors de m'emmener au supermarché du village en voiture. Nous y arrivons juste avant la fermeture pour faire le plein de délicieux fruits et légumes que mon hôte me laisse choisir. Comme dans mes rêves ! De retour chez lui, je lui propose de me laisser préparer un repas 100 % vivant. Yves, âgé d'environ 80 ans, n'a jamais essayé mais il est curieux de tenter l'expérience. Pendant que je prépare une salade d'avocats et un gros bol de crudités, Yves me demande si je veux écouter du jazz, sa musique préférée qui fait aussi partie de mes favorites. C'est dans cette ambiance *groovy* et chaleureuse que nous écalons les noix et dressons la table. Mon hôte étant médecin pour l'armée à la retraite, je suis surpris par son ouverture d'esprit quand je lui explique pourquoi je mange exclusivement des végétaux crus. Il est très intéressé par mes explications motivant l'arrêt des aliments cuits et animaux pour préserver sa santé. Je suis agréablement surpris de constater que, pour quelqu'un qui n'est pas habitué à manger vivant, il se ressert plusieurs fois et a l'air d'apprécier ma crusine. Son intérêt pour le sujet n'est clairement pas feint, si bien qu'à minuit mon hôte continue de me presser de questions, tout en s'excusant de l'heure indue alors que je dois être fatigué. Je lui suggère de me laisser dormir par terre sur un tapis de la maison avec des couvertures mais il me rétorque que le sol est humide et que je serai bien mieux dans la chambre de sa fille. Effectivement ! Je le remercie vivement avant de rejoindre ma chambre et de rendre grâce à la vie de m'avoir accordé cette soirée magnifique. Je ne pouvais guère escompter mieux pour me mettre en confiance.

Comme à mon habitude, je me réveille naturellement avec le soleil, quelle que soit l'heure à laquelle je me suis couché. Avant de me lever, je fais quatre cycles de respirations Wim Hof[3] qui favorisent ma récupération musculaire au niveau des jambes.

3. Nom du Néerlandais qui a mis au point une technique d'hyperventilation naturellement anti-inflammatoire.

À peine sorti du lit, ma première attention va à mes pieds. À ma grande surprise, ils n'ont aucune séquelle. En regardant par la fenêtre de la chambre qui donne sur le canal, je me réjouis à l'idée de courir une journée entière dans cette ambiance boisée et apaisante. D'autant plus que cette portion de la VR6 est lisse et va me permettre d'enchaîner facilement les kilomètres. Après avoir fait quelques pas et admiré la vue, je prends la posture du lotus pour le dernier rituel du matin: environ trente minutes de méditation pendant lesquelles je me concentre sur les objectifs de mon voyage. Je pose également les intentions pour la journée, à savoir rester positif en toutes circonstances et être assuré de trouver tout ce dont j'ai besoin. Je me répète à plusieurs reprises ce mantra pour vibrer, et donc attirer, l'abondance: «J'ai tout ce qu'il faut, quand il faut, comme il faut, où il faut.»

Mon hôte m'attend dans la cuisine avec une série de questions notées sur un papier. Elles concernent mon alimentation, mon voyage et ma philosophie de vie. Il m'entretient également de ses problèmes de santé et je le conseille de mon mieux en lui suggérant d'augmenter significativement la part de fruits et légumes crus dans son alimentation. Il me dit également prendre des notes pour sa fille qui sera très intéressée par mon site Internet et tous les articles que j'ai écrits sur la santé. J'aime quand les échanges humains sont «gagnant-gagnant», ça me dédouane de cette part de culpabilité que j'éprouve à bénéficier d'une aide sans avoir rien de matériel à offrir en retour. Nous nous faisons nos adieux et je le remercie une dernière fois encore avant de reprendre ma longue route vers la mer Noire qui n'en est qu'à ses prémices. Un soleil ardent m'accompagne et je me délecte du sentiment de liberté et de légèreté qui m'habite, comme si je ne sentais plus le poids de mon corps ni du passé.

Comme je suis encore à jeun en fin de matinée, la présence de cerisiers finit par aiguiser en moi une faim que j'assouvis divinement avec la meilleure alimentation qui soit: des fruits mûrs cueillis sur l'arbre. Quand c'est nécessaire, je grimpe comme un singe dans les cerisiers, quitte à y laisser quelques morceaux de peau quand les troncs sont hauts et sans branches basses. Dans les secteurs où les cerisiers sont rares, je demande des fruits dans des maisons où, le plus souvent, je suis bien reçu. J'en repars avec des pommes, des bananes, des abricots, des pêches ou des noix. Bref, je n'ai aucune difficulté à me nourrir. En outre, c'est quand j'ai le moins mangé que j'avance le mieux. La vie est si bien faite que la nourriture ou son absence contribuent dans un cas comme dans l'autre à ma progression.

Chaque jour sur le chemin de ce voyage me permet de prendre un peu mieux la mesure du pouvoir et de l'importance des éléments naturels tels que l'air, l'eau, la terre et le soleil pour notre bien-être et notre survie. Ces éléments accessibles et mis à notre disposition gratuitement par la nature ont la capacité de nous nourrir, de nous apporter de l'énergie et même de nous soigner. Pourtant, quand on observe à quel point l'humain pollue air, ciel, terre et eau, en pensant que c'est un mal nécessaire pour vivre confortablement et nourrir des milliards d'humains, on ne peut que se désoler de voir notre espèce convaincue par cette vision fallacieuse de la réalité. Les solutions pour vivre bien sans dévaster l'environnement existent mais nous ne les prenons pas au sérieux, comme si ce qui n'était pas complexe ne pouvait pas être efficace. Pourtant les maisons en terre remplacent avantageusement les maisons en moellons ou en briques, et la permaculture est tout à fait pertinente pour remplacer les intrants qui souillent l'eau et la terre, en empoisonnant toute forme de vie. L'humain a tant négligé l'importance de préserver les éléments naturels sans vouloir en comprendre le fonctionnement, quand bien même il disposait de toutes les informations à ce sujet, qu'il en a oublié à quel point la nature est abondante par essence et agit avec une intelligence infinie. Pour l'avenir, la seule bonne question à se poser est: « De quoi avons-nous besoin pour vivre? » Nous avons besoin d'un air pur pour respirer, d'une eau propre et non polluée pour boire et arroser une terre fertile qui produira des fruits pour nous nourrir, d'habitations pour nous protéger des intempéries et d'une communauté pour avoir des rapports sociaux et nous entraider. Tout le reste est superflu. L'étrangeté de notre société qui fonctionne avec une intelligence inversée, c'est de considérer le superflu comme essentiel. Toute technologie qui menace nos besoins vitaux devrait être utilisée en pleine conscience des dangers qu'elle fait planer au-dessus de nous sur du long terme. En évaluant objectivement la balance bénéfices-risques, une telle technologie ne pourrait donc être utilisée que ponctuellement, dans une phase de transition vers un nouvel équilibre.

Ces réflexions se bousculent dans ma tête alors que je chemine vers Chagny. Nous sommes un dimanche et la VR6 est bondée de coureurs et de cyclistes. Certains me reconnaissent pour m'avoir vu sur France 3 et nous faisons un bout de chemin ensemble, le temps d'échanger autour de l'hygiénisme, mon dada. D'autres demandent à me photographier. Un Algérien qui se promène vers Chagny me gratifie même d'un: « Bravo! Ça c'est un homme! »

En plein cagnard, je me filme à plusieurs reprises le long de la ligne droite qui longe le canal jusqu'à Chalon. Il y a très peu d'arbres sur cette portion de route et je souffre de la chaleur, peine qui est toutefois adoucie par les nombreux encouragements que je reçois. J'arrive en plein milieu d'après-midi à Chalon-sur-Saône où je quitte le confort de la piste cyclable pour traverser une ville aux multiples revêtements abrasifs. Jusqu'à présent, la VR6 est bien fléchée et je me dirige sans difficultés à travers le dédale de rues jusqu'à la sortie de Chalon où je cours quelques kilomètres sur une route assez fréquentée. L'itinéraire me fait ensuite bifurquer sur une route de campagne calme qui m'amène jusqu'à un parc verdoyant avec, en son centre, un plan d'eau accueillant oies et canards. C'est la fin d'après-midi, j'ai déjà trente-cinq kilomètres environ dans les jambes, et les prunes mûres que je trouve m'invitent au repos dans cet espace apaisant. C'est le moment que je choisis pour la maintenance de mon véhicule terrestre auquel je demande beaucoup généralement, et surtout en ce moment. Alors je prends soin de lui quotidiennement avec le hatha yoga qui détend mes muscles en profondeur tout en ayant également un effet relaxant sur le mental; mental que je recentre ensuite avec la méditation pour le préparer à la dernière épreuve de la journée: trouver un lieu où dormir. Juste avant, pour compléter ce travail de maintenance, je m'octroie une délicieuse sieste dans l'herbe sous le soleil, bercé par les rires des enfants venus se défouler dans le parc. Nous avons besoin de si peu pour jouir de la vie quand on suit les Lois du vivant...

J'ignore dans quel village je me trouve, et sais juste, d'après le balisage, que je suis sur la VR6. À l'extérieur du parc il y a une sorte de lotissement, endroit que je sens peu propice pour se faire inviter. J'essaye de me fier à mon intuition pour évaluer le niveau d'accueil des habitants d'une maison en fonction de l'agencement de leur cour et de l'aspect de leur habitat. Une science très approximative comme je peux m'en rendre compte en essuyant refus sur refus. De toute façon, mon intuition me dit que je ne trouverai rien dans ce coin alors je prends la décision de continuer, quand bien même j'ignore à quelle distance se trouvent les prochaines habitations. Heureusement, elles sont seulement éloignées de quelques kilomètres. J'arrive devant une belle maison de campagne entourée d'arbres qui m'inspire confiance. Les habitants sont sympas et s'intéressent à mon voyage mais ils n'osent pas me dire franchement non et me font perdre vingt minutes en tergiversations. Je remonte alors la rue qui me conduit à un autre lotissement peu avenant. Zut! Je tente quand même ma chance dans la première maison qui se présente à moi. Une famille nombreuse vit là et la maman est séduite par mon histoire et ma manière de m'alimenter exclusivement végétale et crue mais elle suppose que son mari, qui rentrera bientôt du travail, ne verra pas cela d'un très bon œil. Elle me suggère de poursuivre sur quelques kilomètres jusqu'à la maison d'un kayakiste connu pour ses expéditions à travers le monde. L'idée me paraît bonne en effet et je me mets en route, sans plus attendre, le cœur gonflé d'optimisme.

Sa maison est facile à trouver grâce au kayak planté dans la cour. Je suis soulagé de constater que l'aventurier est bien chez lui. Il écoute poliment mon discours de présentation avec un air sceptique en fronçant légèrement les sourcils. Il me pose ensuite quelques questions, comme pour s'assurer que je ne suis pas un mythomane, puis il me souhaite la bienvenue en me faisant un grand sourire. En cet instant précis où un être humain m'ouvre enfin son cœur et sa porte, je sens que toute la fatigue de la journée et le stress dû à la crainte de passer la nuit dehors s'évanouissent d'un coup, comme par enchantement, sans laisser de traces dans mon corps. Je fais alors connaissance avec Stéphane, sa femme et leurs deux enfants. Le moment du repas arrive et je leur explique ma manière de m'alimenter en apparence spéciale et pourquoi je me nourris ainsi. Le sujet les intéresse et, comme je l'ai fait la veille, nous en discutons pendant un long moment. La soirée se conclut par un film sur grand écran que Stéphane a réalisé lors d'une expédition à kayak au Népal. Le spectacle est magnifique et je ressens beaucoup de gratitude envers mes hôtes, et la vie en général, pour tout ce que je reçois.

Le lendemain matin, alors que le soleil se lève une nouvelle fois sur Terre, je me sens exactement à ma place dans ce que je fais. Mes pieds tiennent la cadence, je trouve assez à manger en journée sur les arbres, et chaque soir, la magie opère pour m'ouvrir la porte d'hôtes charmants. J'avais donc bien raison d'y croire ! J'ai envie de partager ces bonnes nouvelles avec mes proches et l'équipe de tournage. Pour ce faire, Stéphane me prête volontiers son ordinateur, ce qui me permet de lui offrir le *Guide de survie au XXIe siècle* au format numérique. Pendant ce temps, mon hôte appelle Antoine, un de ses amis kayakiste qui habite à quarante kilomètres de là, à Lanthes, le long de la VR6, pour savoir s'il serait d'accord pour me recevoir en fin de journée. Après avoir fait un tour sur mon site Internet, il donne son accord. La journée s'annonce bien. Comme l'endroit où il habite n'est pas très facile à trouver, je dessine un plan sur un morceau de papier que je garde avec moi puis je remercie une dernière fois mes hôtes. Stéphane étant intéressé par les sessions «jeûne et trek» que j'organise, nous nous reverrons peut-être un jour.

Je commence cette journée sans le poids de devoir trouver un toit en soirée, à la condition toutefois que je parvienne à parcourir quarante kilomètres, ce que je n'ai encore jamais réalisé pieds nus. Mais après ce qu'ils viennent d'accomplir depuis Gibles sans se plaindre, je suis confiant. Hélas, dès les premiers kilomètres, je suis contraint de jouer les fakirs sur des routes gravillonnées qui m'empêchent de courir. Par moments, j'essaye de marcher dans l'herbe des bas-côtés mais ce n'est guère plus confortable et je ne souhaite pas prendre le risque de me blesser sur un objet perforant ou coupant dissimulé dans l'herbe. Je suis ainsi ralenti durant toute cette demi-journée, usant de ma concentration pour résister à la douleur suscitée par les petits cailloux omniprésents. Je peux néanmoins compter sur la présence encourageante de la Saône qui se laisse découvrir ponctuellement au milieu des arbres, et celle du soleil triomphant haut dans le ciel. Je vois sa lente ascension vers l'azimut se réaliser avant d'amorcer sa descente vers l'horizon, tandis que je me désespère de ma lenteur. En fin d'après-midi, j'arrive à Charnay-lès-Chalon alors que mes pieds meurtris par les gravillons de la journée me supplient d'arrêter. Je décide de faire une croix sur l'invitation et je me mets à la recherche d'un hôte dans ce village en apparence sympathique. Je croise quelques personnes dans les rues qui me disent toutes d'aller voir le maire. Mais ce dernier est introuvable. Je persévère en allant frapper à une dizaine de portes pour entendre systématiquement la même réponse. Je me demande si ce n'est pas une sorte de joker pour ne pas avoir à assumer un « non, je ne souhaite pas vous recevoir chez moi ». Après plus d'une heure passée à tourner dans le village et à essuyer des refus, je sens pointer en moi une colère que j'utilise à bon escient pour faire fi de la douleur que je ressens aux pieds. Je me remets alors en chemin vers Lanthes, après avoir secoué la poussière de mes pieds en sortant de Charnay. J'évalue la distance à environ un kilomètre. Plus d'une fois, la fatigue plantaire revenant au galop, je flanche en allant demander l'hospitalité dans quelques maisons jalonnant la route, en vain. À croire que je suis véritablement attendu ailleurs.

Effectivement. Quand j'arrive à Seurre, il est déjà 20 heures. Il me reste encore cinq kilomètres à parcourir et je n'en peux plus. Heureusement, mon hôte a pris la bonne initiative de venir à ma rencontre en voiture, et nous nous rencontrons juste au bon moment, au début d'une grande ligne droite, là où nous ne pouvions nous manquer. Bien sûr, il n'a pas de mal à me reconnaître et me fait signe sans hésiter. Je monte dans sa voiture avec soulagement, j'ai bien assez couru comme ça ! Antoine est agriculteur et me conduit jusqu'à sa grande maison sise en plein milieu des champs et des bois. Le sol qui sépare la voiture de la porte d'entrée est constitué de cailloux qui me font très mal après cette journée éprouvante mais je fais comme si de rien n'était pour ne pas perdre la face. Antoine me présente sa femme et ses trois enfants, de jeunes adultes, qui me pressent de questions. Pour la troisième soirée consécutive, j'explique ma motivation à voyager sans rien : montrer ce que l'on peut réaliser quand on a confiance en l'humain et en la vie en général. Je n'invente rien, « aide-toi et le ciel t'aidera » est une vérité éternelle. En matière de sagesses et d'enseignements tout a déjà été découvert, il reste simplement à les remettre au goût de l'époque pour montrer qu'il y a véritablement une réalité tangible qui se cache derrière. Ce discours n'est absolument pas étranger à mes hôtes. D'ailleurs, Antoine cherche une manière plus respectueuse de l'environnement pour cultiver ses terres. Par exemple, en ne labourant plus et en limitant au maximum les passages du tracteur, afin de ne pas tasser le sol ni l'exposer à l'oxygène, ce qui perturbe sa vie microbienne et tue aussi les lombrics qui jouent un rôle primordial dans la qualité de la terre en la fertilisant et l'aérant. D'ailleurs, les mesures effectuées dans les champs de mon hôte ont montré que la stratégie est gagnante car la population de lombrics et la productivité sur ses terres sont bonnes. Que ce soit en santé ou en agronomie, l'idée est de travailler avec les forces du vivant plutôt que se croire plus malins et plus forts que la nature.

Mes hôtes, majoritairement végétariens, ne paraissent pas surpris par ma manière de m'alimenter. En outre, ils ont à disposition de nombreux fruits et légumes de leur jardin et je suis par conséquent sûr que j'aurai de quoi manger à ma faim. Tandis que je les vois préparer le repas et que mon aide a été déclinée en cuisine, j'essaye de leur donner une idée du volume de fruits et légumes que je consomme en un repas. Je sais par expérience que si je ne dis rien, je vais devoir me contenter d'une portion largement insuffisante pour me rassasier. C'est pourquoi, quand je suis invité, je n'hésite pas à exprimer mes besoins. Sur un voyage comme Eurotopia, si je ne prends pas soin de moi en osant demander ce qu'il me faut, je vais précipitamment finir par épuiser mon corps de ses réserves. Il y a en particulier deux éléments indisponibles en journée dont je suis friand le soir: le sel et le gras que je trouve dans les huiles, les olives, les avocats, et diverses noix. En attendant que le dîner soit prêt, je propose à Antoine un soin énergétique pour apaiser une douleur récurrente à son épaule qui l'empêche de faire du kayak à sa guise. Il s'agit d'un soin qui se réalise avec les mains mais sans contact physique. Il consiste à canaliser le magnétisme naturel afin de le diriger avec une intention spécifique dans le corps récepteur. Le transfert d'énergie et d'informations qui en résulte favorise et accélère les processus naturels d'autoguérison. Toutefois, l'origine du problème me paraît avant tout alimentaire, alors je lui explique quels sont les principaux aliments acidifiants (donc pro-inflammatoires) à éviter: viandes, sucres raffinés, fromages et café.

Aujourd'hui encore, je prends conscience d'à quel point je suis chanceux de trouver un foyer ouvert d'esprit avec de bonnes vibrations. Alors, *in petto*, je remercie la vie et mes hôtes à maintes reprises lors du repas où je goûte autant le plaisir de manger que la convivialité et le confort de cette maison rayonnante. J'ai bien conscience que l'ambiance qui règne ici est loin de se trouver partout, j'ai pu le constater plus tôt dans la soirée à Charnay. Je me trouve simplement au bon endroit et au bon moment. Après avoir vidé mes dernières réserves d'énergie lors de la conversation autour de la table, je m'éclipse dans la grande chambre boisée que l'on m'a cédée à l'étage pour m'y endormir paisiblement.

J'ignore dans quel monde féerique je suis allé pendant mon sommeil, toujours est-il qu'à mon réveil, l'état de mes pieds est intact. Je ne ressens aucune douleur alors que la veille au soir je pouvais à peine marcher. Cela fait environ cinq ans que je cours pieds nus et je sais pertinemment qu'il faut normalement plusieurs jours pour se remettre de pieds douloureux comme ils l'étaient la veille. Même si je fais tout ce qu'il faut pour prendre soin d'eux, il n'en demeure pas moins qu'ils sont mystérieusement beaucoup plus robustes qu'au départ.

Antoine me ramène à Seurre à l'endroit précis où j'étais monté dans sa voiture alors que le soleil brille de tous ses feux sans le moindre nuage. Je le remercie pour tout avant de reprendre ma route, toujours émerveillé par mes pieds qui ne souffrent d'aucune séquelle. Sur ses conseils, je quitte la VR6 pour couper tout droit par la D35 où, à plusieurs reprises, je me filme courant au milieu des champs et des bois. Maintenant que l'habitude est revenue, je prends du plaisir à manier la caméra. L'un de mes plans favoris, que je renouvelle chaque jour, consiste à poser la caméra au sol sur son minitrépied, puis de courir de face avant de sauter par-dessus l'objectif. Désormais je m'amuse en me filmant, une condition nécessaire pour faire du bon travail, comme dans tout.

J'avance à un bon rythme sur cette départementale où je me sens libre comme l'air. Le soleil me réchauffe de son énergie alors que je cours torse nu, mon maillot bleu accroché à ma banane. Quelques kilomètres avant Dole, alors que je viens tout juste de rejoindre la VR6, une sirène de gendarmes me fait descendre de mon nuage magique pour me ramener sur terre. Je suis arrêté par la gendarmerie pour un contrôle d'identité à la suite d'une plainte: une femme aurait vu un homme nu courir au milieu de la route. Parce que je suis pieds et torse nus avec une jupe couleur chair, ils ont supposé que c'est moi l'énergumène… Comme je n'ai pas mes papiers, je leur donne les informations qu'ils souhaitent recueillir pour vérifier mon identité dans leur base de données. Une fois cette formalité accomplie, je réponds à leur curiosité en leur expliquant mon projet qu'ils ont l'air d'apprécier puis ils repartent en me faisant coucou par la fenêtre. Tout va bien donc, si ce n'est que je serai bientôt à l'étranger, et que cet événement vient me rappeler que je n'ai aucune garantie de passer à travers les mailles…

Cet incident pourtant sans conséquence assombrit mon humeur car je me sens de moins en moins enclin à jouer le jeu contraint et forcé de cette société où l'on est numéroté (*via* le passeport) comme du bétail et fiché pour s'entendre dire que c'est pour notre sécurité. Je suis de l'avis de Krishnamurti quand il écrit dans son journal: «Aucun gouvernement ne peut amener la paix, celle qu'ils proposent est faite de corruption et de décadence.

Exercer une autorité sur une population est facteur de dégénérescence, car les autres populations de la terre ne sont pas prises en considération. Les tyrannies n'aboutissent jamais à la paix car elles sont négatrices de libertés: paix et libertés sont indissociables. [...] L'autorité n'engendre pas la rectitude de l'ordre; elle est au contraire génératrice de désordre, dont elle tire profit pour assurer sa propre croissance.» Ils sont tellement sombres ces gouverne*ments* qui, à travers les époques, ont alimenté le feu du terrorisme, jouant les pompiers pyromanes, et répandant leurs mensonges avec le concours des médias. Cela dans le dessein d'alimenter la défiance, voire la haine, des peuples les uns contre les autres, afin que nous ne soyons pas unis contre les magnats qui veulent maintenir leurs privilèges à nos dépens. Telle est ma vision.

Il me faut bien quelques heures de course à pied pour faire retomber cette colère qui ne s'estompe que lorsque la faim fait son apparition. N'ayant pu trouver suffisamment d'arbres fruitiers, je tente ma chance dans un supermarché où l'on m'autorise à prendre quelques fruits, tout en me surveillant de près pour que je n'en prenne pas trop. En choisissant les fruits les plus mûrs, ceux qu'ils n'auraient probablement pas vendus, étant considérés à tort comme pourris, je parviens à récupérer de quoi me faire une collation gourmande avec pêches, avocats, bananes et noix. Afin de ne pas rester dans cette zone commerciale trop bruyante à mon goût, je continue de courir avec mon sac de fruits à la main en direction de Dole. Là-bas, je tourne en rond pendant une heure et demie dans le centre-ville pour avoir manqué, à plusieurs reprises, un des panneaux de la VR6 qui indique de traverser un pont. C'est à cet endroit précis qu'un panneau signale la mer Noire à 3500 km. Trois fois et demie la traversée de la France nord-sud. Je sais précisément ce qui m'attend...

Je parviens enfin à sortir de Dole, en courant sous le couvert végétal de vénérables platanes aux dimensions impressionnantes. Il est presque 20 heures lorsque je laisse enfin derrière moi la banlieue et son agitation. J'ai parcouru une quarantaine de kilomètres dans la journée et mes pieds me demandent d'arrêter. Il est temps de trouver un toit, d'autant plus qu'un orage menace. Je fais quelques portes dans un petit village fleuri jouxtant le canal où l'on me répond à chaque fois qu'il n'est pas possible de m'héberger. Alors je poursuis quelques kilomètres plus loin, jusqu'au village de Baverans où je me sens attiré par une grande maison et ses habitants en terrasse. Enfin des gens dehors ! Tandis que j'entre dans la cour, une femme, la quarantaine, vient à ma rencontre. Je lui explique la situation et elle me répond, le plus naturellement du monde, sans concerter son mari, que je suis le bienvenu chez eux. Je la remercie vivement en riant intérieurement du stress qui me tenaillait quelques instants plus tôt. Quand vais-je enfin lâcher prise pour de bon ? Il n'en demeure pas moins que c'est à moi que revient la responsabilité d'avancer jusqu'à la bonne porte. Et la sensation d'être une balle de flipper qui se heurte maintes fois à des portes closes avant de trouver la bonne n'est pas facile à vivre. Je rêve de trouver le moyen d'être téléguidé vers la bonne adresse directement, mais cela ne semble pas être dans les plans de l'Univers. Comme toujours, ce n'est pas tant la destination qui compte que le chemin parcouru.

Sur la terrasse, Mathilde me présente à Frédéric, son mari, leurs deux jeunes enfants et ses parents qui sont en visite. C'est l'heure de l'apéro et ils sont surpris par ma sobriété. Je ne souhaite que boire de l'eau avec du citron et prendre quelques olives que je vois sur la table. Si bien que la conversation dérive assez rapidement sur la nourriture. Ce couple s'intéresse lui aussi depuis longtemps à l'alimentation la plus naturelle pour l'humain, ainsi qu'aux liens existant entre alimentation et maladies. Mes hôtes ont choisi de manger « paléolithique », c'est-à-dire qu'ils mangent comme les premiers humains, à savoir de tout sauf de céréales, de légumineuses et de produits laitiers, qui ont été introduits dans l'alimentation à partir du Néolithique, il y a environ dix mille ans seulement. On retrouve fréquemment ce type d'alimentation chez celles et ceux qui transitent vers l'alimentation vivante. Mes hôtes me questionnent sur ce début de voyage et je leur raconte ma mésaventure de la journée avec la gendarmerie. Cela les étonne beaucoup car il y a quelques années, un jeune Allemand qui mangeait vivant et qui voyageait sans argent ni papiers à travers l'Europe s'est arrêté précisément chez eux, après s'être fait lui aussi interpeller par la gendarmerie pour attentat à la pudeur. Il se baignait simplement nu dans le canal. Une coïncidence incroyable...

Leurs jumeaux de 6 ans, légèrement timides mais curieux quand je suis arrivé, ne me quittent plus et veulent me faire visiter le poulailler et leur jardin. Nous y récoltons fraises, framboises ainsi que des légumes pour le repas du soir. L'orage qui menaçait depuis un moment en tournant autour de nous finit par s'abattre sur notre secteur. Nous nous réfugions alors dans leur belle maison où je jouis du spectacle des éléments déchaînés à l'abri derrière des baies vitrées.

Alors que nous commençons à préparer le repas, j'installe ma caméra sur le plan de travail pour filmer nos échanges concernant la différence entre l'alimentation paléolithique et l'alimentation vivante. Un sujet qui interroge vivement Frédéric car il est persuadé que l'humain a toujours consommé de la viande et qu'il est donc normal que nous en mangions. Je reprends alors de mémoire l'argumentaire détaillé dans mon *Guide de survie au XXIe siècle*, à savoir que nous faisons partie de la famille des grands singes, tout comme le chimpanzé, le bonobo, le gorille et l'orang-outang, qui ne mangent presque que des fruits, des oléagineux et des légumes crus. Nous sommes des primates depuis 65 millions d'années et même si nous avons évolué morphologiquement depuis, notre système digestif est incontestablement celui des frugivores. Si l'humain s'est mis à consommer de la viande il y a de cela environ 2,5 millions d'années (ce qui reste toujours peu face à 65 millions en matière d'adaptations génétiques), c'est uniquement parce qu'il a inventé des armes et des objets tranchants. La technologie qui vient modifier notre alimentation n'est donc pas un phénomène récent. C'est une histoire aussi vieille que l'humanité qui n'est pas sans rappeler le péché originel, quand l'homme goûte au fruit de l'arbre de la connaissance du bien et du mal. Quand un grand singe, tel que l'humain, se met à consommer de la viande, ce n'est pas sans incidence sur sa santé et son comportement. Nous ne sommes pas équipés comme les carnivores pour éliminer efficacement l'acide urique produit par la digestion de la viande, ce qui acidifie nos organismes. Cette acidification est responsable de nombreuses maladies inflammatoires qui baissent très facilement en intensité avec un changement d'alimentation adéquat. Outre ces problèmes de santé, cette acidification modifie notre comportement en nous rendant plus colériques, voire agressifs. Cela est dû au fonctionnement de certaines glandes, comme l'hypothalamus, impliquées dans la régulation de nos émotions et différents paramètres comportementaux qui dysfonctionnent quand le pH sanguin est trop bas. Cette modification du comportement saute aux yeux quand on observe (à travers les études qui ont été faites) les différentes mœurs des chimpanzés qui vivent par clans. Certains de ces clans consomment de la viande et ont des comportements extrêmement violents avec les autres espèces et même au sein du clan, alors que les chimpanzés frugivores sont particulièrement pacifiques et doux.

Cette nouvelle soirée sur Eurotopia se termine vers minuit, alors que j'ai couru une quarantaine de kilomètres dans la journée. Je me demande combien de temps je vais tenir un tel rythme. Pris par le flot de la conversation, je ne me rends pas compte de mon réel état de fatigue, que remarquent cependant mes hôtes qui me suggèrent alors gentiment de rejoindre ma chambre sous les combles. Je m'endors très rapidement, bercé par le son de la pluie qui crépite sur le Vélux.

Le lendemain matin, il pleut de façon incessante alors qu'il ne fait que 12 °C. N'étant pas pressé de sortir, je repousse le moment du départ en faisant du yoga et en lisant une histoire aux enfants. Mes hôtes sont attendus ailleurs et ils sont navrés de devoir me mettre dehors par ce temps. Cette fois, je ne me dégonfle pas et je sors sans même songer à me procurer un sac-poubelle. En courant sous la pluie en direction du canal, je leur fais signe de la main pour les saluer une dernière fois puis je me mets à courir suffisamment vite pour me réchauffer. C'est la stratégie sur laquelle je comptais pour faire face aux jours pluvieux. Habitué aux bains glacés, mon corps se réchauffe rapidement sous l'effort physique. Ce qui me permet alors de ralentir un peu le rythme pour trouver le bon équilibre, comme si je réglais un thermostat.

Je cours sans m'arrêter jusqu'en début d'après-midi quand la pluie cesse enfin. Il n'y a rien de tel que les intempéries pour faire de longues étapes, d'une part parce qu'elles ne donnent pas envie de faire une pause, de l'autre parce que le corps fonctionne mieux lorsqu'il est stimulé par un peu de froid. La grisaille finit par se diluer dans le ciel bleu, j'apprécie alors les petits villages régulièrement espacés qui jalonnent les berges du Doubs, serpentant au milieu des monts aux sommets arrondis et boisés. Je n'ai pas de compteur mais je sens à l'état de mes pieds que j'approche des quarante kilomètres, ma limite journalière du moment. Ils me signalent qu'ils ont besoin de s'arrêter très prochainement. Dans ce voyage, ce sont visiblement eux qui décident de beaucoup de choses. Je commence alors à épier les endroits où je pourrais m'arrêter. Je croise quelques personnes qui, je le sens, refuseront de m'accorder l'hospitalité. J'ai une sensibilité très développée pour deviner, rien qu'en observant la posture de la personne ou en entendant sa voix, si elle aura envie de m'aider ou pas. C'est pour cette raison que je préfère voir les personnes avant de les aborder, cela m'épargne une perte de temps considérable et m'évite aussi d'essuyer des refus qui ne sont pas toujours agréables à vivre.

Hélas, il n'y a pas grand monde dehors alors je tente ma chance en frappant à une porte, sans conviction. Les gens qui vivent là sont aimables et me suggèrent d'aller demander l'hospitalité à un charpentier qui habite non loin car il a la réputation d'être ouvert d'esprit. Je m'y rends, non sans m'être rassasié au passage d'un bon kilo de cerises dans les rues de Torpes. C'est la fin de journée et toute la famille du charpentier, sa femme et ses deux jeunes enfants, est à la maison. Je les sens tous effectivement accueillants mais il y a quelque chose qui semble les retenir tandis que je leur récite mon histoire bien rodée. Je vise juste en soupçonnant qu'ils remettent en cause la véracité de mes paroles tellement tout cela leur paraît invraisemblable. Je sors alors de ma banane la coupure de journal où je fais la une, puis je leur donne les liens de mon site Internet avec la vidéo reportage de France 3. Je les laisse quelques minutes vérifier mes dires sur Internet puis ils reviennent vers moi en me souhaitant la bienvenue et en s'excusant d'avoir été méfiants.

Ils se rattrapent bien vite de leur suspicion: sans que je leur réclame quoi que ce soit, ils me demandent si je souhaite prendre une douche, si j'ai besoin d'un change, d'utiliser leur ordinateur ainsi que leur téléphone pour appeler ma famille. Un véritable arrêt au stand. Après une semaine sur les routes j'ai hâte de parler de vive voix à Florence. Je rends grâce, cette fois encore, pour tout ce que la vie m'offre de merveilleux.

3

L'HOSPITALITÉ FRANÇAISE

Je suis conquis par la douceur bucolique du Doubs qui se faufile entre des monts arborés aux affleurements calcaires parfois visibles. En quittant le charpentier et sa famille, je fais route vers Besançon, une ville que j'apprécie pour son charme et l'ouverture d'esprit de ses habitants. Dans sa banlieue, les jardins sont nombreux et je suis à l'affût d'arbres fruitiers pour me nourrir. Bien que les fruits pourrissent sur l'arbre faute de cueilleurs, ils sont protégés de la maraude derrière des grillages ou des fils barbelés. Je lorgne tous ces fruits perdus avec un sentiment de frustration mêlée de tristesse face à cette gabegie. Cela ne fait qu'attiser ma faim qui aiguise tous mes sens en quête de nourriture. À la place des fruits convoités, je découvre un petit abri en bois qui propose en libre-service chaussures, livres, habits et colifichets. Rien qui ne m'intéresse. Un peu plus loin, trônant seul au milieu d'un pré, je trouve celui que j'appelais de tous mes vœux: un magnifique cerisier chargé de fruits noirs sans doute délicieusement sucrés. Après avoir regardé à gauche et à droite, je grimpe subrepticement au milieu des branches pour être discret. Je ne tiens pas à être dérangé pendant mon festin. Les branches, larges et solides, me permettent de m'installer confortablement pour manger ces cerises les unes après les autres, jusqu'à ce que je me sente enfin rassasié. C'est seulement après en avoir ingurgité plus d'un kilo que mon corps m'envoie les premiers signaux de satiété. Je reste alors perché à l'ombre du feuillage de mon hôte végétal pour une courte sieste, conscient que jamais encore je n'avais ressenti une telle présence bienveillante chez un arbre. En ce moment très précis, je vois les arbres non plus comme de simples éléments de la flore, mais comme des dieux à part entière qui peuvent tout sur terre. D'ailleurs, ils empêchent l'érosion des sols et créent un gigantesque réservoir en retenant la quasi-totalité des eaux de pluies, ils favorisent la formation des nuages sans lesquels il ne pourrait y avoir de pluie loin des côtes, ils rafraîchissent le climat, purifient l'air, augmentent la biodiversité, enrichissent le sol, produisent de l'oxygène, captent le CO_2 et offrent de multiples autres services. En outre, on a découvert que la moitié de l'eau prélevée par les arbres est relâchée directement dans l'environnement.

J'en reconnais au loin la citadelle et arrive à Besançon vers midi. Évitant le centre-ville logé dans une boucle du Doubs, la VR6 me fait traverser directement sous la citadelle par son passage souterrain ruisselant qui, en cette chaude journée, me fait l'effet d'un brumisateur. La piste est douce pour les pieds et j'avance d'un bon pas car je suis attendu dans trois jours, pour le solstice d'été, chez Mickaël, un ami habitant près de Mulhouse. Il me reste environ cent quarante kilomètres pour m'y rendre, je dois donc tenir un rythme de quarante kilomètres par jour en moyenne. Je tiens à être ponctuel car l'équipe de Tprod a prévu de me filmer là-bas et les dates sont bloquées. *A priori*, je pense être dans les temps mais cette contrainte supplémentaire que je me suis imposée arbitrairement n'est pas agréable à vivre et je me le reproche un peu. Il ne tenait qu'à moi de prévoir une journée de marge mais l'idée de devoir passer une nuit de plus en chemin me paraissait encore plus contraignante. Au plus profond de moi je sens bien que ce voyage va être difficile à mener jusqu'au bout et que le plus dur n'est pas de courir mais de devoir chercher tous les soirs une maison où dormir. C'est cette tension nerveuse et psychologique que je subis à chaque fin de journée qui me fatigue le plus. Conscient de cela, j'ai le sentiment qu'un chrono est lancé dans ma tête comme si le temps m'était compté et que toute mon énergie devait exclusivement être mobilisée vers cet unique but: rejoindre la mer Noire. En outre, avec les mesures «anti-Covid», je ne sais pas combien de temps encore je serai autorisé à circuler librement. Rien que pour cette raison, je sais qu'il n'y a pas de temps à perdre. Cependant je ne subis pas ce sentiment d'urgence qui m'habite, je l'utilise au contraire comme un dopant.

C'est un jour de semaine et la VR6 qui passe entre les sept collines de Besançon est calme. Je remarque d'autant mieux les trois cyclistes qui me doublent avec tous leurs bagages. Ils doivent se déplacer sur de longues distances, mais je n'ai pas l'opportunité de les questionner. À cette époque de l'année, ils sont normalement légion à traverser l'Europe mais la peur de la Covid a eu raison de la majorité des velléités de voyage. Cela me laisse plus de place pour circuler sans craindre de me faire renverser, mais je déplore de constater à quel point les humains sont influençables. Ce qui me paraît le plus étonnant, c'est que même si nous avons encore à ce moment-là légalement le droit de circuler, les gens se restreignent eux-mêmes dans leurs déplacements. Les manipulations et l'ingénierie sociale ont de beaux jours devant elles à ce que je vois... Nous avons, depuis notre plus tendre enfance, tellement été conditionnés à obéir aux ordres de ceux qui s'occupent de nous, qu'il est très difficile pour une majorité de remettre en cause l'ordre établi. D'après ce que j'observe, ceux qui y parviennent sont ceux qui, durant toute leur vie, ont su faire preuve d'une résistance opiniâtre face à l'autorité. Nous avons tous été éduqués, voire dressés, à obéir à nos «supérieurs». Nous obéissons d'abord à nos parents, pour faire plaisir ou par peur qu'ils ne nous abandonnent et ne s'occupent plus de nous. Ensuite, nous obéissons à nos professeurs, sous la menace d'être congédiés et de ne plus pouvoir alors trouver un travail plus tard.

Puis, à l'âge adulte, on transfère cette obéissance bien cultivée sur le gouvernement qui nous contraint à payer impôts, taxes et à obéir aux lois sous la menace de finir en prison. Il s'agit d'une mécanique bien huilée mise en place sciemment par ceux qui nous gouvernent depuis des siècles, tant et si bien que chaque prisonnier de ce système souhaite lui-même la prison qu'on lui impose sous prétexte qu'elle est là pour le bien individuel et collectif.

Comme l'a écrit Aldous Huxley: «La dictature parfaite serait une dictature qui aurait les apparences de la démocratie, une prison sans murs dont les prisonniers ne songeraient pas à s'évader. Un système d'esclavage où, grâce à la consommation et au divertissement, les esclaves auraient l'amour de leur servitude...» En voyant ces trois cyclistes me doubler, une part de moi est rassurée: nous sommes encore quelques-uns à avoir l'audace de vivre.

Mais cette audace n'est pas au goût de tout le monde car elle dérange. J'en fais l'expérience dans l'après-midi auprès d'un homme s'occupant de son potager. Tandis que je lui expose mon histoire et les raisons pour lesquelles je lui demande des fruits, je peux lire sur son visage une forme de contrariété. Avec un rictus légèrement narquois, il me demande si je veux des courgettes ou des patates de son jardin. Je lui explique qu'en courant un marathon par jour j'ai besoin de manger des fruits sucrés. Il me suggère, avec désinvolture, d'aller en cueillir dans le merisier de sa cour qui, entouré de hautes ronces et sans branches basses, est inaccessible. Je ravale mon orgueil et lui explique que cela fait quinze kilomètres que je n'ai pas trouvé de fruits à portée de main. Avec de petits mouvements de tête nerveux qui laissent deviner un conflit intérieur, il rentre dans sa maison à contrecœur pour aller me chercher une banane. Il me la tend comme si cela lui coûtait beaucoup, tout en me disant qu'il réprouve le fait que je puisse accepter un fruit qui vient de loin. Selon lui, c'est inconciliable avec la philosophie de mon voyage et je devrais manger 100 % local et dormir dehors, comme un animal. Je préfère ne pas argumenter et je m'en vais après l'avoir malgré tout remercié.

En effet, pour certains, je vis comme un parasite de la société qui profite de la gentillesse des gens. Heureusement pour moi, ce genre d'attitude critique est assez rare. Le plus souvent, si les personnes ont des fruits à la maison, ce qui est hélas loin d'être toujours le cas, elles me les offrent avec des sourires et des encouragements. Parfois, elles commencent même à me remplir un sac et je suis obligé de les arrêter en arguant que je n'emporte que de quoi manger pour un seul repas. C'est la règle que je me suis fixée. Il arrive aussi que je sois invité à manger sur la terrasse ou dans la cuisine pour un moment d'échanges et de convivialité qui me redonne des forces. Dès lors que la peur est absente, l'amour a de l'espace pour s'épanouir. Cette énergie d'amour qui est vitale pour l'humain est malheureusement réprimée par notre société qui cultive la peur de l'étranger. C'est grâce à l'histoire de mon voyage, véritable sésame, que les portes et les cœurs s'ouvrent. Elle crée une situation inattendue qui a parfois le potentiel de court-circuiter les peurs et les conditionnements, permettant à un être humain de faire preuve naturellement de charité et d'humanité envers un inconnu dans le besoin. C'est ce qui fait toute la magie de cette aventure.

Cette dernière est en train de s'emparer de moi sur tous les plans (physique, mental, émotionnel et spirituel) sans que je parvienne à anticiper ses desseins. Que ce soit au niveau des rencontres, de mon optimisme, de mes émotions ou de mon niveau d'énergie, je la vis comme une houle avec des hauts et des bas. Jusqu'à présent cette houle est paisible, si bien que je redoute viscéralement le jour où j'aurai à dormir dehors, faute d'avoir pu trouver un logis. Un cas de figure que plusieurs personnes m'ont prédit comme inévitable dans une telle aventure. Pour le moment, les nuits sont bien trop fraîches pour que je puisse dormir à la belle étoile et je me sens même incapable d'envisager une telle situation. Au fond de moi, je sens bien qu'il y a là une peur à dépasser et que j'ai besoin de vivre cette expérience. En attendant, je la souhaite le plus tard possible et je fais tout mon possible pour que cela ne m'arrive pas. C'est la raison pour laquelle je commence en général à chercher un toit vers 18 heures. Ce qui me laisse plusieurs heures de jour devant moi pour mener à bien ma quête, et ce, alors que la plupart des gens ont terminé leur travail et sont donc, en général, rentrés chez eux.

Le soir venu, c'est la hauteur du soleil dans le ciel qui m'avertit qu'il est l'heure pour moi de chercher un gîte. Pour la première tentative de la soirée, je choisis un hôtel au bord du Doubs. Je pense ne rien obtenir mais je me dis que c'est l'occasion de filmer un refus avec ma caméra. Je n'ai jusqu'à présent pas osé aborder les gens chez eux caméra à la main. Dans l'hôtel, on me répond que c'est le plus naturellement du monde que l'on m'aurait hébergé, mais que ce ne sera malheureusement pas possible pour une question d'assurance...

Toujours caméra à la main, je décide de faire un tour dans le village pour trouver une famille d'accueil. Bien que la soirée soit agréable, je ne vois personne dehors, et tente alors ma chance à l'aveugle. Est-ce à cause de ma caméra? Toujours est-il que de nombreuses portes restent closes lorsque je frappe. Certaines maisons, trop silencieuses, semblent vides mais certaines ne le sont pas et on me regarde par la fenêtre sans venir m'ouvrir. Ces situations embarrassantes et surréalistes suscitent en moi un sentiment de mal-être. Quand on m'ouvre la porte, les attitudes sont hostiles, au mieux méfiantes, et l'on me considère visiblement comme quelqu'un de potentiellement dangereux. Deux jeunes parents me répondent qu'ils ne peuvent pas m'accueillir parce qu'ils ont un enfant. Sous-entendu: leur responsabilité les engage à refuser, par principe, d'accueillir un étranger qui, potentiellement, pourrait violer, tuer ou kidnapper leur chérubin. Je fais semblant de les comprendre même si, en mon for intérieur, l'absurdité de la situation me désole. D'autres personnes, plus rares, ont la franchise de me dire qu'elles n'accueillent pas d'étranger, point. Sans chercher d'excuses. Contrairement à ce que l'on pourrait croire, arriver chez les gens avec une caméra pour dire que l'on réalise un film n'est absolument pas une garantie d'être bien reçu. Au contraire, cette façon de procéder en effarouche plus d'un car beaucoup n'ont pas envie d'être filmés et d'autres ne croient pas un mot de ce que je leur raconte. Cela dit, la situation serait totalement différente si l'équipe de tournage était derrière moi.

Après avoir couru un marathon et essuyé une vingtaine de refus, je me sens comme contaminé et sali par toutes ces énergies négatives que je n'ai pas su accueillir sans jugement. Je m'efforce de voir le côté positif: après avoir tourné en rond une heure durant dans ce village, j'ai fait le plein de refus pour le film et j'ai pu ramasser le long des rues et dans les cours autant de cerises que je pouvais en manger. Je repars alors rassasié et suffisamment reposé pour courir jusqu'à un endroit plus accueillant. Cette expérience m'apprend qu'il ne faut pas insister dans les endroits où je sens que la population est hostile. Ce n'est pas la première fois que je remarque qu'il y a des secteurs où il est préférable de ne pas s'attarder.

Je poursuis ma route en focalisant mon attention sur les arbres aux alentours qui m'apportent la consolation dont j'ai besoin. Je remarque d'ailleurs que le tilleul est de loin l'arbre le plus présent sur ces berges. Je me questionne quant à une éventuelle raison symbolique qui se trouverait derrière. En chamanisme, on considère que le tilleul encourage à la fidélité, que ce soit en amitié ou en amour. En contrepoint, je lorgne régulièrement le soleil et une tension intestinale se fait croissante au fur et à mesure que l'astre solaire se rapproche de l'horizon. La nuit approche à grands pas, aussi j'accélère le mien. Après une petite heure de course depuis le village précédent, des habitations apparaissent enfin au cœur de la végétation. Tous mes sens sont alors aux aguets, comme si ma vie était en jeu. Derrière une palissade, j'entends un homme parler à sa femme et quelque chose fait tilt en moi. À la simple écoute de sa voix douce, mon intuition me signifie sans l'ombre d'un doute que cet homme sera enclin à m'aider. Je me dépêche alors de rejoindre ce couple en traversant le petit pont du canal qui est juste derrière. Le temps que je change de berge, ils ont disparu à l'intérieur de la maison alors je sonne à la porte. Le mari, sa femme et leurs deux adolescents sortent les uns derrière les autres et me regardent tous silencieusement pendant un court instant, leur regard est empreint d'un étonnement mêlé de crainte, ce qui me rappelle une scène du film *Il était une fois dans l'Ouest*. Moins intimidé, le chien de la maison, lui, se faufile entre mes jambes et se laisse caresser. Je ne me suis pas trompé, je sens de la douceur chez ces personnes et je leur détaille les raisons de ma présence en croisant les doigts pour qu'ils m'invitent. L'homme m'explique alors, tout en cherchant sa femme du regard pour sonder son avis, que leur maison est en pleins travaux et qu'ils n'ont hélas pas de lit pour moi. Je leur précise qu'un canapé fera très bien l'affaire. Ce sont les ados qui viennent à mon secours en rappelant à leurs parents qu'il y a un matelas inutilisé dans leur chambre. Finalement, l'affaire est conclue à mon plus grand soulagement. Arraché *in extremis* à la nuit, je mesure une fois de plus la quantité de stress et d'énergie que la journée m'a coûtée. Cela m'inquiéterait si ces tensions et cette fatigue ne s'évaporaient pas miraculeusement à chaque fois que je passe le seuil d'une maison où je suis convié. Stéphanie, mon hôtesse, m'apprend que c'est la première fois que son chien n'aboie pas devant un inconnu. Je crois comprendre par là que le comportement du chien a plaidé en ma faveur mieux que n'importe quel juge.

Julien et Stéphanie étaient en train de mettre la table lorsque je suis arrivé et ils me demandent si j'aime les chips, le riz et le steak qui composent le menu du soir. J'explique alors de quelle manière je m'alimente et pourquoi. Stéphanie m'écoute sur la défensive en émettant des objections car mes affirmations, pourtant édulcorées au maximum afin d'éviter tout incident diplomatique, vont à l'encontre de ses croyances. Elle me dit être infirmière et pense savoir comment bien se nourrir. En outre, j'ai le sentiment qu'elle endosse une certaine responsabilité vis-à-vis de sa famille en matière d'éducation à la santé. Mes affirmations subversives sur ce sujet la déstabilisent car elle pense bien faire en préparant des plats « maison ». Même si je suis enclin à la complaisance afin de ne pas jouer le trouble-fête, je ne souhaite pas pour autant garder le silence en les regardant manger. J'essaye alors de doser ce qu'ils peuvent entendre afin de les influencer positivement sans qu'ils se braquent. Pour y parvenir, je focalise mes arguments sur le positif, en parlant essentiellement des nombreux bienfaits des fruits et des légumes crus qui, hélas, sont presque absents de leur maison. Pour cette raison, mon repas du soir est maigre. J'ai droit à un bol de framboises du jardin ainsi qu'à une assiette de salade avec quelques tomates et des olives, la seule nourriture vivante à disposition. Je m'en contente très bien, le plus important à mes yeux étant d'avoir un toit pour la nuit. Je mangerai mieux le lendemain. Plus tard dans la soirée, je leur présente des extraits vidéo de mes expéditions. L'ambiance est bonne et nos divergences alimentaires ne nous empêchent nullement de passer ensuite la soirée autour d'un jeu de société jusqu'à minuit.

Le lendemain, après avoir effectué mes rituels matinaux sur le matelas posé à même le sol dans la future salle de sport de la maison où Julien et son fils s'entraînent parfois à l'aïkido, j'ai le sentiment d'un travail non achevé vis-à-vis de ma famille d'accueil. Si je n'ai pas su les convaincre en matière d'alimentation, je sens que je peux au moins leur apporter une ou plusieurs pratiques hygiénistes. Je ressens de la tristesse à voir cette famille bienveillante aller aux devants d'ennuis de santé par simple ignorance des Lois du vivant. D'autant plus que Julien, qui réalise lui-même tous les travaux de sa maison en plus de son métier dans le bâtiment, souffre déjà de migraines et n'arrive presque plus à dormir. Pour toutes ces raisons, je leur propose un atelier de respirations conscientes, qui ont la propriété à la fois d'être apaisantes et de réduire le taux d'acidité dans le sang, ce qui est tout indiqué pour mon hôte. Seuls les deux hommes souhaitent essayer, alors nous nous retrouvons tous les trois dans la salle de sport pour quatre cycles de respirations conscientes, ceux-là mêmes que je pratique tous les matins. À la fin de la pratique, qui mêle hyperventilations et rétentions poumons vides, je les laisse tout doucement reprendre conscience de la réalité qui les entoure. Pendant ce laps de temps, constatant que Julien laisse s'échapper une larme, je m'assois à ses côtés pour lui donner un soin énergétique au niveau de la tête. Je pense maintenant avoir fait de mon mieux. Stéphanie et sa fille nous rejoignent ensuite, curieuses de demander à leurs hommes comment s'est passée la séance. Ils reviennent tout doucement à eux pour relater leur expérience. Julien était sur le point de s'endormir et son fils avait carrément oublié où il se trouvait.

Il est 10 heures lorsque je les quitte pour une nouvelle journée sur Eurotopia. Après la couverture nuageuse intermittente de ces derniers jours, le soleil revient en force et aucun nuage n'ose s'interposer. Avec le repas léger de la veille au soir et la seule tisane prise comme petit déjeuner, tous mes sens sont aux aguets pour trouver des cerises le long de la VR6. Vers midi, je passe devant un restaurant qui me rappelle l'ambiance des guinguettes du bord de Loire. Je décide de m'y arrêter pour tenter ma chance. Je suis bien inspiré : la patronne m'a vu à la télé et m'offre volontiers le menu du jour qu'elle adapte à mon type d'alimentation. Je m'installe sur la terrasse du restaurant avec vue sur le Doubs pour déguster une grosse assiette de crudités. En sus des plaisirs gustatifs décuplés par une faim véritable, je goûte avec délectation le sentiment que tout est possible en ce monde. Avec toutes les calories que je brûle quotidiennement, je suis loin d'être rassasié en sortant du restaurant. Alors, tout en courant, je reste à l'affût de cerisiers. J'en rencontre enfin un, ployant sous le poids de fruits mûrs à point. Il est dans une cour protégée par un grillage. Qu'à cela ne tienne, j'en fais le tour avec l'intention de demander l'autorisation au propriétaire. Je le trouve facilement, il est sur sa terrasse en train de manger et m'invite à me servir à ma guise. Je commence alors à les manger les unes à la suite des autres pendant vingt bonnes minutes, sans parvenir pour autant à me rassasier. Le propriétaire me rejoint pour me tendre un sac contenant du pain et de la viande enveloppée dans du papier aluminium. Je refuse poliment en lui expliquant ma manière de me nourrir. Il s'exclame alors: «Mais il ne faut pas que vous réussissiez votre voyage alors!» Très surpris par sa remarque, je lui demande pourquoi. Il me répond: «Mais parce que les gens vont croire que l'on peut arriver à se nourrir rien qu'en mangeant des fruits!» Je lui rétorque alors sur un ton amusé: «C'est justement mon intention!» Ce qui le laisse sans voix. Normal, cela va à l'encontre de tout ce que l'on nous a appris en matière de nutrition et de santé. Il n'est pas facile de prendre conscience que les politiques gouvernementales depuis des décennies sont influencées par des lobbys et relèvent trop souvent du marketing. Préférant changer de sujet, le propriétaire me montre, protégé sous une bâche non loin, un prototype de kayak insubmersible qu'il a construit lui-même et utilisé pour descendre la Loire. Je suis admiratif face à cette pièce digne d'un musée qu'il souhaite retaper pour l'utiliser à nouveau.

Je repars le long du Doubs par un après-midi venteux qui m'arrache à plusieurs reprises la plume de pie que j'ai trouvée par terre et que j'ai accrochée derrière mon oreille. Je suis rejoint par un cycliste qui m'avait vu à la télévision et souhaitait justement me rencontrer. Nous discutons pendant une heure d'hygiénisme.

Nourri par cet échange passionnant, j'en viens à totalement oublier la fatigue musculaire qui alourdissait ma foulée. Tandis que je me retrouve seul, ma conscience se focalise de nouveau sur cette fatigue et je sens que c'est le moment de m'offrir une pause salutaire. Je m'allonge sous un saule pour plusieurs cycles de respirations conscientes qui me permettent de relâcher les tensions musculaires au niveau de mes pieds qui commençaient à devenir intenables. Je reprends ensuite ma course, pour m'accorder une heure après une nouvelle pause de quelques minutes afin de rafraîchir mes jambes dans l'eau fraîche du Doubs et faire retomber la tension. J'utilise tout ce que je connais en hygiénisme[1] pour me faciliter les étapes quotidiennes et optimiser la récupération. Contrairement à ce que l'on pourrait croire, le fait de courir pieds nus m'épargne des tracas articulaires ou tendineux autrement plus handicapants que ceux qui me freinent aujourd'hui. Les douleurs musculaires que je ressens à cet instant font partie d'un processus d'adaptation normal, dans la mesure où je n'ai jamais autant couru de toute ma vie. Par chance, plusieurs usagers de la VR6 viennent me parler, ce qui m'aide à penser à autre chose. Je retrouve les trois cyclistes croisés à Besançon qui me reconnaissent et s'étonnent de me voir de nouveau alors qu'ils se déplacent de cinquante kilomètres par jour. Ce sont des étudiants en vacances qui ont prévu de se rendre à Budapest.

Au fur et à mesure que je remonte le Doubs, les portions en canal sont de plus en plus fréquentes car la rivière se rétrécit et devient de moins en moins profonde pour les bateaux. Cet axe fluvial appelé « canal Rhin-Rhône » qui relie ces deux fleuves est très agréable par son calme et ses décors champêtres, et je ne me lasse pas de le parcourir toute la journée.

En soirée, tandis que mes pieds m'alertent sur le fait qu'il est temps pour moi de m'arrêter, le poids psychologique de devoir

1. Voir le livret hygiéniste en annexes.

trouver un toit où dormir revient à la charge. Un petit village comme je les aime, avec des maisons dispersées dans la verdure, me met en confiance pour partir en quête du gîte vespéral. L'ambiance est plutôt bonne et personne ne m'ouvre la porte avec un regard suspicieux, voire horrifié, à la vue de mes pieds nus. Comme je commence à le comprendre, ce sont souvent les conditions familiales ou sociales dégradées qui motivent les gens à refuser l'hospitalité. Ils n'ont plus les ressources ou l'énergie de faire face au déséquilibre, même temporaire et bref, qu'apporterait la présence d'un inconnu dans leurs existences chahutées. D'une certaine manière, leur maison est pour certains le seul espace dans lequel ils se sentent en sécurité et il n'est pas question pour eux de menacer ce frêle équilibre. Malgré ces motifs que je comprends tout à fait, j'ai du mal à m'habituer à l'hypocrisie à laquelle je suis confronté. Car les personnes qui ne souhaitent pas m'héberger se réfugient, 80% du temps, derrière une excuse bidon comme un manque de place. L'excuse la plus fréquente qu'il m'est donné d'entendre est: «Je n'ai pas de lit disponible.» Dans les situations où je sens que c'est le véritable motif du refus de m'héberger, je précise que je me contenterai volontiers de dormir sur le canapé plutôt que de dormir dehors. Sinon, je fais comme si je croyais sur parole mon interlocuteur et je le remercie avant de prendre congé. Dans ce petit village qui surplombe le Doubs, j'essuie quelques refus mais je le vis bien car on s'adresse à moi humainement. Je me dis simplement que la «bonne» maison m'attend ailleurs. Je la trouve un peu plus loin, et ce assez rapidement, sans que cette recherche me prenne des heures et m'épuise autant physiquement que moralement, comme la veille. Dans une grande maison sur deux étages au milieu des arbres, un homme pour lequel l'hospitalité semble être naturelle me propose de rester chez lui aussi simplement que s'il me donnait l'heure. Pour une fois, je n'éprouve pas le besoin d'exposer les détails de mon aventure pour mettre toutes les chances de mon côté. Sa fille divorcée vit aussi chez lui avec ses quatre enfants, alors on me propose de dormir sur un matelas gonflable dans une pièce qui est en travaux. Cela me convient parfaitement. Bien que ce soit la maison dans laquelle, jusqu'à présent, il m'ait été le plus facile de me faire inviter, l'ambiance y est néanmoins différente des autres et je ne me sens pas complètement à l'aise. Mon hôte, qui fume cigarette sur cigarette tout en buvant une bière, m'en propose une. À la place, je demande un verre d'eau. La conversation a du mal à démarrer. Normal, il est difficile de parler d'hygiénisme à quelqu'un qui se détruit avec la cigarette et l'alcool. En outre, je n'ai jamais su parler pour ne rien dire, un trait de caractère personnel que je déplore parfois car il ne m'aide pas à tisser des liens avec des inconnus. Ma présence remémore à mon hôte son projet de suivre la VR6 en trottinette avec ses petits-enfants pendant les vacances et de vendre sa maison pour vivre en camping-car. Un aperçu de sa bibliothèque m'apprend que nous avons nombre de lectures en commun. Il n'y a décidément pas de hasard dans les rencontres. Jacques fumant dehors, nous parlons des classiques de la littérature russe tandis que je feuillette ses ouvrages de développement personnel. La conversation me fait prendre conscience que mon hôte souffre d'hyperactivité et qu'il est compétent dans des domaines très variés qui vont de la rénovation de sa maison à l'astronomie. Il a d'ailleurs exercé plus de vingt métiers différents au cours de sa carrière. Il est actuellement commercial en arrêt forcé à la suite d'un retrait de permis dû à des excès de vitesse à répétition.

Après avoir couru une bonne partie de la journée, je rêve d'une douche et d'un repas mais Jacques ne me propose rien pour le moment. Je sens que je dois faire preuve de patience et ne pas le brusquer. Je finis par lâcher prise en considérant que j'aurai tout ce qu'il faudra quand il faudra. À juste raison, car quelques instants plus tard il me propose un repas. Il n'a pas l'air surpris quand je lui demande simplement des fruits avec une assiette de crudités et des oléagineux. Jacques monte à l'étage où se trouve la cuisine tandis que ses quatre petits-enfants, comme des tourbillons, vont et viennent d'un endroit à l'autre de la maison, pleins de vie. Ne les intéressant visiblement pas, je m'installe en mode détente physique et vide mental. Je sens alors se diffuser dans mon corps un doux et agréable sentiment de paix intérieure. Comme la veille, la portion d'aliments vivants est réduite mais suffisante néanmoins pour apaiser ma faim. Les enfants, eux, comme presque partout, carburent aux biscuits, barres énergétiques et autres aliments à base de sucre, et cela se traduit par leur comportement agité.

La fille de Jacques, qui est institutrice, rentre du travail. Elle a l'air fatigué et monte à l'étage après m'avoir salué. Mon hôte me rejoint alors sur la terrasse, toujours fumant, et une conversation superficielle reprend. Je ne comprends pas pourquoi l'Univers m'a fait venir jusqu'ici. Certes, j'ai un toit pour dormir mais je n'ai pas le sentiment d'apporter quelque chose d'utile à mes hôtes et je trouve cela regrettable. Mais je me dis qu'après tout, je ne peux pas toujours me présenter chez des personnes qui sont intéressées par un changement de leur hygiène de vie. La nuit arrive et je demande la permission de prendre une douche avant d'aller me coucher. Jacques me prévient qu'il souffre d'insomnies et se lève donc généralement tard, et que je ne le verrai probablement pas le lendemain à l'heure de mon départ. Nous nous disons alors au revoir et je me retrouve seul avec le chat de la maison qui a décidé de passer la nuit sur mon matelas.

Au réveil, une journée radieuse s'annonce encore, j'ai une chance inouïe avec la météo. J'exécute mes rituels habituels puis je monte à la cuisine pour me préparer une tisane et essayer de glaner quelques fruits, hélas absents. La maison est silencieuse tandis que je mets la bouilloire en route et j'essaye encore de comprendre pourquoi l'Univers a guidé mes pas jusqu'à cette maison. J'obtiens enfin la réponse à ce questionnement intérieur quand la fille de Jacques me rejoint et que notre discussion dérive sur l'alimentation. C'est un sujet qui les intéresse, elle et sa sœur, depuis qu'elles ont pris conscience du lien qui existe entre maladies et aliments. Je n'ai pas le temps de lui expliquer en détail les principes de l'hygiénisme avant qu'elle ne parte au travail, alors depuis sa tablette je me connecte à ma messagerie pour lui envoyer la version numérique de mon *Guide de survie au XXI*[e] *siècle*. Je profite de la connexion Internet pour vérifier aussi le nombre de kilomètres qu'il me reste à courir jusqu'à Mulhouse : environ soixante-dix. Parfait ! J'envoie alors un message à Pierre et à Mickaël pour leur confirmer que je serai dans les temps.

Je reprends la VR6 la faim au ventre et ressentant le besoin de manger du gras. Je m'arrête alors devant une maison en pierre entourée de fleurs, l'ambiance harmonieuse et douce des lieux me laisse à penser que les habitants sont sympas. De plus, il y a beaucoup de noyers dans les environs et je me dis qu'il leur reste peut-être des noix de l'année précédente. Mon intuition est juste, je suis très bien reçu par un jeune couple que mon voyage interpelle. Dommage que ce ne soit pas l'heure de chercher un lieu pour la nuit, car ils m'auraient volontiers accueilli chez eux. Habitant au bord de la VR6, ils ont en effet l'habitude d'héberger des cyclistes de passage mais ils n'en ont vu aucun cette année. Il leur reste effectivement quelques noix de Grenoble et ils me donnent aussi des amandes et des noix de cajou. Une fois de plus, j'ai tout ce qu'il faut, quand il faut, comme il faut, où il faut.

Vers midi, alors que j'arrive dans la banlieue de Montbéliard, je croise quelques coureurs. À partir de cet endroit, je quitte définitivement le Doubs pour suivre le canal Rhin-Rhône qui me guidera jusqu'en Suisse. Je sens une amélioration au niveau musculaire par rapport aux deux jours précédents, je n'ai donc plus besoin de m'allonger en journée pour respirer en conscience afin d'éliminer des tensions musculaires persistantes. En revanche, j'apprécie toujours autant les siestes allongé sur l'herbe ou adossé contre un arbre, je ne connais rien de plus régénérant. Je n'ai maintenant plus aucun doute sur le fait que mon corps sera capable d'encaisser un marathon par jour pieds nus jusqu'à la mer Noire. Pour autant, je sens qu'il me faudra encore une semaine de rodage avant que ma foulée devienne parfaitement fluide et sans la moindre douleur.

Cela fait dix jours que je suis parti et jusque-là le voyage est une réussite, bien au-delà de mes espérances. Je me réjouis à l'avance des retrouvailles avec Mickaël et l'équipe de Tprod qui auront lieu le lendemain à Mulhouse. La vie me semble plus belle que jamais et j'avance d'un pas léger. En fin de journée, j'essuie un orage qui me trempe entièrement et lave mes habits, ce qui me permet de me présenter tout propre dans un petit village du territoire de Belfort pour y chercher une famille d'accueil. Première porte : un homme me dit qu'il va s'absenter en soirée et ne peut donc pas m'accueillir. Deuxième porte : un homme âgé ivre me demande avec agressivité de quelle secte je fais partie et ce que je veux. Je pars sans vraiment répondre. Troisième porte : une dame compatissante s'excuse de ne pouvoir m'héberger car elle va partir avec son mari en vacances très tôt le lendemain matin. Quatrième porte : celle d'une maison neuve avec un Interphone ne correspondant pas du tout à mes critères visant à deviner le profil psychologique des habitants. Néanmoins, je me sens happé par cette porte à laquelle je sonne sans en avoir consciemment pris la décision. De l'autre côté de celle-ci, un couple de mon âge avec deux jeunes enfants vit là. Mon histoire plaît au jeune père de famille dont la large stature laisse deviner la pratique d'un sport de force. Je suis ainsi invité dans leur maison spacieuse et flambant neuve. Je vais d'ailleurs être le premier à dormir dans la chambre d'amis et à utiliser la douche attenante qui vient à peine d'être achevée.

Je suis agréablement surpris de la facilité avec laquelle j'ai trouvé des hôtes ce soir. Comme je pouvais m'y attendre, nous sympathisons très vite et à l'heure du repas nous parlons d'alimentation. Mon travail de communication autour de la santé reprend, chaque jour peaufiné, sans que j'en éprouve la moindre lassitude. Après le repas, je passe quelques extraits de mes films sur leur télé grand écran puis, en compagnie de leurs deux enfants, nous terminons la soirée par un jeu de société. Je suis touché de constater la familiarité et la simplicité avec lesquelles je suis régulièrement reçu. Le lendemain matin, mon hôte quitte tôt le domicile à vélo pour se rendre chez l'un de ses amis en Suisse où le rejoindra sa petite famille en voiture. Moi aussi je pars tôt car je suis attendu vers 16 heures à Mulhouse devant le centre commercial Porte Jeune. L'allégresse que j'éprouve à l'idée de revoir des amis et l'équipe de Tprod me transporte si bien que, sans avoir à me forcer, j'arrive avec une heure d'avance au rendez-vous. L'expédition est jusqu'à présent une réussite et j'ai hâte de partager mes aventures avec eux.

Mickaël et Élodie, sa compagne, vivent au pied des Vosges, à une heure de route de Mulhouse dans un petit village près de Münster. Nous nous y rendons en voiture et ils me ramèneront sur la VR6 deux jours après afin que je reprenne le voyage là où je l'ai arrêté. J'ai rencontré Mickaël lors d'un séjour de trois jours qu'il avait passé chez moi en Bourgogne. Il m'avait contacté par écrit à la suite de l'expédition La Marche sans faim car il souhaitait découvrir et partager mon quotidien. Âgé de seulement 22 ans, Mickaël m'avait surpris par sa maturité et je l'avais spontanément invité à la maison. Mickaël est vite devenu un ami et, par la suite, le webmaster de mon site Internet. Je relate à mes amis nombre de mes péripéties de ces onze derniers jours tandis que nous roulons en direction de leur maison où je vais m'accorder une salutaire journée de repos. En outre, je n'aurai pas à me soucier de ce que je mangerai le soir car depuis notre rencontre deux ans auparavant, Élodie et lui ont démarré leur transition vers l'alimentation vivante.

En soirée, je prends le temps de publier le résumé de cette première partie de voyage sur mon site. Je prévois aussi de passer quelques appels à mes proches et d'organiser la suite du voyage. Bref, il y a des fruits sur la planche pour la journée du lendemain et l'excitation d'être déjà arrivé jusqu'ici m'empêche de trouver rapidement le sommeil. Le lendemain midi, le texte est écrit quand Pierre, Alexandre et Éric nous rejoignent. Nous avons maintenant vingt-quatre heures pour prendre un maximum d'images. Toute l'équipe de Tprod est enchantée par ce début d'expédition prometteur, mais, quelque part, Pierre n'a pas l'air si surpris que ça. Comme si, sans me connaître vraiment, il avait plus confiance en moi que moi-même. Pour commencer la journée de tournage, ils me filment dans les rues de Lutterbach en train de courir, cueillir des fruits et frapper chez les gens pour quémander nourriture et hospitalité. Ce travail effectué, nous nous rendons en haut d'un sommet local pour une interview en pleine nature sous le soleil. Les questions ont trait à ma philosophie, à mes messages à travers le film et au bilan de cette première partie. Ces images seront employées dans le film, mais aussi pour mettre au point le *teaser* qui nous servira à trouver les fonds pour mener à bien le tournage jusqu'à la fin.

4
L'ÉPREUVE SUISSE

À la fin de cette longue journée de tournage, nous retournons tous ensemble chez Mickaël et Élodie pour une initiation à l'aïkido que mes amis ont envie de m'offrir. Nous nous exerçons une heure sur leur tatami installé à demeure dans un coin de leur maison car cette discipline fait partie intégrante de leur vie. Je découvre les rudiments de cet art martial ainsi que son principe clé : la transformation de l'énergie. Même si j'apprécie cette deuxième soirée entre amis, je ne suis pas pleinement à ce que je fais et j'ai une boule au ventre à l'idée de passer la frontière suisse le lendemain. Elle est normalement ouverte mais depuis la Covid je ne suis plus sûr de rien et, avec ma tenue vestimentaire qui ne passe pas inaperçue, je redoute d'être contrôlé. Pour me rassurer, je garde sur moi un morceau de carte routière représentant la frontière suisse sur lequel j'ai annoté les différents endroits où passer. Ainsi, si je suis bloqué d'un côté, je pourrai toujours tenter ma chance de l'autre.

Après avoir filmé nos échanges sur le tatami, l'équipe de Tprod retourne à l'hôtel. Je me retrouve alors seul avec Mickaël et Élodie qui souhaitent en savoir plus sur l'alimentation vivante. Je leur explique le rôle déterminant des purges lorsque l'on mange vivant et végétal. En effet, plus on mange de fruits et de légumes crus, et plus le système immunitaire se renforce et devient efficace. À mon sens, son rôle premier n'est pas, comme on le croit à tort, de lutter contre les pathogènes, mais de nettoyer le corps des substances qui gênent son bon fonctionnement. Il y a parmi elles

les polluants de l'eau, de l'air, les intrants agricoles et, principalement, tous les résidus de digestion des aliments qui ne sont pas faits pour notre métabolisme. En réaction, le système immunitaire essaye de se nettoyer au travers des maladies fonctionnelles telles que les diarrhées, les vomissements et les fièvres pour ne citer que les principales. Voilà pourquoi il est vain de vouloir stopper les symptômes d'une maladie sans remonter à ses causes. Lorsque ces poisons (ou toxines) s'accumulent dans le corps, ils sont responsables de ce que l'on appelle la toxémie, la véritable origine de toutes les maladies. Il y a un siècle, les premiers hygiénistes avaient déjà identifié ce mécanisme mais le dogme pasteurien qui s'est imposé a brouillé les pistes en rendant les microbes responsables de nos problèmes de santé. Après avoir cru pendant des siècles que nos maux étaient provoqués par le démon, on considère aujourd'hui que ceux-ci sont liés à des organismes microscopiques. Cette approche contemporaine de la maladie, quoique plus scientifique, nous maintient dans une position de victime face au sort. Pourtant, les travaux d'autres chercheurs, comme Antoine Béchamp, montrent clairement l'influence sur notre santé de l'accumulation de toxines due à une alimentation inadaptée.

Que l'air, l'eau et la nourriture soient pollués ne nous déresponsabilise nullement de notre état de santé car ce sont avant tout les résidus de digestion des aliments cuits et d'origine animale qui, selon le point de vue hygiéniste, encrassent le corps humain et nuisent à son bon fonctionnement. Quelqu'un qui mange « de tout » à raison de trois repas minimum par jour va, au cours de sa vie, accroître sans cesse la charge toxémique de ses tissus et de ses liquides interstitiels[1]. C'est la raison pour laquelle il sera de plus en plus malade en vieillissant. En revanche, lorsque l'on

1. Les cellules de l'organisme baignent dans ces liquides qui représentent environ trente litres dans un corps de soixante kilos.

arrête de s'empoisonner avec des aliments qui ne sont pas faits pour le corps humain[2], le système immunitaire retrouve toute sa puissance et commence alors un grand nettoyage intérieur qui va participer à la régénération du corps entier. Couche après couche (tout cela prenant des années), les poisons stockés dans les organes, les graisses, les liquides interstitiels et les tissus vont progressivement sortir par les émonctoires. C'est pour aider notre corps à réaliser ce grand nettoyage que l'on utilise des purges[3]. Avec des hauts et des bas, on assiste alors à une véritable transformation de l'être sur tous les plans. Certaines maladies diminuent voire disparaissent, l'équanimité s'enracine, les sens s'aiguisent, le corps devient plus harmonieux, les idées créatrices et l'énergie pour les réaliser affluent, tout comme la joie. Bref, progressivement, on se rapproche de l'état de pleine santé qui est l'état naturel de tout être humain, quel que soit son âge[4], s'il n'est pas affaibli par une hygiène de vie inadaptée. Nous n'avons aucune idée de ce que pourrait faire le corps humain s'il était libéré de tous ses poisons (physiques et mentaux) qui le limitent. Mon voyage n'en est qu'un aperçu et je suis sûr que l'on pourrait aller beaucoup plus loin. L'hygiénisme n'est pas une fin en soi, c'est le début d'une aventure, celle qui nous mène à la découverte de notre potentiel et à un accroissement de la conscience.

---

2. *Homo sapiens sapiens* fait partie de la famille des grands singes; à l'origine il est un cueilleur (et non un chasseur!) avec une alimentation de base (95% environ) constituée de fruits et de légumes crus.

3. Une purge est une substance naturelle d'origine minérale, végétale ou animale qui possède la propriété de vidanger une partie du système lymphatique en vue de nettoyer les cellules de leur encrassement humoral (ensemble des liquides du corps).

Mise en garde: les purges sont des outils puissants qui ne conviennent pas à tout le monde. Une consultation au préalable avec un thérapeute est indispensable avant de les essayer.

4. Les enfants arrivent au monde avec une charge toxémique qu'ils héritent de leurs parents, c'est pourquoi ils peuvent souffrir de maladies dès leur naissance.

C'est dans cette aventure qu'Élodie et Mickaël souhaitent se lancer. Comme nous ne nous voyons pas souvent, nous en profitons pour discuter un long moment dans la soirée jusqu'à ce que le sommeil nous gagne et que le dojo se transforme en dortoir pour nous trois. Le lendemain matin, c'est le moment de quitter mes amis. Ce n'est pas facile de s'arracher au confort pour reprendre les aléas de l'aventure, il n'aurait pas fallu que cette inertie dure une journée de plus. Pierre et son équipe me ramènent à Mulhouse, à l'endroit précis où je me suis arrêté deux jours plus tôt. Sur place, ils me filment en train de courir le long du canal qui traverse le centre-ville puis, pour terminer, je réponds à leurs questions assis au bord de l'eau, face à la caméra. Vers 11 heures, le temps est venu de nous séparer. Pierre me remet un médaillon de la Vierge comme porte-bonheur. Je le range soigneusement dans un petit sac aux côtés du pendule et d'une dent de tigre fossilisée rapportée du Canada. Nous nous reverrons à Vienne dans un mois si j'avance au même rythme.

L'appréhension et la lassitude de la veille se sont envolées et je reprends mon voyage avec la joie au cœur, heureux de cette liberté retrouvée. Cette joie est ma boussole, celle qui me signale quand je suis sur la bonne voie, ma voie. Dans le fond, j'ai le sentiment que la magie de ce voyage me porte littéralement par son énergie. C'est pourquoi, dès que je le mets en pause, comme chez Mickaël et Élodie, un vide qui me laisse veule s'installe. C'est compréhensible dans la mesure où l'énergie requise pour réaliser cette traversée de l'Europe sans rien est de loin au-dessus de mes forces personnelles. Je ne peux la mener à bien qu'à la condition que les forces de la vie me soutiennent. Sans elles, il n'y a d'ailleurs rien que l'humain pourrait faire de grand, et nous gagnerions beaucoup en humilité et en confiance en la vie à le reconnaître.

Dès le premier kilomètre de la journée, une voiture me klaxonne et un automobiliste me fait signe par la fenêtre. Il s'agit de mon hôte d'il y a trois jours qui, par un hasard incroyable, passait par là et m'a reconnu. Je le vois comme un clin d'œil de l'Univers, comme pour me dire qu'il ne m'a pas oublié et que je peux repartir serein. Il est déjà bientôt midi et je me trouve encore à plus de quarante kilomètres de la Suisse. Je suis impatient d'y être pour savoir une bonne fois pour toutes si on me laissera passer la frontière. Je m'y dirige d'un bon pas mais j'ai quelques difficultés à sortir du dédale des rues de la banlieue de Mulhouse où je loupe un panneau indicateur de la VR6, ce qui m'oblige à revenir sur mes pas. Un peu plus loin, dans un grand parc au bord du canal, j'ai rendez-vous avec Guillaume, un randonneur réalisant un tour de France sans argent. Il m'a contacté *via* les réseaux sociaux quelques jours plus tôt car il souhaite vivement me rencontrer, au point de faire un détour par rapport à son itinéraire et de m'attendre deux jours sur place. Nous ne nous connaissons ni d'Ève ni d'Adam, pourtant, avec sa barbe, son bandana et ses longues dreadlocks, Guillaume m'accueille comme un frère et me parle avec complicité. Tout en me racontant les dernières péripéties de son voyage, il se filme à mes côtés et tient étrangement à me faire boire une eau de source qu'il a récupérée dans les Vosges et qu'il conserve religieusement dans une gourde, telle une eau bénite. Très prolixe, Guillaume me narre ses multiples mésaventures avec la police au cours de son voyage. Ses ennuis avec les forces de l'ordre ne me rassurent nullement, d'autant plus qu'il y a quelques semaines seulement, lors d'un simple contrôle d'identité, il a été passé à tabac. D'ailleurs, comme je peux le voir à ses cicatrices, il se remet tout juste physiquement de l'agression. Je le crois sur parole quand il m'explique qu'il n'avait rien fait ou dit qui puisse attiser la haine des policiers. Pourtant, je sais pertinemment que, loi de l'attraction oblige, on attire ce que l'on vibre. Je n'ai pas à le questionner pour éclaircir ce point, Guillaume me fournit lui-même une hypothèse probante en me présentant avec fierté tout le bric-à-brac qu'il a récupéré au cours de son périple. Parti avec rien, tout ce qu'il a dans son sac (pesant une vingtaine de kilos) lui a été donné. Parmi les multiples colifichets qui ornent son matériel, il m'explique, en particulier, la provenance d'un insolite morceau de tissu pendu à l'un de ses bâtons. C'était le doudou appartenant à un chien qui est mort le jour de son arrivée chez des hôtes. Il a ainsi un plein sac d'objets dont certains sont sans doute chargés de mémoires négatives. À mon sens, l'accumulation de mémoires négatives dans son bagage pourrait expliquer en partie[5] ces agressions dont il est régulièrement victime. Je n'ose lui en parler, à tort sans doute, étant personnellement trop préoccupé par la frontière suisse qui m'attend. Je songe surtout à me remettre en route le plus vite possible. En sus de son eau de source, Guillaume a prévu un cadeau pour moi : un sac en tissu, comme une blague à tabac, à accrocher à ma banane pour y mettre des fruits. Il lui a été légué par un légionnaire et c'est pour lui un honneur de me le remettre. En fait, ce n'est pas du tout un accessoire que je souhaite porter car je le considère contraire à la philosophie de mon voyage. Je mange ce que je trouve ou ce que l'on me donne mais je ne fais pas de provisions. En outre, ce serait une gêne pour courir. L'heure tourne et je n'ai pas le cœur à lui expliquer tout cela alors j'accepte son présent. Je le questionne sur la frontière suisse qu'il a franchie il y a peu de temps. Il me confirme qu'elle est ouverte mais me précise que les douaniers lui ont quand même demandé ses papiers, sans doute à cause de son look de baroudeur qui ne passe pas inaperçu, tout comme le mien d'ailleurs...

Je le remercie pour toutes ses attentions avant de reprendre mon chemin, bien décidé à couvrir la plus grande distance possible avant la nuit, avec un minimum de pauses. Une petite

5. Une recherche sur les mémoires cellulaires permettrait sans doute de mettre en lumière d'autres mécanismes pour expliquer comment Guillaume attire ces situations.

voix me souffle que c'est le soir même qu'il me faut passer la frontière et non le lendemain. À la première poubelle que je croise, je me déleste du sac qui m'a été offert, car je ne tiens pas à rester en contact avec les mémoires négatives de cet objet, surtout avant de passer une frontière. Les multiples incidents arrivés à Guillaume illustrent bien l'importance de ne pas sous-estimer l'influence vibratoire que les objets exercent dans la matière. À l'exception des quelques poires que j'ai emportées de la maison de Mickaël et Élodie, je n'ai rien pris de la journée et le besoin de manger se manifeste. Je m'accorde alors de courts moments pour cueillir des merises, les seuls fruits que je trouve. La route est encore longue et, tiraillé par la faim, je me résigne à faire quelques portes dans un village juste avant la frontière pour demander des fruits. L'accueil n'est pas bienveillant alors je poursuis mon chemin le long du canal sans perdre de temps, j'ai appris à ne pas insister. Comme partout ailleurs, il y a des cerisiers le long du canal mais dans ce secteur les branches basses ont été coupées, si bien que les fruits sont inaccessibles et seuls les oiseaux en profitent. La faim justifiant les moyens, j'enserre un tronc de mes quatre membres afin de me hisser jusqu'aux premières branches comme si je grimpais à un mât de cocagne. Je sacrifie sans regrets quelques morceaux de peau pour, une fois là-haut, me régaler de fruits délicieusement sucrés.

Je repars repu, prêt à passer en Suisse. La passerelle des Trois Pays qui enjambe le Rhin pour aller de France en Allemagne, à deux pas de la frontière suisse, est maintenant sous mes yeux. Réservée aux piétons et cyclistes qui sont nombreux ce soir-là, je la traverse avec ma caméra fixée au front au moyen d'un bandeau élastique. Puis, en contrebas, je passe incognito entre les bâtiments de la douane comme si j'étais un simple jogger parti faire son tour. Je me sens à la fois soulagé et joyeux ! Cette première frontière franchie me met en confiance et je me réjouis à l'avance de cette nouvelle portion du voyage. Je conserve en effet un très bon souvenir de l'hospitalité dont j'avais bénéficié lors de ma traversée à pied de ce pays en 2011[6].

Il est déjà 20 heures quand j'arrive à Bâle, un horaire tardif pour commencer à chercher un hébergement, et j'hésite quant à la stratégie à adopter. Avec tous ses immeubles munis d'Interphones et ses maisons bourgeoises protégées par de hautes grilles, Bâle, comme toutes les grandes villes, est inhospitalière à mes yeux. Je commence par tenter ma chance dans une rue calme et arborée qui me met en confiance. Il n'y a là point d'immeubles, simplement de grandes maisons, et j'y croise quelques piétons. Pour ne pas perdre de temps, je remonte cette rue en courant et je finis par trouver quelqu'un qui est sur le pas de sa porte. Dès mes premiers mots d'anglais, je peux lire aux microcontractions sur le visage de mon interlocuteur que je ne suis pas le bienvenu; apparemment ce type se méfie de moi. Je n'insiste pas et vais voir ailleurs tandis qu'il me suit d'un regard suspicieux comme si j'essayais de faire un mauvais coup. Un peu plus loin, dans une rue transversale qui mène à un parc paisible, je me sens attiré par une belle demeure où je sonne à l'Interphone. La porte s'ouvre sans que j'aie à me présenter alors je monte les escaliers en bois poli, très agréable sous les pieds. La jeune femme qui a ouvert la porte d'entrée vient à ma rencontre au premier étage et ouvre de grands yeux en me découvrant. Elle attendait visiblement quelqu'un d'autre et je la sens épouvantée, comme si elle se trouvait face à un individu qui allait l'attaquer ou la violer. Il s'agit d'une situation qui se répète régulièrement au cours du voyage et qui n'est jamais facile à vivre pour moi. Je me sens en quelque sorte indigné de me voir ainsi parfois couvert d'opprobre, et j'ai envie de leur dire: «Hé ho, on se réveille! Je suis juste quelqu'un qui voyage sans rien!» Avec le recul de presque deux semaines de porte-à-porte, je constate que les gens sont, pour la plupart, trop déconnectés

---

6. Une aventure relatée dans le récit *Premières expéditions*, éditions Eden Project, 2020.

de leur intuition pour être à même de pouvoir jauger des intentions de leur interlocuteur. Cette dame ne me voit pas tel que je suis, mais plutôt comme une projection de toutes ses peurs fantasmées concernant les inconnus. Pour ne pas aggraver mon cas, je lui explique ce que je fais là, même si je sais pertinemment que je perds mon temps. Sans surprise, elle se réfugie derrière un prétexte fallacieux pour refuser son hospitalité et je m'en vais sans demander mon reste en priant pour qu'elle n'appelle pas la police. Finalement, je quitte ce quartier bourgeois pour rejoindre la rive nord du Rhin qui est très animée ce soir-là. Des centaines de jeunes palabrent assis aux terrasses des bars sur fond musical. Ce n'est pas comme en France, ici personne ne porte de masque et il y a même un restaurant sur la vitrine duquel est écrit: «*No shoes, no shirt, no problem*.» Ils auraient pu ajouter «*no mask*», me dis-je en rigolant. Un peu plus loin, je croise un Suisse qui revient de la baignade pieds nus et je l'aborde plein d'espoir. Il me répond que si je le suis jusque chez lui, à environ quatre cents mètres, il me donnera 100 francs CH[7]. Je ne m'attendais pas à cette largesse qui me donne le sentiment de faire la manche. Je lui réponds, avec un sentiment d'indignation, que je n'ai pas besoin d'argent mais d'un hôte sympa chez qui dormir. Surpris par ma réaction, il hausse les épaules et repart. Je décide alors de remonter cette rue animée qui me paraît propice aux rencontres. Finalement, j'ignore si c'est le niveau sonore de la musique ou les conversations de café qui me déstabilisent, mais je n'arrive pas à me décider à aborder quelqu'un. Je suis fatigué par cette longue journée et il est tard, peut-être n'ai-je donc tout simplement pas envie de discuter dans un bar. Je me fais aussi la réflexion que tous ces jeunes sont probablement des étudiants n'ayant pas la possibilité de me loger. Alors je marche, tous les sens aux aguets, à l'affût de la bonne âme qui va m'épargner la peine de dormir dehors comme un sans-abri. Un peu plus loin, je tombe nez à nez avec

7. Environ 90 euros.

un Suisse qui rentre chez lui dans son coupé sport. Je lui débite ma présentation bien rodée pour le convaincre de m'héberger, mais il me répond par la négative en me donnant 20 francs. Cette fois j'accepte sans faire la fine bouche et je me surprends moi-même par mon changement d'attitude. Un peu plus loin, même scénario, je repars avec de l'argent mais aussi l'adresse d'un bâtiment où, m'a-t-on dit, je pourrai dormir gratuitement. Même si je suis touché par la libéralité des Suisses, j'ai quelque part le sentiment dérangeant de transiger avec les principes de mon voyage. Je me console en me disant que dans ce pays plus qu'ailleurs, les problèmes se résolvent avec de l'argent et qu'il est nécessaire que je m'adapte aux mœurs de celui-ci. En l'espace d'une heure, la nuit s'installant sur Bâle, j'ai revu mes ambitions à la baisse et je me résigne à rejoindre le centre d'hébergement quand bien même la perspective de dormir avec des sans-abri ne m'enchante guère. Toutefois, je ne parviens pas à trouver la rue que l'on m'a indiquée alors j'abandonne l'idée sans même demander mon chemin à un passant. Las et maussade, j'utilise le peu d'énergie qu'il me reste pour avancer le long de la VR6. J'arrive ainsi à un carrefour où j'ai le choix entre suivre l'itinéraire le long de la rive nord, qui est du côté allemand, ou bien suivre l'itinéraire de la rive sud, côté suisse. Le soleil vient de passer sous l'horizon tandis que j'opte pour la rive sud après avoir traversé un grand pont qui me conduit à un quartier dortoir aux grands immeubles, parcouru par de rares piétons. L'un d'eux, à l'allure athlétique, est pieds et torse nus pour sortir ses poubelles sur le trottoir à quelques pas de moi. Je l'aborde avec le pressentiment qu'il va être mon sauveur pour cette nuit. Comme je m'y attendais, mon aventure minimaliste lui parle et il est grandement étonné que je sois capable de courir un marathon par jour pieds nus. Il aimerait sincèrement m'héberger mais sa femme ne sera pas du même avis, me dit-il. Comprenant alors que je vais finalement devoir passer la nuit dehors, je change de stratégie et lui demande simplement une couverture. Cette requête-là, beaucoup plus accessible, trouve un accueil favorable et John remonte en vitesse dans son appartement après avoir noté l'adresse de mon site Internet. J'attends son retour un petit moment sur les marches de l'immeuble tandis qu'une voiture de police passe devant moi sans me remarquer. John redescend avec un sac de fruits et une couverture qu'il me tend en me conseillant d'aller dormir sur un proche ponton situé en contrebas d'un bar dont la musique nous parvient. John, qui a pris le temps de visiter mon site Internet, continue de me questionner sur Eurotopia tandis que je savoure lentement les pêches et les bananes qu'il m'a apportées. Mon voyage fait écho à son projet de descendre le Rhin en kayak qu'il repousse depuis plusieurs années, et l'envie le reprend alors de le concrétiser.

Après m'avoir répété de ne pas hésiter à sonner chez lui si j'ai un problème dans la nuit, John rejoint sa femme. Je me retrouve alors seul sur le trottoir avec ma couverture sous le bras. L'idée de dormir sous le bar ne me tentant pas du tout, je préfère me diriger vers un petit parc. Les trottoirs sont jonchés de cartons à destination du recyclage, et j'en saisis plusieurs qui me serviront de matelas. Je me dis que j'ai quand même une chance incroyable pour cette première nuit dehors: la météo est clémente et il y a des cartons partout. Le parc que je convoite a l'air calme et désert; c'est là que mon intuition me dit d'aller. Dans la nuit noire, je marche précautionneusement sur l'herbe afin de ne pas me blesser sur un morceau de verre ou de métal. Mes pas me guident vers le sommet d'un tertre entouré d'arbres que j'atteins en traversant des buissons. Une fois arrivé là-haut, je déplie mes cartons et m'allonge sur ce couchage improvisé avant de tirer la couverture. Alors que je cherche une position confortable, la lumière qui me parvient des nombreuses fenêtres environnantes vient me rappeler que je dors seul dehors au milieu de tous ces êtres humains qui jouissent du confort. Bien que cette idée me rende triste, je me sens en sécurité sous les arbres et l'appréhension de dormir dehors s'est effacée. En fin de compte, je prends conscience avec amusement que dormir dehors est moins pénible que de ressentir le stress engendré par cette simple idée. Je viens de démystifier ma peur.

Les heures passent et je ne parviens toujours pas à trouver le sommeil car le bruit assourdissant que génère une ville, même de nuit, ainsi que la pollution lumineuse, perturbent mon sommeil. Même si je me sens bien caché dans ce parc, mon cerveau qui n'est pas habitué à cet environnement urbain reste bloqué en état d'alerte, en dépit de mon besoin de dormir. Il s'agit d'un phénomène appelé l'« effet première nuit », un mécanisme archaïque de protection qui permet de faire face aux risques éventuels dans un environnement hostile ou inconnu. D'ailleurs, à plusieurs reprises au cœur de la nuit, j'entends le bruit caractéristique d'un drone qui me survole. J'ignore si c'est un drone de surveillance, toujours est-il que je suis bien content d'avoir choisi cette place cachée sous les arbres pour passer la nuit. L'insistance avec laquelle l'appareil reste au-dessus de moi me tient éveillé et je me demande s'il a repéré ma présence par rayonnement infrarouge.

Après une nuit blanche, je me décide à repartir dès l'aube car j'ai hâte de laisser cette ville loin derrière moi et de me retrouver en pleine nature. En me redressant sur mon couchage de cartons, je constate, stupéfait, que j'ai dormi au centre d'une sorte de mégalithe : de grandes pierres, comme des menhirs, sont plantées tout autour de moi. Je me demande ce qu'elles font ici au cœur de la ville et comment j'ai pu atterrir là en pleine nuit. À croire que mon intuition de la veille, alors que je n'avais pas du tout l'impression d'y être connecté, avait bel et bien guidé mes pas jusque-là. Il est environ 5 heures du matin quand je vais remettre à leur place les cartons et déposer la couverture au pied de l'immeuble où habite John. Les rues de Bâle sont désertes même si je peux entendre son vrombissement permanent monter crescendo. Je profite de ce moment de calme relatif pour me baigner nu dans le Rhin afin de m'accorder le besoin de propreté qui me manquait depuis mon arrivée en ville et me nettoyer de toutes les énergies basses de cette dernière. Me voilà ragaillardi et prêt pour une nouvelle journée à courir même si je n'ai pas fermé l'œil de la nuit.

Les intersections sont très nombreuses pour sortir de Bâle mais la VR6 est bien fléchée, à l'exception d'un carrefour aux multiples intersections où je peine à retrouver la route indiquée par le balisage. Je profite de l'ouverture matinale d'un supermarché à proximité pour aller y consulter sur place une carte routière de la ville, ce qui me permet de m'orienter. J'essaye de mémoriser un maximum de rues à l'avance afin de ne pas avoir à hésiter au prochain carrefour où le balisage sera ambivalent. Je quitte le magasin après avoir acheté des mangues et des avocats grâce à l'argent que l'on m'a donné la veille. Après cette nuit passée dehors, je tiens à choyer mon corps en lui donnant les fruits qu'il préfère. Après avoir traversé moult ponts et ronds-points de la zone commerciale et industrielle, j'arrive enfin dans la campagne. Ma joie est de courte durée car la piste goudronnée s'arrête et je me retrouve donc à marcher péniblement sur un chemin caillouteux traversant les champs et les bois surplombant le Rhin. C'est une mauvaise surprise car j'avais lu que la VR6 en Suisse était impeccable et entièrement revêtue d'une piste cyclable d'un bout à l'autre. Même si je m'entraîne depuis cinq ans pieds nus, je ne suis pas encore capable de courir longtemps sur des cailloux. Alors je prends mon mal en patience en marchant précautionneusement. Cette portion caillouteuse me paraît interminable et il me faut une bonne partie de l'après-midi pour en venir à bout. C'est les pieds douloureux et rompu de fatigue que j'arrive dans un charmant village fleuri ; je m'arrête devant la première maison que je vois. Je suis très bien reçu par le couple qui y habite et je repars avec un bon sac de fruits en regrettant de ne pas lui avoir demandé l'hospitalité. Même s'il est encore tôt pour m'arrêter, je doute d'avoir la force d'aller beaucoup plus loin ce jour-ci.

Traversant ce village aux multiples fontaines, je m'arrête à un lavoir pour plonger mes pieds meurtris dans son eau froide bienfaisante. Je me repose ainsi quelques minutes tandis qu'une voiture de police passe devant moi. Chaque fois que cela se produit, je ressens une tension désagréable comme si quelque chose se serrait à l'intérieur de moi. Un contrôle d'identité pourrait en effet compromettre l'expédition et cela me stresse.

Je me dirige ensuite en direction d'un petit parc très accueillant au bord du Rhin. Il est rafraîchi par une petite brise agréable et je m'installe confortablement à l'ombre d'un arbre pour manger et faire une sieste. D'après le cadran de l'église, il est à peine 17 heures et je préfère attendre un peu avant de partir en quête d'un hôte pour la nuit. Les gens de ce village me semblent sympathiques et j'ai le sentiment que je trouverai facilement. Je profite de ce moment d'immobilité pour me détendre et faire le vide mental afin de goûter l'instant présent. La méditation est mon garde-fou pour conserver un état d'esprit positif et canaliser toute mon énergie vers mon objectif sans en dévier. Pour cette soirée, je visualise ce que je souhaite : une maison confortable avec des hôtes accueillants et de la vraie nourriture.

Alors que j'attends un déclic pour briser mon inertie, un monsieur âgé assis sur un banc non loin de moi se lève et laisse tomber son crayon de menuisier par inadvertance. Je me lève à mon tour pour le ramasser et le lui rendre. Il ne comprend pas ce que je lui veux et je devine que ma tenue étrange fait naître en lui des a priori. D'ailleurs, je ne le crois pas quand il me dit ne parler ni anglais ni français. J'ai plutôt le sentiment qu'il veut abréger la conversation. En règle générale, les Suisses sont trilingues et il arrive fréquemment que l'on me réponde en français. Je lui mets alors sous les yeux le crayon afin qu'il comprenne. L'homme change alors soudainement de ton et m'invite à sa table car il habite juste de l'autre côté de la rue. Quelques minutes après, l'Univers m'apporte sur un plateau d'argent, au sens littéral du terme, exactement ce dont je rêvais. Confortablement assis dans le salon de jardin de mon hôte, je me régale de fruits mûrs et d'une belle assiette de crudités. Avec son visage fin surmonté d'une calvitie et ses petites lunettes rondes, ses manières empreintes de délicatesse quand il m'apporte des plats et des couverts en argent minutieusement ciselés, je croirais mon hôte tout droit sorti d'un conte de Charles Dickens. La magie de l'instant prend fin après le repas lorsque je lui demande si je peux rester chez lui pour la nuit. Il ne le souhaite pas car il a déjà un invité qui, à ce moment-là, navigue sur le Rhin. Mon hôte m'avoue sincèrement que son ami ne comprendrait pas qu'il invite un va-nu-pieds chez lui. Dommage, je me voyais déjà dormir dans un fauteuil sous les bambous à côté du bassin aux carpes centenaires.

Bien que me remettre en route soit la dernière chose que j'aie envie de faire ce soir-là, je le quitte sans plus attendre après l'avoir remercié pour son geste. Il est grand temps que je trouve un toit. Je toque à une dizaine de portes dans le village, hélas je ne récolte que des réponses négatives. Cela fait déjà une heure que je tourne en rond et je sens qu'il est inutile que j'insiste davantage. Je poursuis alors ma route en direction du prochain village dont j'ignore la distance. Le soleil se rapproche de l'horizon et je sens de nouveau un stress monter en moi. Après une demi-heure passée à courir, j'arrive dans un autre village à l'aspect bien moins accueillant que le précédent. Les maisons sont les unes sur les autres et il n'y a que très peu d'arbres dans les cours et dans les rues. Je fais quelques portes où l'on m'ouvre en me regardant de travers comme si je faisais la manche, quand bien même je présente mon aventure. Ne sachant où aller dans ce lieu qui ne m'inspire guère, et me sentant épié au loin par les habitants des maisons où je suis déjà passé, je redoute que les habitants n'appellent la police. Finalement, je préfère déguerpir de cet endroit manifestement hostile en direction du prochain village que j'espère plus chaleureux.

La journée commence à être vraiment longue depuis ce matin 5 heures et je n'ai vraiment pas envie de dormir une nouvelle fois dehors. Le soleil épouse l'horizon lorsque j'arrive dans la ville de Stein et je me sens épuisé. Je m'arrête devant la première personne que je croise dans la rue principale ; il s'agit d'un Maghrébin qui patiente sur le trottoir. Je repère vite qu'il est éméché et, en temps normal, je serais allé voir ailleurs mais il a quand même l'air sympathique, il parle français, et de toute façon il n'y a personne d'autre que lui dans la rue. Après avoir écouté mon histoire, il me répond sans la moindre hésitation que je peux dormir chez lui mais que nous devons attendre que la cour de l'immeuble soit complètement déserte. Je ne comprends pas ce que cela signifie vraiment et il reste évasif quand je lui demande des explications. Je suis trop fatigué pour écouter ma petite voix qui me dit qu'il y a anguille sous roche, alors je me résigne à faire le tour du pâté de maison avec lui, le temps que l'entrée se libère des badauds. Hoslin marche avec sa bière à la main et je me demande dans quel pétrin je suis en train de mettre les pieds, mais n'ayant pas de meilleur plan pour la nuit je prends mon mal en patience. Après cette journée éprouvante, la proposition ne m'enchante guère. Heureusement, la balade ne dure pas. Hoslin pose sa bouteille de bière vide sur le trottoir et nous rejoignons enfin son appartement qui est au rez-de-chaussée. Je finis par deviner la situation : mon hôte habite dans un logement social et il n'a pas le droit d'héberger quelqu'un. Son petit appartement conçu pour deux locataires est très sommaire et vieillot : il y a deux grands lits, deux armoires métalliques austères et une petite table. La porte d'entrée tient tout juste sur ses gonds et ne ferme plus. Au vu des marques, il semblerait qu'un coup violent l'ait un jour fracassée. Sur les murs, comme seule décoration, se trouve un portrait de la Vierge qui rappelle à ma mémoire le médaillon que Pierre m'a donné. Ce clin d'œil de la vie me fait sourire et je remercie intérieurement la Vierge. Alors que j'arpente rapidement le lieu de vie de mon hôte tout comme un animal fraîchement débarqué ferait le tour d'une maison pour en sentir les odeurs et estimer s'il y est en sécurité ou non, Hoslin me met en garde, à plusieurs reprises, de ne pas me faire voir lorsque je passe devant la fenêtre. Après avoir désencombré le lit de son colocataire, absent pour plusieurs jours, sur lequel je vais dormir, Hoslin m'invite à me préparer un repas. Loin d'avoir été rassasié par la collation du vieil Allemand, je ne me le fais pas dire deux fois. Caché derrière la porte du frigo, car elle donne sur la fenêtre, je m'attends à n'y trouver que des aliments cuits, comme partout ailleurs. Grosse erreur de jugement ! À l'exception de quelques produits d'origine animale, son frigo est débordant de fruits et de légumes crus de qualité. Il y a même des oléagineux dont j'ai bien besoin en ce moment car j'ai perdu pas mal de poids. Je fais remarquer à Hoslin mon agréable surprise de voir un frigo aussi bien rempli que le sien et il me répond, sur le ton de l'évidence, qu'il sait bien que les fruits et les légumes sont excellents pour la santé.

La douche étant sur le palier, je préfère m'en passer dans un souci de discrétion. Je suis tellement heureux d'avoir un lit pour dormir cette nuit que je ne fais pas le difficile. Hoslin reste encore un peu dehors à la nuit tombée tandis que je me sens doucement partir dans les bras de Morphée, le cœur débordant de gratitude à l'égard de mon hôte. Vers 23 heures, je suis brusquement réveillé par les deux vigiles de l'immeuble vêtus de noir comme des agents de la Gestapo. Sans la moindre aménité, ils s'adressent à moi en allemand pour me dire que je n'ai pas le droit d'être ici et qu'ils veulent voir mes papiers. Je réponds que je n'en ai pas et les deux vigiles échangent un regard interloqué. Après s'être concertés, ils me somment de quitter les lieux sur-le-champ et de prendre le premier train (la gare étant à deux pas) pour la France. De surcroît, ils me menacent d'appeler la police si je refuse d'obtempérer. Bien que je n'aie nullement l'intention de quitter la Suisse, je réunis mes quelques affaires avant de sortir de l'immeuble en leur promettant de prendre le prochain train. Les deux vigiles me regardent partir, ahuris de constater que je n'ai qu'une banane pour tout bagage. Hoslin me glisse discrètement à l'oreille d'aller attendre sous le pont du Rhin qu'il vienne m'y retrouver avec un matelas et des couvertures. Je fais alors mine de partir en direction de la gare avant de bifurquer vers le pont sous lequel je patiente. Une demi-heure plus tard, Hoslin n'est toujours pas là et je me sens désemparé. Je me fais la réflexion qu'à ce rythme-là je ne vais pas tenir longtemps et que mon aventure est de fait compromise. Cette perspective me rend triste au possible, et je me demande pourquoi la population n'est pas plus chaleureuse alors que je garde un excellent souvenir de mon passage dans le Valais. Peut-être que les mentalités sont différentes entre le nord et le sud du pays. Sur ces réflexions, le froid de la nuit qui m'enveloppe accroît mon sentiment de vulnérabilité et, ne sachant plus ni quoi faire ni quoi penser, je me recroqueville en boule avec l'envie de pleurer.

Hoslin, mon sauveur, arrive finalement avec un matelas, une couverture, un drap et un oreiller dans les bras. Il m'enjoint à le suivre en bas d'un chemin qui mène à la berge sur laquelle se trouve une dalle bétonnée. Je ne vois pas très bien ce qu'il y a autour de nous, je sais seulement que je me trouve au bord de l'eau. Hoslin installe mon lit sur la dalle, je m'y couche et me laisse border comme un enfant tandis que mon regard est attiré par la lune qui vient d'apparaître au-dessus de l'horizon. Elle reflète sa lumière enchanteresse sur les eaux scintillantes du Rhin. Rien que pour cette image qui m'hypnotise, je ne regrette pas le chemin tortueux qui m'a amené jusqu'ici. Alors que je me laisse séduire par la magie des jeux de lumière sur l'eau, Hoslin, à ma grande surprise, entreprend un massage de mon corps en commençant par les jambes. Un massage mêlant l'usage des doigts, du tranchant de la main et des avant-bras avec rythme pour masser en profondeur mes muscles sans les froisser. Je suis profondément ému par tant d'humanité et mon corps, las des efforts intenses de ces deux dernières semaines, accueille ce soin comme une grâce absolue. Après environ trente minutes de massage, mon corps abandonné aux mains expertes de Hoslin est complètement détendu et le sentiment de détresse qui m'habitait un peu plus tôt s'est évanoui. La lune et les étoiles veillent à mon chevet tandis que je me sens bercé par le bruit léger de l'eau. Je demeure juste assez éveillé pour me rendre compte que cet instant est idéal et que c'est précisément pour vivre ce genre d'émotions que je suis parti en voyage. Je m'endors sans prendre conscience du moment où je quitte la réalité pour le monde des rêves, je me souviens seulement avoir répondu à Hoslin que je lui remonterai ses affaires le lendemain matin.

À l'aube je me réveille reposé et j'observe les alentours pour prendre connaissance de l'endroit où j'ai dormi. Je me trouve auprès d'un des piliers du grand pont qui enjambe le Rhin, entouré d'arbres, sur la plus haute marche d'un quai bétonné. Les nombreuses bouteilles vides qui trônent ici et là indiquent qu'il s'agit d'un lieu de rassemblements. Je descends les marches jusqu'à atteindre le fleuve pour me baigner dans les eaux claires et fraîches du Rhin, un vrai plaisir au réveil. Je plie soigneusement les affaires de mon hôte avant de les déposer devant la porte défoncée de son appartement. Mes petits coups à la porte restent sans réponse, Hoslin m'avait prévenu qu'il se lève tard et il est à peine 6 heures. La route est encore calme à cette heure matinale, et c'est le cœur léger que je décide alors de reprendre mon périple. Ce n'est qu'en fin de journée que je subis mon voyage, lorsque le soleil se couche et que je n'ai pas encore trouvé d'endroit où dormir. Sinon, en journée, tout est si simple: je me contente de courir et de trouver des fruits, une vie des plus pures et des plus jouissives qui soit. Je me sens très heureux ce matin-là. Pour sortir de Stein, la VR6 traverse une zone agricole vallonnée où les Suisses sont nombreux à se rendre à leur travail à vélo. Un peu plus loin, à une intersection, n'ayant pas vu le panneau de la VR6, je me dirige vers une maison. Pour m'aider, le propriétaire m'imprime la carte routière des environs et je repars en direction de Laufenberg avec un gros sac de fruits donné en prime. Comme la veille, les portions goudronnées des zones urbaines alternent avec les chemins caillouteux des zones rurales où je ne peux que marcher. Si bien que mes journées sont plus longues qu'avant pour parcourir une distance équivalente. Je me console en me disant qu'au moins cela me permet de me connecter à la terre. Mes pieds s'y habituent petit à petit mais c'est toujours avec un profond soulagement que je retrouve la douceur de l'asphalte. Cette partie suisse du voyage me déçoit beaucoup par sa forte industrialisation; d'ailleurs les usagers de la VR6 y sont rares et, à ce que j'observe au loin, ils semblent plus nombreux à la suivre du côté allemand sur l'autre rive qui paraît plus sauvage. À plusieurs reprises, je suis tenté de traverser un pont pour continuer en Allemagne mais mon séjour dans ce proche pays sera long alors je préfère rester en Suisse en dépit du mauvais accueil que j'y reçois et des routes caillouteuses. La bonne surprise, c'est la qualité des cerisiers suisses. Ils ne sont pas très nombreux et je trouve parfois le temps long entre deux, mais ce sont les meilleures variétés de cerises, noires et sucrées, que j'aie jamais mangées. L'avantage d'avoir un itinéraire qui va au nord, c'est que je bénéficie de la saison des cerises beaucoup plus longtemps que si je restais au même endroit.

En fin de journée j'arrive sur le domaine d'une petite ferme avec des dizaines de cerisiers, le rêve! Je demande l'hospitalité mais le patron n'est pas là et l'on m'enjoint à l'attendre. Je préfère poursuivre mon chemin jusqu'à un petit village traversé par le Rhin. J'en profite pour me baigner dans le fleuve afin de me nettoyer de cette journée, tant physiquement qu'énergétiquement, avant de m'adonner à mes rituels de régénération : sieste, yoga et méditation. Maintenant que j'ai dormi dehors à deux reprises, je me sens beaucoup plus détendu à l'idée de devoir recommencer. Alimentée par la richesse de toutes ces expériences que je traverse, ma confiance en la vie, je le sens, croît de jour en jour. Ma méditation me fait prendre conscience qu'au travers de toutes les aventures incroyables que j'ai vécues au cours de mes expéditions, et en particulier celle-ci, je cherchais inconsciemment à guérir une blessure d'abandon. Quoi de mieux en effet que de se mettre volontairement dans une situation de vulnérabilité totale pour mieux s'offrir à la vie dans un total lâcher-prise et se convaincre qu'elle est toujours là pour nous ? Il n'y a jamais que nous-mêmes qui pouvons nous abandonner lorsque l'on cède à nos peurs ou à la colère. Chacun de mes voyages a su panser toujours un peu plus cette blessure d'abandon et renforcer ma foi en la vie. Au cours d'Eurotopia, plus que dans aucun autre voyage, je constate que la vie ne m'oublie jamais et veille sur moi afin que tous mes besoins soient assouvis. À ressentir la peur de ne pas trouver un toit (donc d'être abandonné) qui me tenaille chaque soir, je constate que le chemin vers la guérison complète est encore long, mais ça tombe bien, il me reste encore trois mille kilomètres à parcourir…

Après m'être recentré par cette méditation, je déambule dans les rues d'un charmant village campagnard, arboré comme je les aime. Mais il n'y a personne dehors et je n'arrive pas à me décider pour choisir une maison au hasard. C'est une vraie loterie et je n'ai pas la moindre énergie à gaspiller après ces trois journées éprouvantes depuis Mulhouse. Finalement, le soleil est encore haut dans le ciel et je continue mon chemin jusqu'à Rietheim avant de passer en haut d'une butte en sortie du village. La piste goudronnée s'y transforme en chemin caillouteux et s'enfonce alors dans la forêt. Sur ma gauche, dans une vaste prairie, un grand tipi amérindien se dresse à côté d'un chenil pour huskies devant lequel deux voitures sont garées. Je vais voir la propriétaire pour lui demander la permission de dormir dans le tipi. Intriguée par mon aventure dont elle a du mal à envisager la véracité, elle consulte mon site Internet depuis son téléphone portable avant de me donner sa réponse. Les vérifications effectuées, je suis finalement invité à passer la nuit dans son tipi qu'elle me fait visiter. À l'intérieur, il y a un lit de camp, un sac de couchage et de la sauge. Bref, tout ce dont j'ai besoin pour me reposer. Tina, mon hôtesse, part chercher quelques fruits et légumes au village puis revient me les apporter en s'excusant de ne pas m'inviter chez elle car elle loge chez ses parents qui ne verraient pas d'un bon œil la présence d'un inconnu chez eux. Je la rassure en lui expliquant que j'ai besoin de beaucoup de repos et que la situation est parfaite ainsi. Quelques minutes plus tard, je me retrouve seul dans le tipi où je fais brûler de la sauge avant d'apprécier chaque bouchée du repas que l'on m'a offert. Puis, bien calé dans le lit de camp, au chaud dans le duvet, je me sens fier d'avoir traversé les épreuves de ces derniers jours sans me décourager. Cette nuit, je vais recharger mes batteries et je repartirai avec la conviction que je saurai faire face à toutes les épreuves qui se présenteront sur mon chemin.

5

ADAPTATION

Eurêka! Je comprends enfin pourquoi je galère autant à me faire inviter en Suisse! C'est tout simplement parce que l'on ne me croit pas quand je dis traverser l'Europe sans rien... Dans le meilleur des cas je passe pour un mythomane, dans le pire pour un individu louche avec de mauvaises intentions. D'ailleurs, je ne serais pas surpris que la plupart des personnes n'imaginent même pas qu'un tel défi soit réalisable, à tout le moins souhaitable. C'était flagrant avec mon hôtesse du jour: lorsque je l'ai abordée, je l'ai sentie aimable et ouverte d'esprit, mais quand je lui ai parlé de mon voyage, j'ai vu son visage se refermer comme une huître. Ce n'est qu'en parcourant mon site Internet qu'elle a fini par me croire et que son comportement à mon égard a changé. Elle m'a alors volontiers invité à dormir sous le tipi. D'habitude, au cours de mes voyages, le côté inhabituel et difficile de mes challenges m'ouvre bien des portes. Mais quand l'originalité et la difficulté dépassent une certaine mesure, les gens ne me croient plus et cela devient un frein. C'est la première fois que je dépasse la mesure de ce qu'un être humain est capable d'envisager. Je ne sais donc plus trop comment me présenter: tout dire et passer pour un menteur? Ou bien doser les informations que je livre à mon interlocuteur au risque de perdre le côté spectaculaire de mon aventure? La nuit porte conseil, dit-on, et je me promets donc de réfléchir à une meilleure approche afin que mes recherches en soirées deviennent moins stressantes et plus fructueuses.

Je me réveille frais et dispos de bon matin. Je reprends ma route après avoir renouvelé mes remerciements aux lieux et à leur propriétaire. Mon rythme démarre sur une petite allure le long d'un chemin caillouteux sous les arbres. Ces derniers m'accompagnent jusqu'à Bad Zurzach, ville connue pour ses bains. J'y pénètre à l'heure où les enfants se rendent à l'école et ma présence suscite des rires et des regards d'incompréhension. Les enfants voient bien que je suis «anormal» (dans le sens de différent de la norme), y compris les plus jeunes tout juste en âge de marcher. Même certains roquets me trouvent suspect et suspendent un temps leur reniflage à tout va en lorgnant mes pieds nus. Tandis que je fais malgré moi l'attraction de tous en marchant simplement dans les rues, tous mes sens sont aux aguets pour dénicher des arbres fruitiers, préoccupation majeure pour moi sur Eurotopia. Ne voyant hélas rien à me mettre sous la dent, je ne m'attarde pas dans cette ville. Je pourrais frapper à une porte et demander des fruits, mais ce matin-là je préfère rester dans ma bulle et limiter les échanges. Je gravis une petite colline qui délimite la fin de la zone urbaine avant de redescendre le long d'un pré bordé de pruniers: je suis exaucé! Les fûts sont hauts et sans branches pour grimper. Qu'à cela ne tienne, je gaule vigoureusement les troncs et des prunes mûres à point tombent par dizaines en douceur sur l'herbe tendre et verte de ce début d'été.

Repu mais non alourdi par ce repas de fruits, je reprends ma route libre comme l'air le long de la VR6 qui transite par des villages paisibles, traversés de petites rivières qui vont se fondre dans le Rhin qui est tout proche. J'avance à mon rythme, 9 km/h environ, avec une foulée légère et sans forcer. Entre deux villages, sur un bord de route, je m'arrête à la hauteur d'un homme en train de peindre une sculpture avec des couleurs vives. Celui-ci se retourne et me sourit; ses cheveux noirs sont coiffés en houppe rehaussée et tenue par du gel. Lunettes noires sur les yeux, il cultive visiblement un look des années 1950. Il se dégage quelque chose de sympathique de ce personnage. Je saisis l'occasion de rencontrer quelqu'un d'original aux abords débonnaires pour me permettre de lui demander si je peux utiliser son ordinateur et Internet afin de donner des nouvelles à mes proches qui n'en ont pas depuis que je suis entré en Suisse. Sans hésitation, l'homme qui s'appelle Lynn m'invite à entrer chez lui. À l'intérieur, toute sa maison est aménagée avec des gadgets et des décorations du style des années 1950. On dirait un musée qu'il est fier de me faire visiter. Lynn m'apprend qu'il est hawaïen et, comme en témoignent certaines photos qui ornent les murs, son métier consiste à chanter le répertoire d'Elvis Presley en concert. Toute sa vie semble dédiée au King et, même en dehors des concerts, Lynn semble vivre dans la peau de son personnage vingt-quatre heures sur vingt-quatre. D'ailleurs, il ne quitte pas ses grandes lunettes de soleil rondes, même dans sa maison. Lynn m'installe ensuite dans la pièce dédiée à l'informatique et, avec une totale confiance, me donne les codes d'accès de son ordinateur. Il me propose même de boire une tisane tandis que je consulte mes e-mails. Que demander de mieux? Je me nourris littéralement de ces moments magiques dans les voyages pendant lesquels je laisse la vie me surprendre. Dans les meilleures conditions qui soient, je m'octroie alors une minipause dans mon aventure en me reconnectant à mes proches et à ce qui est stable dans ma vie; ce point d'appui essentiel me permet de regarder mon voyage avec de la hauteur et dans une perspective plus large. Rien de tel pour me recharger en énergie et en motivation. Les encouragements que je reçois me mettent aussi du baume au cœur et me revigorent; les tourments des jours précédents sont ainsi vite balayés et je considère alors les derniers événements vécus de façon tout autre, soudainement délestés de leurs aspects négatifs, comme si je changeais d'angle de vue. Les mésaventures se transmutent alors en de simples aventures. Je suis d'ailleurs de ceux qui croient que les événements de nos vies sont toujours neutres, et que seule l'histoire que l'on se raconte dessus suscite un ressenti et nous donne une indication sur le personnage que l'on endosse. Je m'accorde une heure de coupure avec mon voyage qui m'attend sagement sur le pas de la porte, tandis que la part de moi qui a besoin d'être rassurée reprend contact avec son univers connu. Tel un arbre qui peut monter d'autant plus haut vers la lumière que ses racines sont bien profondément ancrées, le fait de me reconnecter à mes racines me donne de la force et de la stabilité pour repartir vers l'inconnu.

Je reprends alors ma route le cœur beaucoup plus léger, comme si je venais de déposer un poids, après avoir chaudement remercié Lynn pour le service rendu. La journée se déroule dans un cadre champêtre, tandis que je remonte le Rhin qui se rétrécit jusqu'à atteindre seulement quelques dizaines de mètres de largeur. Je pénètre alors dans une forêt traversée par un long sentier caillouteux sur lequel j'avance avec circonspection. J'ai ainsi plus de temps pour admirer les miroitements sur les eaux bleues du fleuve. Sous ce soleil éblouissant, toutes les couleurs sont exacerbées et mon regard est tout autant happé par l'intensité du vert des feuillages que par l'éclat de celui des nénuphars. Dans ce décor apaisant, qui tranche avec les rives industrialisées parcourues précédemment, je trouve l'endroit propice pour me filmer avec ma caméra. En extirpant le matériel vidéo de ma banane, j'ai la mauvaise surprise de déplorer l'absence d'une pièce: une vis spécifique qui me permet de fixer la caméra sur le minitrépied. Le constat est vite fait à l'intérieur de mes trois petites poches: j'ai dû laisser tomber une vis en chemin, probablement en milieu de journée lorsque je me suis filmé en train de manger des cerises. L'impossibilité d'utiliser le trépied limite grandement l'usage de ma caméra et compromet le film. Pourtant, je me surprends à considérer cette perte de manière neutre, sans être dans le jugement. J'ai même le réflexe de commander à l'Univers une vis de rechange qui me sera délivrée par le hasard des rencontres. Je me filme malgré tout en tenant la caméra à la main, en mode selfie, avant d'arriver dans un village où le bitume reprend ses droits, pour le plus grand soulagement de mes pieds. J'avance alors un peu plus vite et, en fin de journée, un orage éclate juste au moment où je m'éloigne du Rhin pour une petite ascension. Soudainement, une grosse pluie froide s'épanche du ciel devenu très lourd. J'augmente la cadence pour me réchauffer afin de retrouver mon équilibre thermique. Là aussi, je me surprends à rester positif en considérant simplement cette pluie comme une aubaine pour laver mes vêtements qui en avaient grand besoin. Alors que la pluie cesse, j'arrive à Flaach et mes pieds m'avertissent qu'il est temps de me poser pour la nuit. J'ai cependant encore la possibilité de courir quelques kilomètres avant qu'ils ne deviennent trop sensibles.

Le village me paraît accueillant et je suis optimiste pour y trouver une famille d'accueil, ce qui n'est pas encore arrivé en Suisse. Je fais le tour du village en me laissant guider par mon instinct puis je tente ma chance en frappant à quelques portes, en vain. À l'une de ces portes, la plus massive de toutes, en bois piqué de clous dorés comme sur un coffre-fort, on me répond d'une voix inquiète à travers un judas muni de barreaux. Le conte du loup et des trois petits cochons me vient alors à l'esprit et me permet de tourner en dérision cette situation inconfortable. Je n'ai visiblement aucune chance ici, mais ce n'est pas grave, je préfère rester «enfermé dehors». Je décide ensuite de tenter ma chance au presbytère, un endroit où je me rends en dernier recours dans mes aventures. Sans succès non plus: le curé me regarde d'un mauvais œil et me refuse l'hospitalité sans ménagement. Je tourne alors les talons pour venir m'installer sur un banc, songeur mais serein face aux arias. Je ne reste pas seul longtemps, car une jeune femme qui sort d'une épicerie avec son panier de fruits vient dans ma direction. Entre les voitures et les maisons qui enferment les gens, les rencontres sont finalement assez rares pour que je ne perde pas une occasion d'aborder les passants. Ce qui, en outre, donne de bien meilleurs résultats que de s'introduire dans la cour de quelqu'un pour s'annoncer. Je me présente alors une énième fois, en essayant de jauger ce que je peux lui dire ou non afin de ne pas passer pour un mythomane. Mon interlocutrice souhaite m'aider mais elle habite à plus d'une heure de route, ce qui l'obligerait à revenir ici le lendemain matin afin que je puisse reprendre le voyage là où je l'ai arrêté. Elle s'accorde quelques minutes de réflexion puis me fait finalement monter dans sa voiture. Elle est végane et s'est arrêtée sans savoir pourquoi dans ce village, elle considère donc davantage notre rencontre comme un rendez-vous que comme un hasard. Voilà ce qui l'a décidée.

Une fois assis sur le siège passager, je peux maintenant me détendre totalement et goûter pleinement à la magie de ce voyage. Dieu que c'est bon... Les tensions disparaissent alors de tout mon corps et j'ai l'impression de planer tellement je me sens bien. Un prodigieux sentiment de paix s'empare de moi simplement à la perspective de me reposer sous un toit et de manger quelques fruits. J'aimerais bien être à même de connaître cet état de grâce aussi facilement au quotidien... En temps normal, les paramètres de l'équation du bonheur sont hélas plus complexes à réunir... Alors que nous roulons en direction de Zurich, je la questionne sur l'absence d'accent suisse dans sa voix. Hélène, mon hôtesse, est brésilienne, ce qui explique peut-être pourquoi offrir l'hospitalité est plus naturel chez elle que chez les natifs. Elle avait pourtant des raisons « orthodoxes » ou « standards » de refuser catégoriquement : c'est une femme et elle est seule ! Habituellement, c'est un argument massue chez ceux qui ont peur des inconnus. Après une heure de route et de bavardage, nous quittons les grands axes pour pénétrer dans une vallée. Nous arrivons peu de temps après au pied d'un chalet en bois entouré de montagnes et de résineux. C'est dans ce panorama cliché de la Suisse qu'Hélène habite. La première faveur que je m'octroie en arrivant chez elle est de prendre une douche pour me laver physiquement et énergétiquement de la crasse accumulée sur les quatre derniers jours. Un vrai bonheur qui me donne le sentiment d'être un autre homme. Continuant de répondre à mes besoins vitaux du moment, je prépare ensuite un grand bol de crudités que nous nous partageons pour le dîner avec des purées d'oléagineux que j'affectionne beaucoup mais que l'on ne trouve guère que chez ceux qui sont en transition alimentaire. Hélène ne connaissant pas les principes de l'alimentation vivante et de l'hygiénisme, la conversation tourne autour de mes thèmes de prédilection sur lesquels je suis intarissable. Je lui présente ensuite mes précédentes expéditions depuis mon site Internet. Je me rappelle alors subitement que j'ai perdu une pièce importante de ma caméra et je lui demande si, à tout hasard, elle n'aurait pas la vis de rechange, spécifique à mon modèle, dont j'ai besoin. Hélène revient avec une boîte en carton dans laquelle nous fourrageons pour en sortir quelques instants après la fameuse pièce convoitée qu'elle m'offre volontiers. Merci cher Univers d'avoir entendu ma commande et d'y avoir répondu aussi prestement !

Après avoir passé la nuit dans le lit qui m'avait été réservé au salon, je suis réveillé par le tonnerre. Par la fenêtre, des éclairs zèbrent le ciel et de grandes quantités d'eau tombent des nuages gris-noir menaçants. Par chance, Hélène n'est pas pressée de me ramener à Flaach, elle peut attendre jusqu'à midi au plus tard. Je ne me voyais pas du tout reprendre le voyage par ce temps. En attendant que Jupiter aille se faire entendre ailleurs, nous poursuivons nos échanges sur l'alimentation, le coronavirus, la Suisse et la vie en général. Vers 11 heures, la pluie se fait plus légère et les nuages moins lourds : il est l'heure de partir. Le temps de faire le trajet retour, le ciel s'est dégagé et je repars sous une belle éclaircie engageante après avoir remercié ma première hôtesse suisse, qui ne l'était pas vraiment... Pour être parti aussi tard et après m'être bien reposé, je ne fais que très peu d'arrêts sur les vingt premiers kilomètres de la journée. Ils m'emmènent aux pieds des célèbres chutes du Rhin alors que le soleil signe son grand retour en force, faisant resplendir les eaux du fleuve. Le lieu est touristique, avec plein de panneaux indicateurs qui m'envoient dans la mauvaise direction. Je traverse ainsi inutilement deux fois la passerelle qui enjambe les plus grandes chutes d'Europe avec leurs vingt-trois mètres de hauteur pour cent cinquante mètres de largeur. Dans un vacarme étourdissant, des milliers de mètres cubes d'eau s'écrasent et érodent inexorablement la roche calcaire jurassienne, faisant jaillir une écume blanche qui, en un ballet féerique, se mêle au bleu céleste des eaux du Rhin. Au milieu de ces «chutes» qui n'ont rien de silencieux, surplombé par le château de Lauffen, trône vaillamment un rocher haut d'une dizaine de mètres qui affronte sans sourciller le puissant courant. Chaque fois que je m'égare, j'ai le sentiment que le monde devient soudainement menaçant et il m'est alors plus difficile de mobiliser l'énergie nécessaire pour courir. Comme si les kilomètres comptaient triple et qu'une chape de plomb se mettait à peser sur mon moral. C'est normal: tant que je me sais sur la bonne voie, je me sens détendu et confiant. Les difficultés sont alors vécues comme des expériences sans être étiquetées en tant que bien ou mal. Mais même si je comprends ce mécanisme, c'est toujours un grand étonnement pour moi de constater que cet état physique et moral pénible s'évapore instantanément dès que je retrouve un panneau indicateur de la VR6 et que je me sais alors dans la bonne direction. Les efforts fournis reprennent un sens, celui que je leur donne tout au moins, et cela fait toute la différence.

Un peu plus loin, les panneaux sont à nouveau nébuleux et je décide finalement de continuer sur la rive nord qui est allemande. Je ressens une petite tension au moment de passer la frontière mais cette dernière n'est pas surveillée. La libre circulation des biens et des personnes dans l'espace Schengen est jusqu'ici une promesse tenue. Tandis que le soleil triomphe dans le ciel sans aucun nuage pour lui disputer sa grandeur, mes pieds m'indiquent, mieux qu'une montre, qu'il est l'heure de me poser pour la nuit. Je traverse un grand camping bordé de peupliers derrière lequel se déploie une campagne luxuriante où de nombreux arbres fruitiers me font de l'œil. Sur cette portion allemande, je partage la route avec les cyclistes qui sont légion. Seule au milieu de la verdure, une ferme avenante qui propose aussi un espace de camping me tend les bras et je m'y arrête naturellement, comme si j'y étais attendu. Johnny, le propriétaire, est emballé par mon aventure; je lui demande alors si je peux dormir à l'entrée de sa ferme dans la construction en bois surélevée, en forme de roulotte, qui sert à vendre les fruits et légumes. Je suis exaucé sans façon et Johnny envoie un de ses ouvriers me chercher un matelas et des couvertures. De plus, je suis convié à partager leur repas en famille dans deux heures. En attendant, je fais un tour dans le verger où je me délecte de nombreuses cerises avant de passer par la douche du camping. Comme il me reste encore une heure avant le repas, je m'installe au bord d'un pré bien exposé au soleil pour faire un résumé de cette belle journée devant ma caméra. Mon témoignage vidéo enregistré, je commence une séance de yoga par la salutation au soleil, face à lui.

À la table de Johnny, il y a sa femme et ses deux jeunes enfants qui, habitués à recevoir du monde, ne sont pas du tout effarouchés par ma tenue vestimentaire. Johnny parle aisément l'anglais et il me dit être ravi de recevoir un aventurier chez lui. Je lui rappelle une jeune Française qui était partie faire le tour du monde à trottinette et qui avait aussi dormi une nuit chez eux. Il se trouve que je connais cette aventurière pour avoir suivi ses pérégrinations en Asie à un moment où j'envisageais de courir jusqu'au Tibet. Apprenant mes habitudes alimentaires singulières, Johnny part faire un tour dans son potager pour me rapporter plein de légumes avec lesquels je me compose une salade agrémentée d'huile et d'épices. J'ai une pensée de gratitude pour la vie qui, chaque jour ou presque, m'apporte tout ce dont j'ai besoin. Après le repas, depuis leur ordinateur, je montre certaines vidéos de mes aventures aux enfants de Johnny dont j'ai attisé la curiosité. Son fils aîné, âgé de 9 ans, me demande ensuite de faire une partie d'échecs avec lui car ce jeu est sa grande passion.

Il fait nuit lorsque je retourne dans mon abri en bois pour m'endormir sous la douce lumière du premier quartier de lune. Le lendemain, à l'aube, mes hôtes sont déjà au travail à la ferme. Je leur laisse un mot de remerciement dans la cuisine où je me sers une tisane avant de reprendre la VR6. Très vite, celle-ci s'engage dans une épaisse forêt de feuillus, notamment des hêtres de fort grandes dimensions, probablement âgés de plusieurs siècles. Les bruits de mécanique de la campagne s'estompent peu à peu jusqu'à disparaître totalement, et l'impression d'entrer alors dans un autre univers est palpable. Quelques kilomètres plus loin, l'univers forestier laisse place aux prairies verdoyantes, puis j'entre à nouveau en Suisse par le village de Stein am Rhein où je suis accueilli par les sons de cloches de l'église. Sur les pavés de la rue principale, je marche en admirant l'ambiance médiévale des lieux: les maisons à colombages, les fontaines, les sculptures de l'église, y compris les plaques d'égout sur lesquelles est gravé un chevalier transperçant de sa lance la tête d'un dragon. Encore quelques pas et je rejoins les rives du lac de Constance qui marquent la fin de ma traversée en terre helvète. Je me retourne et marque une pause le temps de remercier la Suisse et les Suisses de m'avoir laissé passer. Je reprends alors ma course avec la joie intense d'avoir terminé un nouveau chapitre de mon aventure et d'être à l'aube d'en ouvrir un autre...

6
CHEZ LES ALLEMANDS

Jour 18. Les fruits étant rares sur les rives du lac de Constance, je prends le temps de m'arrêter devant une maison qui donne sur ce dernier. Un homme est dans la cour et je vais à sa rencontre. Comme il ne parle ni français ni anglais, je lui tends un de mes papiers écrit en allemand, celui prévu pour la journée qui explique ce que je fais et que je recherche des fruits. Après avoir mis ses lunettes, l'homme le lit à voix haute et il me dit ensuite de l'attendre sur place, le temps qu'il rentre dans sa maison. Je patiente un moment qui me paraît long au point que j'hésite à partir. L'homme revient finalement avec deux gros sacs remplis de sodas, de biscuits, de bonbons avec, au milieu, la seule denrée comestible à mes yeux: un petit sachet d'oléagineux. Si je n'avais pas déjà fait vérifier mon texte par un Allemand, je pourrais croire que la traduction est inexacte, mais je sais que ce n'est pas le cas. Je lui tends les sacs pour qu'il les reprenne mais il insiste en me faisant comprendre avec ses mains que je suis tout maigre et que j'ai besoin de prendre du ventre. Ainsi que j'ai pu le constater dans maints foyers, il est très probable qu'il n'a pas de fruits chez lui et qu'il m'a donné, à la place, les ersatz de nourriture qu'il consomme. Je n'ai pas le cœur à refuser ce qui vient de m'être offert si généreusement alors j'emporte le tout après l'avoir remercié. La quantité est impressionnante et il m'est impossible de courir avec tout cela au bout des bras. Quelques centaines de mètres plus loin j'essaye de redistribuer le tout à des passants mais ils refusent en me regardant bizarrement. Finalement, j'abandonne les deux gros sacs en les accrochant à une palissade après en avoir retiré le précieux petit sachet d'oléagineux que je coince dans ma banane à côté de la caméra. Puis je repars en courant, bien content de m'être débarrassé de ce fardeau et d'avoir trouvé quelques noix à me mettre sous la dent.

Le bord du lac de Constance est très agréable à parcourir sous le soleil et les vélos y sont nombreux. L'un des cyclistes que je croise est français et nous faisons connaissance en chemin, moi courant et lui pédalant lentement à mes côtés. Nous sommes heureux de pouvoir échanger dans notre langue natale. Lui s'appelle Pierre et il a l'intention de traverser l'Europe par la VR6, au moins jusqu'en Serbie car après il n'y a plus de véloroute. Je lui fais part de mes difficultés en Suisse et il a eu le même ressenti que moi concernant l'hospitalité helvète qui laisse vraiment à désirer. La différence est flagrante côté allemand, où les gens sont bien plus aimables et souriants. Je croyais que c'était mon look et ma manière de voyager qui déplaisaient aux Suisses, mais apparemment non, car d'autres touristes ont subi le même sort. Pierre m'accompagne sur une vingtaine de kilomètres, jusqu'à Radolfzell, ville à partir de laquelle la VR6 quitte le lac en direction du nord. Je m'accorde alors une dernière pause sur les rives du lac de Constance en prenant bien le temps de mâcher les pommes et les noix que Pierre m'a gentiment laissées avant de reprendre la route en solitaire.

Après le lac, je traverse la campagne allemande qui est verdoyante et vallonnée, ce qui me change des longues portions planes que j'ai parcourues jusqu'à présent. Mis à part les quelques villages où je transite, les champs et les forêts se partagent l'espace et je me sens dans mon élément. En fin d'après-midi, je repousse autant que possible le moment d'aller frapper aux portes, préférant prolonger l'insouciance de la journée où je n'ai qu'à courir. Le côté imprévisible et magique de la quête du soir compense, ceci dit, son aspect inconfortable et déstabilisant. Je profite d'une intersection au balisage incertain pour parcourir plusieurs rues à la recherche d'une maison ou d'une personne qui m'inspirerait confiance. Je fais quelques tentatives infructueuses mais je reste positif et décide de m'installer au pied d'un tilleul dans le centre du village pour méditer et poser mes intentions du soir.

Entre-temps, j'ai retrouvé la bonne route et j'allonge encore la distance journalière alors que j'ai déjà cinquante kilomètres dans les jambes. Il est vraiment temps de trouver une bonne âme. Je tente ma chance auprès d'un homme que j'aperçois dans son potager: il a l'air de comprendre ma démarche et part demander l'avis de sa femme. Il revient quelques minutes plus tard et me dit de traverser le pré derrière chez lui en direction d'une maison dans laquelle vit sa belle-sœur qui parle français et est d'accord pour m'héberger. Ouf! Ça n'a pas été tous les soirs aussi simple... Je me dirige là où je suis attendu, caméra à la main, n'oubliant pas le travail de vidéaste que j'ai à mener en parallèle. À l'autre bout du pré, je filme mes premiers échanges avec la femme qui m'attend:

Femme (au loin): *Hallo!*
Florian: *Hallo! Ich bin ein Franzose.*
Femme: *Bitte.*
Florian: *Ich bin Franzose. Ich spreche nicht Deutsch.*
Femme: *Ya.*[1]
Florian: Vous parlez français?
Femme: Ouais.

---

1. Femme (au loin): Bonjour!
Florian: Bonjour! Je suis Français.
Femme: S'il vous plaît.
Florian: Je suis Français. Je ne parle pas allemand.
Femme: D'accord.

Florian: Bah voilà, c'est parfait.
Femme: Bonsoir.
Florian: Bonsoir.
Femme: Mais vous parlez bien l'allemand?
Florian: J'ai l'accent mais il me manque les mots.
Femme: Ah d'accord, d'accord.
Florian: Et je fais un reportage sur mon aventure pour la télé. Je fais un documentaire sur la santé. Je suis parti de France, de ma maison, et je vais jusqu'à la mer Noire en suivant la véloroute numéro 6. Sans rien.
Femme: À pied?
Florian: Je n'ai pas de chaussures, je n'ai pas d'argent, je n'ai pas d'équipement, j'ai juste de quoi faire le film, et puis je ne mange que des fruits et des légumes crus, voilà.
Femme: Vous habitez où? Vous venez d'où?
Florian: Entre Mâcon et Lyon. Et ça va faire dix-huit jours que je suis parti, là.
Femme: Dix-huit? Et vous êtes arrivé ici?
Florian: Bah, je cours...
Femme: Après dix-huit jours?
Florian: Je cours entre quarante et cinquante kilomètres tous les jours.
Femme: Ah, vous faites comme ça? (*Elle fait semblant de courir.*)
Florian: Oui.
Femme: Oh là là!

Les présentations faites, je suis invité chez Cathia où je fais connaissance avec son mari, sa sœur, sa fille et son fils. J'ai droit au combo complet: repas, douche et un lit pour la nuit. Autant la fille de Cathia est curieuse et me presse de questions sur mon voyage avec sa maman qui traduit, autant son fils de 10 ans est très inquiet qu'un inconnu dorme chez eux pendant la nuit. Il dit même à ses parents qu'il les trouve inconscients. L'enfant s'enquiert de ce que je transporte dans ma banane et je lui en montre alors volontiers le contenu, pensant ainsi calmer ses inquiétudes. Naïvement, je lui présente mon petit Opinel alors que j'aurais pu le garder caché dans la banane. C'était sous-estimer ce que cela pouvait susciter dans le cerveau d'un enfant soucieux qui regarde trop la télé. Il insiste alors auprès de ses parents pour conserver dans sa chambre le couteau durant la nuit car il a peur que je les égorge avec. Une part de moi trouve cela complètement absurde et n'a pas envie de se soumettre, mais je redoute par ailleurs la réaction des parents si l'enfant pique une crise. Alors, même si cela me contrarie, je me plie par prudence au caprice de l'enfant, mon ego y survivra. Je préfère de loin conserver ma place au chaud pour cette nuit. Ce voyage me réserve vraiment son lot de surprises et me révèle bien des facettes de l'être humain. En soirée, tandis que j'utilise l'ordinateur familial dans le salon confortable qui invite au repos, l'enfant apeuré m'observe et me pose quelques questions avant d'aller se coucher. Puis il revient quelques minutes plus tard en me rendant mon Opinel. Il dit me faire désormais confiance et que je peux donc le reprendre.

Le lendemain, après avoir remercié ma famille d'accueil allemande pour sa chaleureuse hospitalité, je retraverse le pré rendu humide par la rosée, et je fais une halte un peu plus loin auprès d'un cerisier que l'on m'a indiqué. Je me mets ensuite en route pour mon marathon quotidien à travers la campagne allemande, peu habitée dans cette région. Si tout se passe bien, d'après les cartes que j'ai consultées sur Internet, je devrais rejoindre le Danube en fin de journée. J'ai hâte de le découvrir pour la première fois. Autour de moi les paysages forestiers sont vallonnés comme je les aime et je me sens à mon aise.

À l'exception de quelques merises qui finissent par me donner la diarrhée, je ne trouve rien pour me sustenter sur les bords de route. Il y a bien quelques fermes où je pourrais demander des fruits mais je n'ai pas envie de m'y rendre. En journée, à moins que la faim ne me tenaille vraiment, je préfère rester dans ma bulle et réserver mon temps de socialisation pour la soirée. Je rejoins le Danube dans la ville de Tuttlingen où, passant devant une grande surface, je suis tenté de demander de la nourriture. À l'entrée du magasin, les Allemands, tous masqués diligemment jusqu'au-dessus du nez, me regardent dans ma tenue de Tarahumara comme si j'étais un extraterrestre. La faim me paraît beaucoup plus douce qu'une immersion dans cette ambiance glauque. Je fais finalement volte-face aux portes de la grande surface pour reprendre la VR6 de mon pas allégé par les kilos en moins. Être mince présente de gros avantages en course à pied, surtout lorsque l'on est pieds nus, car les cailloux sont alors bien moins douloureux.

C'est en quittant le bruit et les effluves peu avenants de la ville, dans laquelle je n'ai croisé aucune épicerie, que j'aperçois pour la première fois le Danube. Il n'en est ici qu'à ses débuts, ce n'est qu'une petite rivière discrète de quelques mètres de large qui serpente au milieu d'une vallée encaissée avec des forêts et des affleurements rocheux tout autour. C'est une agréable surprise, je ne m'attendais vraiment pas à ce que ce soit aussi beau. J'apprécie particulièrement l'ambiance mystérieuse et les grands résineux tout autour de moi. De plus, les promeneurs que je croise ont l'air sympas, avec des sourires et des «*Hallo*» de politesse qui me changent de la Suisse. C'est parfait, il n'y a plus qu'à avancer sur un tapis d'herbe au milieu des prés qui tapissent le fond de la vallée. Par endroits elle est absolument plate, comme un immense terrain de foot, et c'est très agréable pour les pieds. Je n'ai quasiment pas mangé de la journée aussi je commence sérieusement à avoir faim. Il y a un village au loin qui m'inspire plutôt confiance. J'ai cette fois l'intention de frapper aux portes pour trouver ce dont j'ai besoin. À ce moment précis, je rêve de manger des aliments gras, qui se trouvent difficilement dans la nature en cette saison. Il y a bien de nombreux noyers et noisetiers mais ils ne donneront pas avant l'automne. Je suppose que certains habitants en ont conservé un stock de l'année précédente, il suffit de leur en demander un peu.

Une fois arrivé dans le village, je me laisse guider par mon intuition et je vais à la rencontre d'un couple en train de décharger les courses de sa voiture. Par chance, ces personnes maîtrisent l'anglais et je suis bien reçu. L'histoire de mon aventure les enchante et ils sont enclins à m'aider. Je reçois quelques pommes avec des bananes, des fruits séchés et des noix, exactement ce dont j'ai besoin. Je leur donne en échange l'adresse de mon site Internet afin qu'ils puissent suivre mon aventure à distance. Après les avoir chaleureusement remerciés, je vais m'installer un peu plus loin dans le village, là où la vue sur les montagnes est belle, dans un endroit ensoleillé et près d'un arbre. C'est l'heure d'une pause bien méritée après cette longue journée et j'apprécie longuement chaque bouchée en mâchant du mieux que je peux. Je mange d'abord les fruits, comme toujours, puis c'est au tour des noix que je mâche lentement autant pour le plaisir de manger que pour assimiler au mieux les éléments nutritifs qu'elles contiennent. Après ces trois quarts d'heure salutaires de repos pendant lesquels je me suis senti ne faisant qu'un avec la nature, je reprends ma course pour les derniers kilomètres de la journée, le seul moment stressant de mon voyage que j'apprends un peu plus chaque jour à accueillir avec douceur.

Je demande l'hospitalité à quelques personnes qui refusent et me disent d'avancer de quelques kilomètres jusqu'à une auberge où je pourrai certainement dormir sans payer. Je l'atteins en soirée à l'orée d'une piste de cailloux qui s'ouvre là où le goudron s'arrête. Je me trouve en pleine campagne avec nulle autre maison en vue. Il s'agit d'une grande ferme comme chez Johnny. Il y a des chambres, une étable et un bar en extérieur pour les usagers de la véloroute. La porte de l'accueil est fermée à clé et je frappe à plusieurs reprises. Bien que le son étouffé d'une télé qui me parvient laisse à penser que quelqu'un est là, la porte reste close. Je fais alors le tour des bâtiments et rencontre deux touristes tchèques, ne parlant pas anglais, venus pour pêcher et boire de la bière. Le patron n'est visiblement pas là, alors je l'attends patiemment sur un banc. Je me trouve à six cents mètres d'altitude environ et la soirée commence à être fraîche. Je mise tout sur le fait que je vais être hébergé ici, ce qui n'est pas sans risque, d'autant plus que le prochain village est à plusieurs kilomètres. Pour me rassurer, je me dis qu'au pis aller j'irai dormir dans l'étable.

Une heure plus tard, nulle voiture n'est entrée mais j'entends du bruit derrière la porte d'entrée. Je frappe à nouveau et, cette fois, une vieille dame ne parlant qu'allemand m'ouvre. Prestement, je sors de ma banane le pass en allemand et le lui tends en la priant de bien vouloir le lire. Ce qu'elle fait après avoir mis ses lunettes. Sans dire un mot, elle part dans sa cuisine et en revient quelques minutes plus tard avec un sac contenant pain, fromage, fruits et légumes. Je la remercie pour son geste, conscient du fait qu'il est inutile de lui expliquer que je ne mange QUE des fruits et des légumes crus. Même si c'est clairement expliqué dans mon pass, sans doute que cela ne paraît pas concevable comme moyen exclusif de se nourrir. Autre explication plausible: quand on fait l'aumône on ne se permet pas d'être difficile... Si maintenant j'ai partiellement de quoi me nourrir, il me manque le plus important. J'indique à cette femme, avec des gestes, que je cherche aussi un coin pour dormir. Elle me répond d'aller voir dans une certaine direction qu'elle m'indique avec le doigt. Il y a là-bas un autre bâtiment vers lequel je me rends. Je ne l'avais pas remarqué avant car il est caché derrière des arbres. Pour y aller, je passe entre une écurie et une abatteuse forestière. Je me trouve alors face à une grande maison en bois à l'intérieur de laquelle règne une forte animation. J'entre et me retrouve devant une dizaine de personnes qui, bière à la main, me dévisagent dans le brouillard des fumées de cigarettes. Quand je demande qui est le propriétaire de la maison, une main se lève: il s'agit d'un robuste gaillard haut de taille et visiblement habitué aux travaux de force au vu de son impressionnante carrure. Tous sont bûcherons et je ne me sens pas dépaysé, car c'est un milieu que je connais bien pour l'avoir côtoyé pendant près de dix ans. Christian, le patron, est amusé par mon histoire; le défi que je me suis lancé a l'air de lui plaire. Il me tend un sac de couchage et me dit que je peux m'installer dans son écurie. Je lui donne en retour le pain et le fromage que je ne mangerai pas pour des raisons que je lui explique et il me demande alors si je souhaite des pommes et des noix, ce que j'accepte volontiers. Je repars en direction de l'écurie avec tout ce qu'il me faut pour la soirée et la nuit, puis je m'installe au chaud dans la paille pour déguster mon dîner. Un peu plus tard, Christian vient me voir pour discuter en m'apportant une tisane et il me présente les trois chevaux avec lesquels je vais dormir.

Quand je me retrouve seul, j'enregistre le témoignage vidéo suivant: «Voilà où je me trouve pour cette nuit: dans une écurie. Bah, évidemment, un vagabond ça dort dans les écuries normalement, alors une fois de temps en temps ça fait du bien d'essayer vraiment ce que c'est que d'être vagabond, ou va-nu-pieds, ou ce qu'on veut. Là, je suis quand même un va-nu-pieds de luxe parce qu'on m'a apporté un sac de couchage, une tisane et, regardez ce trésor, des pommes, des noix, du concombre et des poivrons. Exactement ce dont je rêvais, ni plus ni moins. Et puis je vais vous présenter, on va dormir à quatre cette nuit: au fond à droite il y a Yvan, l'autre j'ai oublié son nom, et le troisième c'est Zercaïla. Voilà. Oui, ils ont l'air sympa, je pense qu'ils vont me tenir chaud. Bon sang que la vie est belle! C'est quand même... ça me surprend tellement que... dès qu'on a un petit peu trop de choses... tout de suite on s'y accroche et on est différent, on se perd soi-même... Je n'arrive pas vraiment à m'exprimer sur ce sujet. Là, j'ai juste le minimum, et en fait si j'avais plus, ça me rendrait moins heureux je pense. Bizarre la vie... Bon allez, assez philosophé, j'ai faim, j'ai des pommes, une tisane, tout ce que j'aime, à bientôt, *ciao ciao* ! »

Plusieurs de ces bûcherons viennent me parler tandis que je savoure lentement mon repas. Visiblement, même si on me laisse dormir dans l'écurie alors qu'il y avait de la place dans la maison, je ne laisse pas indifférent. Je reçois notamment la visite du fils de Christian, bien éméché à la suite de l'arrosage de son anniversaire. Il m'explique longuement son point de vue sur mon expédition et ma manière de m'alimenter. Il me dit avoir été élevé dans une ferme et, pour lui, l'humain est fait pour manger les animaux, c'est l'ordre naturel des choses. N'ayant pas envie de creuser le sujet avec quelqu'un qui a un parti pris et qui, de surcroît, est saoul, je réplique simplement que je comprends son point de vue. En revanche, sa critique suivante fait mouche lorsqu'il me dit : « Tu as besoin des autres », sous-entendant que si son père n'avait pas accepté de me donner à manger et de quoi me couvrir, je serais dans de beaux draps si je puis dire... Je lui réponds que c'est complètement vrai : même si je voyage sans rien, je suis entièrement dépendant des autres. Je n'ai d'ailleurs pas du tout la prétention du contraire. J'ajoute même que l'avantage de ce voyage, c'est justement de mesurer à quel point j'ai besoin des autres. Car souvent, quand on part avec un sac à dos et tout son matériel, on croit qu'on est autonome et indépendant. Mais qui a fabriqué ce matériel ? S'il nous arrive un pépin, qui va nous secourir ? Que l'on soit nomade ou sédentaire, on est tout le temps, du début de notre vie jusqu'à la fin, dépendant des autres. Et ce que je vis en ce moment m'en fait prendre pleinement conscience. C'est précisément cela que j'aime dans ce voyage : j'y apprends l'humilité et l'acceptation des différences, car sans les autres je ne suis rien. Toujours sous les effets de l'alcool, mon interlocuteur me dit aussi, en me regardant droit dans les yeux, que les personnes qui regardent les handicapés avec dégoût se coupent d'une part d'elles-mêmes. Et que, plus généralement, lorsqu'on se coupe de ceux qui nous répugnent on se coupe d'une part de nous-mêmes. Tout d'abord je le regarde, surpris, sans comprendre pourquoi il me parle de cela. J'ai à ce moment-là le sentiment que c'est quelqu'un d'autre qui me parle à travers lui. Comme si l'Univers utilisait son état de désinhibition provoquée par l'ébriété pour lui faire passer des messages. Car oui, je me reconnais dans ce descriptif. En effet, combien de fois ai-je jugé ceux dont je réprouve les différences d'opinion, en particulier au sujet du masque? Sans doute trop.

Après une bonne nuit de sommeil dans la paille, la première de ma vie, j'entame la vingtième journée sur Eurotopia. C'est la plus ardue depuis le départ car il n'y a quasiment que des cailloux et je commence vraiment à fatiguer. C'est usant pour mes pieds, bien sûr, mais aussi pour ma tête qui fatigue d'être informée en permanence par tout ce qui pique mes plantes. La lassitude commence à me gagner alors qu'il me reste encore une vingtaine de kilomètres pour finir l'étape. Je nourris l'espoir que dans quelques semaines ce genre de terrain ne me fera plus aussi peur et que je pourrai marcher vite dessus, voire y trottiner. Le but de ma démarche n'est pas de me résigner à souffrir toute ma vie dès que je pose mes pieds sur de petits cailloux mais, au contraire, de me former des pieds solides afin de pouvoir aller aisément sur tout type de surface. C'est aussi pour cette raison que je me suis lancé dans cette aventure, et je suis en plein travail en ce moment...

Ayant désormais acquis le réflexe de sortir quotidiennement ma caméra pour épancher mes états d'âme, j'enregistre le témoignage suivant: «*Hello* les amis, jour 20 sur Eurotopia. Je me trouve dans un secteur où il n'y a presque pas de villes. Trente kilomètres sans ville et j'ai le ventre vide depuis ce matin. Mais je sais que plus loin je pourrai trouver ce qu'il me faut, donc le moral est bon. Mon corps se porte bien même si je sens une baisse de régime en ce moment. J'ai besoin de fruits pour augmenter mon niveau d'énergie. Et sinon, il y a beaucoup de cailloux, ce qui fait que je marche au lieu de courir comme d'habitude. J'ai essayé de courir sur le bas-côté, là où il y a un peu d'herbes. Et en fait, c'est infesté de tiques. Je n'en ai jamais vu autant, j'en avais plein sur moi. Dès que je marchais dans l'herbe, il y en avait plein qui revenaient. Donc, j'ai pris mon mal en patience et j'ai marché sur les cailloux, ça m'a fait les pieds comme qui dirait… Mais bon, quand on a un beau décor comme ça, la fatigue on la sent beaucoup moins. J'espère juste qu'il y aura plus de goudron sur la suite, que je puisse avancer plus rapidement.»

Les méandres du Danube s'écoulent de part et d'autre des collines au cœur d'une vallée étroite en forme de goulot. Il y a très peu d'habitations et les rares villages que je traverse sont minuscules. Dans l'un d'eux, auprès de la femme de ménage d'un hôtel, je réussis à récupérer quelques fruits. Deux heures plus tard, dans un camping en pleine nature, j'achète pour quelques euros des cacahuètes, la seule denrée à peu près comestible en vente. Et un peu plus loin, je réussis à glaner une belle poignée de fraises des bois sur les bas-côtés. Voilà les seuls viatiques qui m'aident à marcher une quarantaine de kilomètres, et ce sans marquer de pause pour compenser la lenteur de mes déplacements. Je quitte alors le cocon de verdure pour entrer à Sigmaringen, une ville de vingt mille habitants. Mes pieds foulent enfin le bitume, que c'est bon ! J'ai beau savoir que cette surface n'a rien de naturel, mes pieds l'aiment beaucoup !

Il est l'heure de s'arrêter pour la nuit et de trouver une famille d'accueil. Je jette mon dévolu sur la sortie de ville, là où la nature reprend un peu ses droits et où je me sens plus en confiance. Après avoir longuement essayé de jauger quelle pourrait être l'habitation qui me permettrait d'obtenir le précieux sésame, je frappe à la porte d'une maison couleur ocre. Je suis bien accueilli par une femme dont le mari doit rentrer du travail une heure plus tard. Elle essaye de le joindre par téléphone pour savoir s'il est d'accord pour m'héberger mais il ne répond pas, alors elle me suggère de l'attendre. Je lui explique qu'il est déjà tard et que je ne veux pas prendre le risque de patienter pour rien. Je préfère donc tenter ma chance plus loin. La dame est sincèrement navrée et me conseille de continuer sur quelques kilomètres jusqu'à une maison bleue avec un tipi, sur le côté droit de la route, où habite une communauté végétarienne qui m'accueillera probablement. L'idée me semble excellente et je m'empresse d'y aller après l'avoir remerciée pour ce précieux renseignement.

Trente minutes plus tard environ, je suis accueilli dans cette fameuse maison bleue par le grand sourire de Micha. Elle vit avec des colocataires dans un grand bâtiment partagé au milieu de la forêt où on n'entend que les oiseaux. Après m'avoir présenté les lieux ainsi que le tipi dans lequel je vais dormir, elle me laisse les clés de la maison pour se rendre à une soirée. On dirait que je suis arrivé juste à temps... Après avoir pris une douche froide revigorante, je me rends dans la cuisine. Il y a plein de fruits frais et séchés, des légumes et des sauces véganes que l'on ne retrouve généralement que chez les végétariens. Tout est bien qui finit bien après cette rude journée... Merci la vie!

Tôt le lendemain matin, la maison est silencieuse tandis que je me prépare une tisane dans la cuisine. Je suis rejoint par Micha avec laquelle je fais plus ample connaissance. Bourlingueuse dans l'âme, mon hôtesse admire mon projet et me demande mes coordonnées pour pouvoir me suivre sur les réseaux. Elle me souhaite ensuite bon voyage après m'avoir serré dans ses bras et demandé de prendre soin de moi. Une tisane, quelques fruits et un peu de fraternité, je n'ai pas besoin de plus pour me mettre en route de bonne humeur et plein d'énergie, ce dont j'ai grand besoin car mes pieds sont encore fatigués par mon parcours de la veille. D'autant plus qu'il y a encore plein de portions de route avec des gravillons qui m'attendent. Je ne l'avais pas du tout anticipé, je pensais au contraire qu'en Suisse comme en Allemagne tous les revêtements de route seraient nickel. Je suis un peu déçu, ça me gâche le plaisir en quelque sorte... C'est bien qu'il y en ait un petit peu, car ça me permet d'adapter mes pieds à différentes surfaces, mais là il y en a vraiment beaucoup trop à mon goût...

La partie escarpée, sauvage et mystérieuse du Danube est déjà derrière moi, je me trouve maintenant au milieu des champs dans un espace dégagé où le regard porte sur de longues distances. J'apprécie chaque pas sur ce goudron qui me permet enfin de pouvoir avancer sans douleur. Hélas, le plaisir est de courte durée car, à peine dix kilomètres après chez Micha, le goudron s'arrête net au milieu des champs de fleurs pour laisser place à ma hantise du moment: des petits cailloux sur des kilomètres et des kilomètres... Même si les bas-côtés sont par moments enherbés, je les évite de peur de me blesser sur un objet tranchant qui pourrait être dissimulé par la végétation. Par conséquent je ne cours plus, je me contente de marcher cahin-caha. C'est très déstabilisant d'être là à souffrir tout seul sans rien sur moi à part le matériel pour filmer. C'est cette absence de soutien qui me donne la force d'avancer malgré la douleur, car si je reste planté là à me plaindre il ne va rien se passer. Je ne vais pas manger, je ne vais pas trouver des personnes pour m'héberger le soir. Alors j'avance, peu importe si ça fait mal ou pas. La situation est très frustrante et usante nerveusement. Tous ces petits cailloux, qui en permanence envoient des informations dans mes pieds sous forme de signaux électriques, me bouffent la tête. C'est épuisant et c'est une épreuve de chaque jour. Je rage intérieurement en repensant combien à l'inverse tout est aisé lorsque je suis sur un goudron bien lisse. Je rage aussi que la société ait fait de nous des handicapés en ayant banalisé l'usage des chaussures depuis l'enfance. Si j'avais grandi pieds nus, ce type de sol ne me poserait aucun problème. Je me demande si mes pieds vont un jour s'habituer vraiment...

Ce jour-ci, je me sens désespéré et j'en ai vraiment marre. Alors que j'épanche ma bile devant ma caméra, j'arrive auprès d'un grand marronnier, seul arbre au milieu des prairies. Sans même que ma tête ait décidé quoi que ce soit, mon corps prend les commandes et me guide jusqu'au pied de l'arbre contre lequel je m'adosse pour une sieste. Je sens que tout mon poids repose lourdement sur le sol et contre l'arbre tellement je m'abandonne à eux. À peine vingt minutes plus tard, je me relève prêt à repartir avec les pieds reposés alors que je me sentais au bout du rouleau quand je suis arrivé. Je remercie avec le cœur le marronnier pour le soin régénérateur incroyable qu'il m'a prodigué. J'ai encore de longues heures devant moi à jouer les fakirs sur les cailloux avant d'arriver à Riedlingen et donc sur des portions enfin goudronnées. Je suis rejoint par un couple de cyclistes hollandais piqués de curiosité car cela fait plusieurs jours qu'ils me croisent sur la VR6. Les vélos sont assez nombreux sur cette portion allemande même si, apparemment, il y en a moins que d'ordinaire en raison du confinement. Certains cyclistes parcourent quotidiennement des distances similaires aux miennes si bien que l'on se croise régulièrement. Les conversations s'engagent alors et les kilomètres passent ainsi plus facilement. C'est lors de ces rencontres fortuites que j'ai parfois l'heur de récupérer quelques euros pour m'acheter des fruits. Je peux ainsi m'en procurer en journée dans les magasins, ainsi que les quelques denrées que j'affectionne et qui sont les plus difficiles à trouver chez l'habitant, comme les avocats et les noix du Brésil. La vie est si bien faite qu'elle me donne tout ce qu'il faut quand il faut où il faut comme il faut...

Cette journée encore, je cumule près de quarante kilomètres avant que la fatigue ne me signifie qu'il est temps de m'arrêter. J'arrive justement en vue d'un village paisible au milieu de la verdure. Je m'installe confortablement dans l'herbe dans la position du lotus pour une méditation. Je visualise trouver tout ce dont j'ai besoin pour la nuit avant d'entrer dans le village.

Cet exercice me permet, selon les principes de la loi de l'attraction, d'attirer à moi ce que je souhaite et me donner autant de chances que possible de l'atteindre. Vingt minutes plus tard, je me relève et pars en quête d'un hôte, caméra à la main. Je ne me sens pas du tout à l'aise avec l'idée de filmer des inconnus sans leur consentement alors que je leur demande l'hospitalité mais j'obéis aux impératifs du film... Car sans images, pas d'histoire à raconter! J'arrive aux portes du village où cinq jeunes discutent sur des bancs. Je déclenche ma caméra:

Florian: *Hello!*
Jeune 1: *My english is very good.*
Florian: *OK, I travel from France, barefoot without anything.*
Jeune 2: *I can speak a little bit french too.*
Tous les jeunes rigolent.
Jeune 1: *Yes, of course that's good.*
Florian: *And I don't have any money, any equipment with me, just a staff to make a movie for the TV about my trip. And tonight I am looking for a place to sleep. Can you help me?*
Jeune 1: Heu...
Jeune 2: *If you sleep with me my mum will slap me like a thousand times.*
Tous les jeunes rigolent.
Florian: *Why?*
Jeune 2: *Because my mum is a Turkish mum and we don't have any guest in our home.*
Florian: *Really?*
Les jeunes parlent allemand.
Florian: *I thought in Turkey the hospitality is really good.*
Jeune 1: *In Germany, the Turkish are not so nice.*
Ils se lèvent et s'en vont[2].

---

2. Florian: Bonjour!
Jeune 1: Je parle très bien anglais.
Florian: OK, je voyage depuis la France, pieds nus, sans rien.

Un peu plus loin, au cœur du village, je tends mon papier en allemand à une femme âgée qui ne parle pas anglais. En faisant un signe de la main, elle m'invite alors à la suivre jusqu'à un hôtel-restaurant où une dizaine de personnes viennent m'entourer pour m'expliquer, à dix reprises successives, que cet hôtel-ci est plein et que le mieux pour moi serait d'aller à trois kilomètres, là où se trouve un autre hôtel. Ils n'ont pas l'air de comprendre que ce n'est pas un hôtel que je cherche. D'autant plus que ce n'est pas parce qu'ils ont des lits qu'ils vont m'héberger. J'ai déjà remarqué que lorsqu'on voyage sans argent les hôtels ont la fâcheuse habitude d'être pleins… Mais bon, bref, je vais devoir tenter ma chance ailleurs sans avoir pour autant la moindre intention d'aller vers l'hôtel que l'on me suggère. Je ne vois pas pourquoi l'hôtelier, dont c'est le métier d'héberger les touristes, devrait libérer une chambre pour moi alors que certaines personnes ne sont même pas prêtes à libérer un canapé dans leur propre maison… Cela m'exaspère quand je renifle la mauvaise foi des gens qui s'achètent une bonne conscience en me donnant l'adresse d'un hôtel alors

---

Jeune 2: Je connais quelques mots en français également.
Tous les jeunes rigolent.
Jeune 1: Oui, bien sûr, c'est bien.
Florian: Et je n'ai ni argent ni équipement, juste une équipe pour tourner un film pour la télé et qui va parler de mon voyage. Je cherche à loger quelque part pour cette nuit. Vous pouvez m'aider?
Jeune 1: Heu…
Jeune 2: Si tu dors avec moi, ma mère sera mécontente et va me rouer de coups!
Tous les jeunes rigolent.
Florian: Pourquoi?
Jeune 2: Parce que ma mère est une mère turque et nous ne recevons pas d'invités à la maison.
Florian: Vraiment?
Les jeunes parlent allemand.
Florian: Je pensais qu'en Turquie, les gens avaient le sens de l'hospitalité.
Jeune 1: En Allemagne, les Turcs ne sont pas si gentils.
Ils se lèvent et s'en vont.

que je leur ai bien précisé en amont ne pas avoir d'argent. Le stress commence à monter en moi alors je range ma caméra en me disant que cet appareil ne facilite pas du tout le contact, et que je me sentirai plus à l'aise sans.

Deux cents mètres plus loin, un jeune couple et son enfant en bas âge sont dans leur cour en train de mettre la table à côté du barbecue. L'homme a l'air sympathique alors j'engage la conversation. Mon voyage lui plaît et il a l'air de me faire confiance. Il m'invite à entrer chez lui et me sert à boire. Pendant que m'hydrate avec de l'eau citronnée, le mari et la femme se concertent. Après dix minutes de discussion, j'ai le regret d'apprendre que je ne pourrai pas rester dans leur maison pour la nuit, sa femme n'étant pas à l'aise avec cette idée. En revanche, il me donne des fruits et cinquante euros pour aller dormir à l'hôtel, celui-là même que l'on m'indiquait précédemment.

Quelques kilomètres plus loin, je trouve le fameux hôtel en question. Une chambre est libre et on ne me demande pas ma carte d'identité, je peux donc relâcher toutes les tensions. Ma mission de la journée est accomplie. C'est ma première nuit à l'hôtel sur Eurotopia et ce n'est finalement pas pour me déplaire. Je vais ainsi pouvoir pleinement me reposer sans avoir à tenir une conversation. Le tarif bon marché de la chambre me permet de m'offrir une assiette de crudités copieusement arrosée d'huile afin de la rendre plus consistante. J'utilise ensuite la salle de bains pour laver mon linge qui en avait grand besoin avant de me mettre au lit de très bonne heure. Il y a trop longtemps que cela ne m'était pas arrivé. Cette fois encore, j'ai eu tout ce dont j'avais besoin...

Le lendemain, je fais mes habituelles respirations Wim Hof suivies d'une méditation, pour ensuite quitter l'hôtel de bon matin. Le repas de la veille au restaurant était vraiment maigre aussi la faim se met-elle vite à me tenailler. Je me suis vraiment affûté comme on dit dans le jargon des sportifs. Toutefois, je me sens bien en phase avec mon voyage même si le temps est maussade ce matin-là. Mon regard scrute attentivement mon environnement à la recherche de fruits, exactement comme si j'étais redevenu un animal sauvage. Cette sensation d'être en totale connexion avec mon environnement est pour moi une source incroyable de bien-être. Savoir s'il est judicieux de m'écarter de la VR6 est une question que je me pose souvent en journée lorsque je cherche à manger, et aussi le soir, quand je cherche à me loger. Jusqu'à présent, je ne m'en suis jamais éloigné de plus de quelques centaines de mètres. Alors que cette question se pose de nouveau dans mon esprit en ce petit matin, j'entends une voix, comme par télépathie, qui me dit: *Ne t'écarte pas de la véloroute 6 et du Danube, tout ce dont tu as besoin est le long de cette voie.* Et quelques kilomètres plus loin, un magnifique cerisier, plein de bons fruits, en libre accès, me tend ses branches. Je choisis les plus mûrs. Un délice!... Le kilo de cerises que j'ingère ne m'apporte pas seulement du sucre et des calories, mais aussi une part de l'énergie de l'arbre qui va me booster pour toute la journée.

J'apprécie infiniment sur cette portion la route qui est goudronnée et bien lisse. J'ai bon espoir qu'elle va le rester toute la journée étant donné que je traverse une région assez urbanisée. En revanche, la pluie rafraîchit le temps et je ne marque pas de pauses afin de ne pas me refroidir. Une heure plus tard, la pluie s'intensifie et tous mes habits sont complètement trempés. Pour couronner le tout, le sol redevient à un moment tout caillouteux mais la pluie rend le terrain plus tendre alors j'arrive malgré tout à courir. Je me surprends à prendre sereinement les choses. C'est sans doute parce que j'avais accumulé de la fatigue que la veille je subissais mon voyage. Mais après une bonne nuit de sommeil, j'ai retrouvé une certaine quiétude face aux aléas.

On me donne régulièrement un petit peu d'argent, cinq ou dix euros par-ci par-là au hasard des rencontres, ce qui me simplifie un peu la vie. Dans les magasins en Allemagne, le port du masque est obligatoire et les Allemands me reprennent sans ménagement si je n'obéis pas. Mon penchant révolutionnaire et anarchiste le vit très mal. Quand je préfère avoir la paix et être sûr qu'on me laisse entrer, je récupère un des nombreux masques abandonnés par terre et j'en mets un à contrecœur. Je trouve la situation inquiétante et j'ai l'impression d'être au milieu de zombies. À croire que les gens sont devenus fous: ils achètent principalement de la nourriture qui les empoisonne et pensent qu'ils se protègent d'un virus avec un masque. Je déambule dans les rayons avec le sentiment d'être muselé, et me console en achetant une mangue, des noix de cajou, des figues séchées et un avocat.

Depuis que je suis arrivé dans la vallée du Danube, plus qu'ailleurs, je vois beaucoup de croix avec un homme cloué dessus. Au départ, quand je voyais ce symbole, je me disais qu'il s'agissait là d'un témoignage pieux, lié à l'attachement des gens du coin à la religion et au Christ. Ce jour-ci, marqué et contrarié par cette obligation absurde du port du masque, je vois les choses différemment. Cette croix, je la considère alors plutôt comme une sorte de menace ou d'avertissement pour celles et ceux qui voudraient professer l'amour et la foi. Voilà ce qui les attend... Comme dans les westerns, ils auraient pu ajouter au-dessus des croix: «*Wanted ... Dead or alive.*»

En fin de journée, à une quinzaine de kilomètres d'Ulm, j'arrive le long d'un canal qui longe le Danube dans une zone non navigable. La fatigue me gagne et je quitte le canal pour monter en haut d'un petit village qui surplombe la rivière. Les rues sont désertes et je ne sais où aller. Le hasard guide mes pas devant un grand hôtel auprès duquel je tente ma chance. Hélas, le patron est introuvable et il n'y a personne à l'accueil. J'arpente alors une rue secondaire où, successivement, je frappe à deux portes. À chacune, on me regarde bizarrement en refusant de lire mon pass, alors je n'insiste pas de crainte que l'on n'appelle la police. Même si les premiers contacts avec les habitants de ce village laissent à désirer et que je me sens épuisé, je garde mon centrage et reste concentré sur mon souffle. Il y a plein de vieux conditionnements réflexes qui sont tout prêts à me faire retomber dans le piège de la négativité si je me laisse aller. J'ai le sentiment de marcher sur le fil de la conscience tel un funambule. L'équilibre ici se joue entre la tête, le corps et le cœur. Chacun a son mot à dire, mais pas en même temps s'ils ne sont pas du même avis, sinon c'est la cacophonie assurée. En l'occurrence, ici, c'est mon cœur que j'écoute, et il me dit que tout va bien et que je vais trouver ce dont j'ai besoin, comme cela arrive chaque soir depuis trois semaines.

Un peu plus loin, je me heurte de nouveau à un refus mais on me donne l'adresse d'une famille dont le profil devrait correspondre. Ce n'est pas très éloigné, au fond d'une impasse, un endroit où je ne serais jamais allé sans y être incité. La maison est entourée de grands arbres et je suis reçu comme un membre de la famille. Tous s'empressent de savoir ce que je fais, d'où je viens et comment je suis arrivé jusque chez eux. Je leur réponds qu'après avoir frappé à une dizaine de portes et rebondi telle une balle de flipper, quelqu'un plus bas dans la rue m'a indiqué qu'ils m'hébergeraient certainement. J'ai ainsi mis les pieds chez une famille nombreuse, en pleine période de vacances scolaires, alors que les six frères et sœurs se sont réunis avec leurs conjoints. Si bien qu'ils n'ont plus un seul lit, ni même un canapé, de libre. Cette fois ce n'est clairement pas un prétexte. Mais le père de famille me rassure et me dit qu'il va trouver une solution. En attendant, il me convie à table et me laisse entre les mains de ses filles qui me préparent un délicieux repas. Pendant ce temps, je l'entends passer des appels pour me trouver un hôte. Quand mon assiette est prête, je sors ma caméra pour immortaliser ce moment magique du voyage et je dis: «Ah, regardez la belle assiette que l'on m'a préparée, avec de la menthe. J'étais un inconnu il y a cinq minutes et voyez comment je suis servi! Ça valait la peine de courir cinquante kilomètres aujourd'hui.»

Le père de famille revient discuter avec moi pour me poser de nombreuses questions sur mon voyage. Il m'invite ensuite à le suivre dans sa voiture, car une de ses amies qui habite non loin est justement rentrée de Suisse dans la journée et s'est dite prête à m'accueillir. Nous nous y rendons. Je rencontre alors Heidi qui est ostéopathe et ravie de faire ma connaissance. Je suis profondément ému de rencontrer autant de personnes aussi ouvertes d'esprit et totalement enclines à accorder du temps et de l'attention à un parfait inconnu.

7
L'ALTRUISME AU RENDEZ-VOUS

Je m'octroie chez Heidi une pause d'une journée entière, la deuxième après trois semaines sur Eurotopia, ce qui me permet de prendre du recul et de faire un bilan de ce début de voyage. Alors que je suis confortablement installé au calme dans le fauteuil moelleux de mon hôtesse, mes pensées vagabondent. Je ressens, comme le disait Nicolas Bouvier, que ce n'est pas tant moi qui fais le voyage que le voyage qui me fait…

Je commence à perdre certains repères et certaines habitudes de ma vie normale pour laisser place à autre chose qui émerge tout doucement des brumes de mon inconscient: une sensation douce et bonne qui prend chaque jour un peu plus racine dans mon corps. Je parle d'un ressenti physique, un mélange de paix et de force, au-delà d'une simple sensation de bien-être, qui me permet de faire face à toutes mes émotions sans les refouler.

J'avais auparavant compris intellectuellement que le corps humain est une sorte d'antenne capable d'émettre et de recevoir des messages. Mais lorsque l'on accepte de vivre pleinement ses émotions, y compris ses angoisses, cela ouvre une porte vers les commandes mêmes de cette antenne. Tout devient alors plus fluide dans l'existence, ce dont on a réellement besoin arrive toujours au bon moment et il n'y a qu'à écouter son ressenti (en restant dans la confiance qu'il est toujours juste) pour prendre les bonnes décisions. C'est déjà ce que l'on fait généralement pour des choix de vie importants. Mais pouvoir laisser cette intuition pénétrer jusqu'aux plus infimes détails de nos existences ouvre de nouvelles possibilités...

C'est dans cet état d'esprit que sont réglées mes journées: je me lève quand j'en ai envie, je quitte mes hôtes quand je sens que c'est le bon moment pour eux comme pour moi, je cours à la vitesse qui me convient et je m'arrête là où je me sens bien. Et mes journées se terminent quand je sens que j'ai fait ma part du travail, généralement après quarante-cinq kilomètres de course. C'est ainsi que je vis ce voyage: je n'ai à me soucier que d'avancer autant que possible chaque jour, et, en échange, l'Univers m'apporte ce dont j'ai besoin. Et c'est ce qui s'est passé jusqu'à présent même s'il y a eu quelques ratés à un moment où je me suis mis à douter...

Des expériences uniques et enrichissantes que j'ai pu vivre grâce à la bienveillance des personnes croisées sur ma route, je tire plusieurs messages dont celui-ci: l'amour et la confiance en la vie peuvent tout, y compris me faire traverser l'Europe alors que je n'ai rien avec moi, quand bien même cette confiance et cet amour sont imparfaits.

Toutes ces journées passées à mettre un pied devant l'autre en faisant attention à chaque pas me contraignent à développer une concentration permanente et à filtrer mentalement toutes mes sensations douloureuses. Loin d'être une activité basique, cela représente un véritable entraînement de fond à la pleine conscience. Car sans elle, la moindre distraction se paye *cash* par un caillou pointu. En somme, pas à pas, le voyage me façonne à sa manière, de la tête aux pieds.

Ces longues courses méditatives me permettent aussi de mener une réflexion personnelle quant à la folie de ce monde: je suis tout particulièrement interpellé par tous ces visages masqués que je croise dans les lieux publics et les magasins. Je songe alors à quelles seront mes priorités lorsque je rentrerai. En effet, comme le disait Nicolas Bouvier, «la vertu d'un voyage, c'est de purger la vie avant de la garnir».

En attendant, je repose mes pieds du côté d'Ulm chez Heidi qui m'a rapporté de ses commissions des fèves de cacao, des noix, des pommes, des bananes et des framboises. Je consacre la matinée à me délasser sur le canapé du salon en écrivant sur mon site Internet un article sur mes péripéties de ces dix derniers jours. Ce travail effectué, Heidi et moi discutons et philosophons un long moment dans le jardin sur un canapé balancelle. Tout juste rentrée la veille de Suisse où elle avait participé à un congrès d'ostéopathie, elle me propose une séance. Quelle chance incroyable d'être arrivé ici juste au bon moment, pile entre deux déplacements de Heidi qui n'est pas souvent chez elle. C'est dans ces moments-là de gratitude envers la vie que j'en viens à considérer comme béni tout ce qui m'arrive, y compris les événements déplaisants. En effet, c'est grâce à un concours de circonstances incluant les bonnes comme les mauvaises fortunes que j'ai mis les pieds ici. Cela fait bien sept ans que je ne suis pas allé chez un ostéopathe alors qu'auparavant j'y allais plusieurs fois par an, notamment pour mes problèmes de sciatique. Mais depuis que je cours pieds nus et mange vivant je n'en ressens plus le besoin. Toujours est-il que je suis bien content d'avoir l'occasion d'accorder un soin à mon corps auquel je demande beaucoup en ce moment.

Cette pause très confortable et chaleureuse recharge mon cœur et mon corps mais la reprise, après ce doux relâchement, est compliquée tant physiquement que moralement. Je serais bien resté un peu plus longtemps dans ce cocon chaleureux, mais je sens bien que si je prolonge davantage cette pause, il me sera alors très difficile de repartir. Mes jambes restées douloureuses tout au long de la journée me le font clairement comprendre.

Je reprends donc la route : je transite par Ulm où je passe devant la plus grande église du monde, haute de cent soixante et un mètres, avant de retourner dans des espaces boisés. J'éprouverais beaucoup de plaisir à les parcourir s'il n'y avait toutes ces portions en cailloux blancs qui s'éternisent sur des kilomètres et des kilomètres. J'ai l'impression de ne pas en voir le bout, aussi, je marque plusieurs pauses pour apaiser les sensations de brûlures sous mes pieds. En plus de ces désagréments, je trouve très peu de nourriture pour combler mes besoins, ce qui fait flancher mon moral. En fin de journée, j'arrive à Leipheim après avoir enquillé péniblement quarante-cinq kilomètres. Là-bas, plusieurs personnes me refusent l'hospitalité, mais je trouve en revanche plein de fruits accessibles depuis les trottoirs. Une villageoise me donne également un petit sac de fruits, qui ne sont hélas pas mûrs et que je ne peux donc pas consommer. Le scénario des jours précédents se reproduit: on me conseille encore de demander un hébergement à l'hôtel, à la différence près que j'ai cette fois-ci le sentiment qu'on me le dit vraiment avec conviction. Je me résigne donc à suivre ces recommandations en allant solliciter ce fameux aubergiste. Contre toute attente, celui-ci est prêt à m'accorder une chambre sans façon et je reçois mon sésame pour la nuit: une clé. Dans la chambre de l'hôtel, je m'exerce à un peu de yoga pour détendre mes jambes douloureuses mais toutes les asanas que je pratique habituellement sont difficiles à exécuter ce soir-là. Il est à peine 19 heures lorsque je m'écroule sur le lit de l'hôtel, heureux de pouvoir enfin me reposer.

À 6 heures, je quitte l'hôtel endormi et retourne à l'endroit où j'avais quitté la VR6. La première difficulté de la journée m'y attend car il manque un panneau indicateur à cette intersection. J'hésite entre deux routes alors je sors mon pendule qui m'indique justement le chemin caillouteux que je n'avais pas envie de prendre... La forme n'est toujours pas revenue et mon moral est maussade. Je traverse une période difficile qui est principalement due à une perte de poids trop importante et à trop de douleurs éprouvées. Si bien que je préfère me refermer sur moi-même pour limiter les contacts humains qui parfois me blessent. La faim me paraît plus inconfortable. Il y a aussi un coût à demander de la nourriture: affronter les regards ahuris, parfois réprobateurs, réussir à se faire comprendre, avoir la chance que la personne interpellée ait des fruits, qu'elle accepte de m'en donner et, enfin, que ces fruits soient mûrs. Et comme je ne trouve pas assez de nourriture sur les bords de route, je finis par être en état de demi-jeûne permanent, et donc par m'affaiblir tout autant physiquement que moralement. J'entre sans m'en rendre compte dans un cercle vicieux. Tous les efforts et les épreuves deviennent alors plus difficiles à surmonter. Pour ne rien arranger, je sens monter en moi une colère face à tout ce qui m'insurge dans ce monde depuis l'événement historique du premier confinement.

Outre la douleur aux pieds éprouvée sur ces routes caillouteuses, je ressens du stress à avancer aussi lentement. Je me dis qu'à ce rythme je n'arriverai jamais au terme de mon voyage. Pour avoir désormais mesuré à quel point cette expédition est énergivore, je pressens qu'elle doit se terminer le plus vite possible sans quoi je vais flancher. C'est pourquoi, chaque jour, je me pousse autant que possible en prenant garde de ne pas dépasser une certaine limite qui m'empêcherait de conserver le rythme régulier qui s'est naturellement installé. À ces douleurs que je ressens aux pieds, je réagis par la colère car je me sens dépassé et frustré de constater qu'après cinq ans d'entraînements je ne suis toujours pas adapté à me déplacer sur tout type de sol. Je contiens difficilement ma colère que j'épanche devant ma caméra, comme pour expulser ce qui me ronge de l'intérieur.

Exaspéré par les maudits cailloux blancs pointus de la longue ligne droite forestière que je suis en train de traverser, je décide de m'octroyer une pause bienfaitrice sur une table de pique-nique. Je m'allonge pour une sieste mais des légions de moustiques se mettent à me harceler, au point que je renonce à ce temps de repos espéré pour reprendre ma marche laborieuse à peine quelques minutes plus tard. À 14 heures, je n'ai parcouru que vingt kilomètres et me heurte une nouvelle fois à un défaut de signalisation de la VR6 sur une intersection. Je m'engage sur le mauvais chemin, mais ne m'en rends compte qu'au bout de quelques kilomètres, ce qui m'oblige à faire demi-tour et n'améliore guère mon humeur. Quand je retrouve enfin la voie qui longe le Danube, je lis sur l'un des panneaux fluviaux qu'il me reste encore la bagatelle de 2538 km à parcourir pour atteindre enfin la mer Noire. Dans l'état physique et moral où je me trouve, je vis cela comme un stress supplémentaire et ça me désespère. Je me mets à me juger négativement, estimant ne pas être à la hauteur. Face à toutes ces pollutions mentales, j'ai le réflexe salvateur de m'arrêter et de m'installer en lotus devant le fleuve pour méditer. Cela me soulage en partie et ramène un peu de sérénité en moi.

Quelques kilomètres après cette pause, je traverse un petit village où je découvre un cerisier chargé de fruits mûrs. J'en mange pas loin de deux kilos, ce qui me recharge en énergie et en joie de vivre. La sérotonine produite par la digestion lorsque l'on donne à son microbiote des fruits vivants fait un bien fou. Je passe ensuite devant une maison de retraite qui s'appelle « St Florian » et je vois cela comme un petit clin d'œil malicieux de l'Univers qui parvient à me faire esquisser un sourire après les nombreuses galères qui ont terni cette journée.

Il est presque 19 heures lorsque j'arrive dans un hameau paisible et fleuri. Je m'installe dans la cour d'une église pour méditer de nouveau. Une fois mes intentions posées pour la soirée, je tourne en rond dans les rues principales où la plupart des portes restent closes quand je frappe. J'essuie aussi quelques refus mais un monsieur à moitié ivre me donne un grand sac de fruits et légumes de son jardin, je suis gâté ! J'ai beau lui expliquer que je ne pourrai pas tout manger, il ne me comprend pas vraiment, si bien que je finis par tout prendre. Si l'homme est enclin à m'aider, sa femme, en revanche, ne souhaite pas m'héberger. Je continue donc ma route jusqu'à la sortie du village où il ne me reste plus que quelques maisons où tenter ma chance. Le jour commence à tomber, ce qui me rajoute une dose de stress supplémentaire. C'est alors que je rencontre Barbara et Andréas, tous les deux blonds et dans la quarantaine, qui souhaitent m'aider bien qu'ils ne soient pas psychologiquement prêts à me faire dormir chez eux. Après négociation, j'obtiens finalement de passer la nuit dans un transat sur leur terrasse. Après avoir installé mon lit sous un grand parapluie entouré d'une moustiquaire qu'Andréas utilise pour aller à la pêche, mes hôtes m'invitent dans une pizzeria. Avec tous les fruits que l'on m'a donnés dans le village, je me contente d'une grande assiette de crudités. Pour avoir essayé quelque temps le régime paléo, Barbara et Andréas ne sont pas surpris par mes habitudes alimentaires. Bien au contraire, c'est leur curiosité à ce sujet qui les a décidés à me recevoir. Ainsi que j'ai pu le vérifier à maintes reprises, les portes des maisons s'ouvrent plus facilement chez ceux qui ont déjà remis en question le contenu de leur assiette.

Le lendemain matin, je suis autorisé à consulter mes e-mails et à utiliser le rasoir électrique d'Andréas. Cela me fait du bien de faire tomber cette barbe de trois semaines et je me dis que cela sera peut-être plus facile de trouver un hôte en étant rasé. Le nettoyage énergétique que cela me procure m'est également profitable, et j'ai le sentiment de laisser derrière moi les colères et les malaises des journées précédentes. Puis je repars sous une pluie fine qui finit de me laver, de l'intérieur comme de l'extérieur. Cette pluie fraîche ne me gêne nullement, au contraire, je la trouve vivifiante et elle rend mes jambes plus légères. Mes sensations sont bonnes ce matin-là et je ressens une vraie joie de pouvoir courir vingt kilomètres d'une traite en deux heures, sur une route de surcroît toute goudronnée et lisse... Lorsque je n'ai pas à focaliser toute mon attention sur le sol pour faire attention aux cailloux, mon esprit peut s'évader et je prends alors plaisir à admirer les paysages. Je me rapproche d'une ville et les forêts laissent place aux champs et aux espaces dégagés. Lorsque la faim se fait sentir après une vingtaine de kilomètres, cette fois je n'hésite pas à m'arrêter dans un village. J'ai compris que je dois prendre davantage soin de moi et ne pas attendre d'avoir trop faim, sans quoi mon état va se dégrader lentement. Il est vital que j'ose demander, même si ce n'est pas facile, car ce n'est pas un voyage que je peux mener à bien en ne comptant que sur moi comme lors de mes expéditions précédentes.

Caméra à la main, je me dirige ainsi vers une porte de maison pour filmer une scène où je quémande de la nourriture. Mon moral va nettement mieux et le coup de mou semble loin derrière moi. Je sonne à la porte d'entrée en lisant le mot «*Welcome*» affiché en lettres de fer sur le mur, *je vais vite savoir si c'est réellement le cas!* me dis-je avec amusement... La dame qui m'ouvre parle un bon anglais et, même si elle me regarde bizarrement, elle me fait don de plusieurs pommes avec des noix de Grenoble. Exactement ce dont j'ai besoin! Je poursuis mon chemin avec ce butin dans les mains en attendant de trouver un endroit agréable pour me délecter de cette nourriture. Puisque rien n'est acquis sur la planète Eurotopia, j'apprends à éprouver de la gratitude pour tout ce que je reçois, y compris pour les choses les plus simples. Malgré toutes les difficultés auxquelles je fais face, rien ne remet en question le bien-fondé de mon aventure. J'ai parfaitement conscience que les épreuves sont inévitables dans une vie, et je préfère simplement les choisir plutôt que les subir. Cela fait une grande différence.

Je songe à nouveau à cette première leçon du voyage transmise dans l'écurie lors de ma première nuit le long du Danube: «Si tu te coupes des autres, tu te coupes d'une part de toi-même.» Cette leçon pourrait paraître simpliste, mais le fait de l'expérimenter pendant un tel voyage lui donne toute sa valeur. Par exemple, si je crois me protéger en évitant les contacts humains afin de m'épargner d'éventuelles réactions désagréables, je finis par m'affaiblir faute de nourriture, ce qui est tout sauf prendre soin de moi.

Eurotopia est un formidable laboratoire pour expérimenter les lois spirituelles. Ce n'est pas le cas dans notre quotidien lorsque l'on a la possibilité de vivre dans son coin en reclus. Je vois cela comme une fuite maintenant. À l'inverse, aller vers l'autre pour oser exprimer ses besoins, avec le risque de se voir opposer un refus, est une véritable leçon de vie. Pourtant, bien des gens sont déçus quand je leur dis que je compte tous les jours sur l'aide de la population pour mon voyage. Ils estiment plus noble d'uniquement se nourrir de ce que l'on trouve et de dormir dehors sans rien demander, comme un animal en somme. C'est simplement ignorer qu'il n'y a pas assez de nourriture disponible sous nos latitudes (principalement par faute de volonté publique puisque rien ne nous empêcherait de planter plus d'arbres fruitiers) pour que je puisse fonctionner de la sorte. Et puis, il ne s'agit pas d'un voyage survivaliste mais humaniste. En outre, il est contraire aux lois spirituelles de prétendre réaliser quelque chose en restant complètement seul puisque nous sommes tous interdépendants. En fin de compte, j'ai le sentiment que peu de personnes comprennent la philosophie de mon voyage et la beauté qu'il y a à compter sur la fraternité et l'entraide, et presque exclusivement sur elles, pour réaliser quelque chose de grand.

Ces réflexions me conduisent jusqu'à un nouveau carrefour, lui aussi dépourvu de panneau indiquant la VR6. Je choisis une direction au hasard, pour faire finalement demi-tour au bout de deux kilomètres, car je m'éloignais du Danube. Après ces quatre kilomètres inutiles, j'essaye une autre route, puis hésite encore à plusieurs intersections avant de réussir enfin à rejoindre le fleuve. Après avoir traversé le pont, je passe devant un local de la Croix-Rouge allemande qui, à en croire l'enseigne murale, mène des actions caritatives. Je m'y arrête pour tenter ma chance et suis reçu sans façon par plusieurs personnes en train de confectionner des repas pour les personnes démunies. Même s'ils ne comprennent pas pourquoi je refuse le pain, la viande et le fromage, je reçois des pommes, des bananes, des tomates, des pêches et même des mangues séchées, bref bien plus que ce dont j'ai besoin. Je repars ainsi avec un sac plein jusqu'à la sortie de la ville et choisis de m'installer sur un banc en face d'un champ de maïs pour déguster cette généreuse moisson.

Je redoute de devoir subir de nouveau la torturante épreuve des petits cailloux pointus, mais la VR6 me réserve en fait une allée enherbée très agréable à fouler le long du fleuve. Il est à peine 18 heures quand j'arrive dans un village où je souhaite m'arrêter. Je m'accorde une pause méditative à l'entrée du village sous un arbre, puis je me lance dans la dernière épreuve de la journée. Je fais ainsi une dizaine de portes sans succès. On me conseille régulièrement de me présenter chez un certain Siegfried qui gère des chambres d'hôtes. Faute de meilleur plan, je m'y rends sans conviction pour y être finalement assez mal reçu. Les chambres sont toutes occupées, bien évidemment… Sans perdre espoir malgré ces quelques tentatives infructueuses, j'erre au hasard des rues désertes, sous le soleil, en sifflotant des musiques de western. Je regarde à gauche et à droite, ne sachant à quel saint me vouer quand j'entends des rires qui percent le silence. Je me dis alors: *Ah! Voilà enfin de la vie! Je vais leur demander l'hospitalité.* À la porte d'entrée, toute la famille vient voir l'inconnu que je suis: la mère, le fils et les deux filles. Tous les enfants sont des étudiants en vacances scolaires chez leurs parents. Ils ont du mal à me croire et ne sont visiblement pas partants pour me recevoir. Seul le garçon, Michael, est intrigué par mon histoire alors je l'invite à consulter mon site Web, ce qu'il fait immédiatement en utilisant son téléphone. C'est lui qui, finalement, finit par convaincre sa mère de m'accepter à la maison.

À table, mes hôtes me questionnent sur mon voyage et mon alimentation. Les deux filles sont critiques à mon égard et l'ambiance est mitigée alors je préfère rester sur ma réserve sauf lorsque Michael m'interroge. Après ces échanges et une douche, Michael me conduit dans le garage aménagé où je vais passer la nuit. Je m'endors un peu déçu de l'accueil mais la satisfaction d'être à l'abri et au chaud l'emporte largement.

Le lendemain, je suis heureux de pouvoir courir presque exclusivement sur du goudron et de trouver de la nourriture en abondance sur mon parcours : je peux notamment toujours profiter des cerises car je me déplace vers le nord, suivant ainsi la maturation plus tardive de celles-ci dans cette région. Il y a beaucoup de chapelles dédiées à la Vierge dans ce secteur et je marque une petite pause de temps en temps pour les visiter. La journée se passe sans incident, si ce n'est que les cinquante kilomètres parcourus m'ont harassé. Ce soir-là, je n'ai d'autre choix que de passer la nuit dans un village peu avenant non loin d'une zone industrielle. La plupart des maisons sont barricadées derrière des grilles, cela ne présage rien de bon. Je tourne deux heures au hasard des rues avec les jambes lourdes sans trouver une seule bonne âme pour m'accueillir. L'extrême fatigue que je ressens m'aide à lâcher prise et à rester aligné quand l'attitude de certaines personnes frôle l'agressivité. On va même jusqu'à me répondre, alors que je me suis à peine présenté : « Je n'en ai rien à faire de tes problèmes. » Le soleil s'apprêtant à passer sous l'horizon, je sens la tension monter en moi et le stress me gagner. Je me résigne donc à passer au plan B en essayant alors simplement de trouver une couverture pour la nuit. Là encore, je ne récolte que des refus et, cette fois, un réel sentiment de détresse me gagne. Je me permets alors d'insister auprès d'un homme dans son jardin pour qu'il me prête juste une couverture car la météo annonce moins de 10 °C pour la nuit, mais il me répond sèchement par un « *Nein !* » odieux en tapant du pied. Je suis secoué par un tel manque d'humanité et j'en ai les larmes aux yeux. Je réunis les dernières forces qui me restent pour essayer d'autres rues. Elles me mènent vers une salle des fêtes où je rencontre un Turc touché par mon histoire qui me donne cinquante euros pour aller à l'hôtel. Je lui témoigne toute ma gratitude avant de filer tout droit au seul hôtel du village où j'apprends, dépité, qu'il est complet...

Les ombres charriées par la nuit qui s'installe font surgir des doutes et ma foi en la vie vacille. Je me sens abandonné et il ne me reste plus qu'à avancer pour ne pas me refroidir, en espérant que le prochain village ne soit pas trop loin. Passant devant l'arrière-cour d'un grand bâtiment, je remarque de la lumière et perçois des timbres de voix. Sans même laisser à ma tête le temps de se demander si c'est une bonne idée ou pas, mon corps se dirige très instinctivement droit vers ces signaux de vie. Je me retrouve ainsi devant toute une équipe de sylviculteurs polonais, dont le chef, David, parle un peu anglais. Lorsque je leur explique que je fais le même métier qu'eux en France, les langues se délient tout naturellement et ils m'invitent alors à rester avec eux pour la nuit. Quel soulagement! C'est la deuxième fois que mes collègues forestiers m'épargnent une nuit dehors dans le froid. Ces Polonais sont admiratifs de mon voyage et nous discutons jusqu'à 23 heures. David m'autorise à prendre tout ce que je veux dans le frigo et je me prépare un délicieux plat. Certains Polonais vont prendre dans leur réserve quelques fruits qu'ils m'offrent et l'on me donne également quelques euros. Ceux qui sont, ou ont été, étrangers dans un pays se mettent aisément à ma place et sont à même de comprendre ce que j'endure. Cela les rend plus enclins à la générosité que les natifs fiers de leurs convictions qui ne voient en moi qu'un parasite de la société. Les Polonais travaillent en alternance un mois en Allemagne et un mois chez eux. Quand ils sont en déplacement, ils travaillent un maximum en dépensant le moins possible. C'est pourquoi ils vivent dans un garage à peine salubre et dorment sur des petites couchettes sans confort. Elles sont toutes prises mais on me laisse le canapé du petit salon. Je ne demande pas mieux.

Ils m'avaient prévenu la veille qu'ils se lèveraient tous à 4 heures du matin pour un départ à 4h30. Nous nous disons donc au revoir à l'aube et j'entame cette nouvelle journée en courant sur un tertre enherbé qui surplombe le Danube tandis que le soleil se lève. Quelques heures plus tard, j'arrive dans une petite ville avec une certaine faim et je m'arrête dans une grande surface pour y acheter tout ce qui me fait envie. Grâce à l'argent que j'ai reçu la veille, je vais être tranquille avec la nourriture pendant plusieurs jours. En sortant du magasin, je m'attable à la terrasse d'un salon de thé avec des avocats, des bananes et des pêches. Un des clients m'offre un thé à la menthe que j'accepte avec grand plaisir. Cette pause confortable me fait le plus grand bien.

Cette portion arborée de la VR6 est très agréable et calme, mais les chemins des abords du Danube sont très caillouteux. Cependant, mes efforts des derniers jours ont payé et j'arrive désormais à marcher dessus sans trop de difficultés. Cela me permet de m'évader mentalement maintenant que toute ma concentration n'est pas mobilisée pour encaisser la douleur. Cette libération tout aussi physique que mentale me permet de prendre de la hauteur par rapport aux épreuves que je traverse. Je vois alors l'épreuve des cailloux sous un autre angle de vue, comme un exercice pratique de la vie qui m'apprend à ne pas être en réaction et dans la colère contre les vicissitudes de la vie. Ces cailloux sont comme autant d'éléments désagréables de nos vies avec lesquels j'apprends à composer. Le travail que je fais sur mes pieds a des répercussions insoupçonnées dans ma tête. Contre toute attente, marcher sur des cailloux en pleine conscience apporte plein d'enseignements et est très utile. Je remarque également qu'accepter la douleur n'a que des avantages : cela la fait diminuer et ainsi j'avance plus vite. Si bien que le calvaire dure moins longtemps.

J'en viens ensuite à reconsidérer ma responsabilité dans les situations difficiles qui m'échoient. Je sais que, selon les principes de la loi de l'attraction, je suis la source de ces expériences et qu'il est crucial de vibrer du positif pour l'attirer à soi. J'ai également conscience qu'avec les conditions ardues de ce voyage, il est au-dessus de mes forces de toujours rayonner l'optimisme et la joie de vivre. Alors j'apprends à accepter mes vibrations basses qui se manifestent dans la matière par des expériences de vie désagréables. Ma consolation c'est qu'une fois de retour chez moi, avec tout le confort retrouvé, il me sera beaucoup plus facile de vibrer du positif. C'est une des raisons qui me motivent à réaliser toutes ces aventures. Chaque fois que je rentre de celles-ci, je me sens porteur d'une énergie nouvelle et mon quotidien s'en retrouve embelli de fait, enrichi par mes souvenirs de ces traversées intimes, les expériences que j'y ai vécues et les apprentissages que j'en ai retirés.

En fin de journée, j'arrive dans un charmant village où mes pas me guident vers une maison très fleurie et accueillante. Brigitte et Tony, deux jeunes retraités, vivent ici au cœur d'un magnifique jardin. Première maison, la bonne, quelle chance ! Dans leur cour, il y a une telle abondance de fruits qu'ils me laissent manger autant de groseilles, de framboises et de cassis que je le souhaite. Je suis rapidement rejoint dans ce petit coin de paradis par les enfants du couple qui ont à peu près mon âge. Ils m'invitent à les accompagner en soirée pour la méditation hebdomadaire organisée dans un centre de yoga. Je n'ai encore jamais médité en groupe et je suis ravi de tenter l'expérience. Cette soirée en bonne compagnie me met du baume au cœur.

Le lendemain matin, j'ai droit à un petit déjeuner copieux avec des purées d'oléagineux qui répondent à mes besoins en matière grasse. Je suis reçu comme un de leurs enfants et mon départ se fait plus tardivement que d'habitude, car j'ai du mal à m'arracher à cette si réconfortante douceur pour replonger dans l'inconnu.

Dans la matinée, je rejoins une ville de moyenne taille. Je m'arrête dans une épicerie pour y acheter des fruits qui me font très envie. Je les mange assis sur les pavés d'une grande place embellie par des fontaines et des sculptures. À la sortie de la ville, j'entame une nouvelle longue portion caillouteuse, ce qui, cette fois, ne me retarde plus vraiment. Désormais, je le vis bien en apprenant à me mettre dans ma «bulle». En fin de journée, j'arrive dans la banlieue vivante et touristique de Regensburg, une ville de cent cinquante mille habitants animée par ses multiples universités qui en font une ville étudiante de premier choix. J'évite habituellement de me retrouver dans la situation d'arriver dans une grande ville en fin de journée car il est encore plus difficile de s'y loger qu'en pleine campagne. Les maisons sont moins grandes et les gens plus méfiants en général. Dans la banlieue de Regensburg, là où se trouvent encore des maisons individuelles espacées les unes des autres, je fais quelques tentatives pour me faire héberger. Je ne trouve pas ce que je cherche mais on me donne néanmoins de l'argent, ce qui m'ôte le souci de trouver de la nourriture et me permettra de faire les jours suivants des pauses agréables avec les fruits que j'aime.

Pour l'instant, cette soirée ensoleillée et chaude se veut rassurante, si bien que je ne m'inquiète pas. En outre, j'aime beaucoup l'ambiance des lieux avec tous ces étudiants pleins de vie. Je n'ai d'ailleurs jamais vu autant de personnes courir qu'en cette ville où les joggers semblent surgir de partout. Je traverse de grands parcs aux arbres majestueux avant d'arriver dans le centre-ville de Regensburg qui est le point le plus au nord de mon itinéraire. Même s'il me reste encore beaucoup de kilomètres à parcourir, c'est pour moi une étape psychologiquement importante, d'autant plus que je ne suis plus qu'à une semaine de Vienne où j'ai rendez-vous avec Florence et l'équipe de tournage.

Sur les marches qui me font quitter les berges du Danube, je rencontre deux jeunes amoureux à la mine sympathique qui engagent la conversation avec moi. Je leur explique que je suis à la recherche d'un lieu pour la nuit. Leur appartement d'étudiants est hélas trop petit mais ils me prêtent un matelas et des couvertures pour que je dorme dehors. Avec mes petites affaires sous les bras, je me rends dans un parc très agréable pour une séance de yoga sous le soleil couchant. Le corps et l'esprit détendus, je m'installe ensuite pour la nuit au bord de l'eau dans un espace protégé par de grands saules. Il s'agit de ma deuxième nuit dehors mais celle-ci est bien vécue car je l'ai choisie. En outre, j'ai pu combler mes besoins primaires en mangeant à ma faim et en me lavant dans le fleuve. Je constate qu'il ne m'en faut pas plus pour être heureux. Ce voyage a le mérite de m'enseigner le contentement avec le minimum...

8

CADEAUX AUTRICHIENS

Ma nuit dans le parc de Regensburg est troublée par le bruit permanent que la ville génère, une sorte de ronflement de moteur géant qui perturbe mon sommeil. C'est donc très peu reposé que je me lève à 5 heures pour commencer ma journée de marathonien. Je me perds dès le départ dans la banlieue de Regensburg où les intersections multiples et les zones industrielles privées m'empêchent de rester collé au Danube. Je me résigne à demander mon chemin à un piéton sympa se rendant à son travail qui me laisse utiliser le GPS de son téléphone. Après deux heures d'hésitations successives à chaque intersection, je retrouve enfin les panneaux de la VR6. Ma tension nerveuse retombe illico d'un cran. Le marathon quotidien me suffit sans que j'aie à ajouter des détours...

Cette journée marque clairement un changement de saison et l'été se fait sentir pour de bon. J'arrive encore à trouver quelques cerises mais elles sont pour la plupart passées. La nature étant bien faite, ce sont les prunes qui prennent le relais, et je les aime toutes ! En parallèle, je connais les premières chaleurs et le thermomètre monte jusqu'à 32 °C. Le bitume commence à chauffer mes pieds et les arbres sont trop rares dans ce secteur pour que je puisse me rafraîchir de leur ombre. Désormais, l'eau contenue naturellement dans les fruits ne suffit plus à m'hydrater, alors je m'arrête dans une épicerie pour y acheter de l'eau gazeuse avec du citron. S'hydrater quand on a vraiment soif est encore plus jouissif que de manger quand on a faim...

Je ne sais pas si c'est lié à une éventuelle déshydratation, mais je ressens de fortes douleurs musculaires aux cuisses, au point qu'elles me contraignent à marcher. J'ignore d'où vient le problème et je ne vois pas cela d'un très bon œil. Elles me rappellent tristement l'épisode de ma vie pendant lequel j'ai souffert d'une sciatique. Sauf que maintenant, avec l'hygiénisme, cela ne devrait théoriquement plus jamais se produire. Je prends déjà quotidiennement soin de mon corps avec les respirations Wim Hof, le yoga et des massages. Je ne vois d'autre antidote que d'augmenter la durée de ces pratiques jusqu'à la rémission complète des symptômes. Je ne peux pas me permettre une blessure en plein milieu de mon aventure alors que je prône la pleine santé par l'hygiénisme. Montrer des signes de faiblesses pourrait entacher mon message et il serait très regrettable que mon public confonde alors le message et le messager... En effet, même si tout ce que je dis au sujet de la santé est vrai, ce ne sont pas quelques années de pratique qui peuvent compenser plus de trente ans d'une vie «classique» et balayer d'un coup les conséquences néfastes de toutes mes anciennes habitudes, notamment alimentaires.

Je me rapproche de l'Autriche et les paysages deviennent de plus en plus vallonnés. J'ai hâte de mettre les pieds dans un nouveau pays, ne serait-ce que pour constater l'avancement de mon projet. Vers 13 heures, je foule les pavés du quartier médiéval d'une ville à l'heure où les forains vendent fruits et légumes. Comme j'ai bénéficié de dons pécuniaires ces derniers jours, je peux m'offrir le luxe de manger ce qui me fait envie. À un stand, je lorgne des olives qui m'attirent autant par leur aspect que par l'appétissante odeur qu'elles dégagent. Le vendeur me dit que je dois porter un masque si je veux être servi. En réponse à mes protestations face à ces obligations absurdes, il m'explique qu'il risque une amende. Je préfère alors aller plus loin que de me soumettre. Après avoir trouvé un primeur qui accepte de me vendre des fruits sans masque, je vais m'installer auprès d'une fontaine pour savourer lentement chaque bouchée de mon butin. Je me fais la réflexion que vivre dans le dénuement me permet de tout apprécier davantage, au point que des activités banales comme dormir dans un lit ou manger un fruit deviennent des expériences quasi orgasmiques. En fin de compte, la gratitude et une vie spirituelle entretenue recèlent des trésors qui surpassent le confort des vies modernes. Jamais je n'ai été aussi proche de ressentir dans ma chair le sens de cette célèbre réplique de Diogène, faite à Alexandre le Grand venu lui apporter son aide: «Ôte-toi de mon soleil.» Devant moi, une petite fille sachant à peine marcher me voit pieds nus et demande à sa maman de faire pareil. Tenant sa maman par la main, elle me fait ensuite une jolie risette en partant jouer vers les jets d'eau qui jaillissent du sol. Cette belle et insouciante scène m'aide à ne plus penser à la folie des masques.

Je reprends ensuite ma course sous un soleil de plomb avec des quadriceps qui me tirent douloureusement à chaque foulée, tant et si bien que je me retrouve obligé d'alterner la marche avec de courts épisodes de course claudicante. Après avoir traversé plusieurs champs de maïs interminables sans la moindre parcelle d'ombre, j'arrive dans un petit village où l'église indique 15 heures. Un court calcul approximatif me fait prendre conscience du fait que je n'ai parcouru que quinze kilomètres, malgré mon départ matinal sur les coups de 5 heures. Je comprends alors que mon corps est épuisé et qu'il est inutile d'insister, j'ai simplement besoin de repos. Comme l'Univers conspire en notre faveur dès lors que l'on suit Sa voie, il y a justement un hôtel à côté de l'église qui me tend les bras, et il me reste juste assez d'argent pour m'offrir une chambre. Je suis dans un tel état de fatigue que je ne me vois pas du tout demander l'hospitalité. C'est d'ailleurs dans ce but que j'avais conservé une somme d'argent, comme un joker, pour me payer l'hôtel en cas de coup dur. C'est une seconde nature chez moi que de toujours donner le meilleur de moi-même sans avoir la présence d'esprit de sentir quand je dépasse ma capacité adaptative. Si bien que je me retrouve régulièrement dans ma vie quotidienne à avoir de surprenants gros coups de fatigue après des épisodes de grande énergie. Quand je suis dans cette situation, je sais que je n'ai rien d'autre à faire que de me reposer pour régénérer mon système nerveux épuisé. Sitôt reçu le message selon lequel je dois me reposer, quand bien même il est encore tôt, je paye ma chambre d'hôtel et me mets directement au lit, jusqu'au lendemain matin. Rien de tel qu'une bonne cure de sommeil pour se revitaliser en profondeur.

Nous sommes le 11 juillet et j'ai déjà un mois de voyage au compteur. Après les difficultés de la veille, j'aspire profondément à une journée facile, ce qui ne m'est pas souvent arrivé. Je suis optimiste quant à l'exaucement de mon souhait car mes quadriceps sont nettement moins douloureux et mes pieds ne me font plus souffrir sur les parties caillouteuses. C'est bon pour mon moral de constater que ceux-ci s'endurcissent et que tous les efforts que je fournis pour me réadapter à une vie naturelle ne sont pas vains. Tout au long de la journée, je suis plus attentif que d'ordinaire aux signaux de fatigue de mon corps afin de préserver mes cuisses d'un effort excessif qui retarderait leur bon rétablissement.

Au cours de la méditation vespérale qui précède la recherche d'un logis pour la nuit, je pose, avec plus de ferveur que d'ordinaire, l'intention d'être bien entouré, de manger ce que j'aime et d'avoir accès à Internet. Je quitte ensuite la posture du lotus pour tenter ma chance en frappant à quelques portes dans un village. Elles demeurent le plus souvent closes, au mieux j'écope d'un refus. Je reste cependant profondément serein, j'ai compris que je ne peux plus me permettre le luxe de gaspiller de l'énergie avec des peurs ou des contrariétés. À la dixième porte, je me retrouve face à un grand gaillard souriant qui m'accueille les bras ouverts, avant même que j'ouvre la bouche, par un: «Ah!! *Jesus is back*!...» Je présage alors que j'ai frappé à la bonne porte. En effet, je n'ai pas besoin d'user de beaucoup d'arguments, il semble déjà gagné à ma cause et m'invite chez lui après s'être assuré que sa femme est d'accord. Je reçois alors tout ce que j'avais visualisé pendant ma méditation une heure auparavant: une bonne ambiance, une douche, un repas et l'accès à Internet. Mon hôte Tony est si prévenant qu'il me demande même s'il peut mettre de la musique pour que l'on danse dessus. En échange de toutes ces attentions, je prépare à mes hôtes un repas entièrement végétal et vivant qu'ils sont surpris de trouver aussi bon et nourrissant. C'est l'un des meilleurs accueils reçus sur Eurotopia et je remercie l'Univers d'avoir répondu aussi favorablement à ma demande. Tony s'excuse cependant de me faire dormir dehors sous sa terrasse car il souffre de paranoïa et il se sent bloqué à l'idée de faire dormir un inconnu dans sa maison. Il s'est surpris lui-même en s'entendant m'inviter à entrer chez lui, c'est la première fois de sa vie qu'il fait cela et il s'en étonne encore. Je lui assure que je serai confortablement installé avec le matelas et les couvertures mis à ma disposition sous la terrasse. Je lui précise aussi que je suis habitué à dormir dehors et que cela ne me gêne nullement, l'important pour moi étant d'être à l'abri et au chaud. J'ajoute, avec un peu de malice, qu'il n'est peut-être pas plus paranoïaque que les autres mais qu'il est, lui, assez lucide pour le voir...

Via Internet, je me suis engagé auprès de l'équipe de tournage à être à Vienne dans neuf jours. Cette pression supplémentaire de devoir arriver dans les temps est pesante mais nécessaire pour les besoins de la logistique. Heureusement, après la nuit passée chez Tony, mes jambes sont redevenues légères et exemptes de douleurs, je vais donc pouvoir à nouveau réaliser de grosses journées. Je ressens néanmoins le besoin de purger les acides qui sont responsables des algies ressenties les jours derniers et qui maintiennent un terrain propice aux états inflammatoires. Hélas, je me suis débarrassé de mes sachets de sulfate de magnésium car ils étaient trop encombrants. En attendant d'être réapprovisionné par l'équipe de tournage, je mange en quantité des merises, des petits fruits qui, comme tous les autres fruits au goût acide, ont la propriété d'être anti-inflammatoires. D'ailleurs, contrairement à d'habitude, je me sens très attiré par les fruits acides. Ce n'est pas un hasard: dès qu'un aliment est végétal et vivant, notre corps comprend ce qu'on lui donne et il est alors capable de nous dire instinctivement si on en a besoin ou pas. Comment nous le dit-il? Tout simplement en nous faisant aimer les aliments dont on a justement besoin! La citation d'Hippocrate, «que l'aliment soit ton médicament», prend tout son sens avec l'alimentation vivante, ce qui n'est pas vrai avec les aliments cuits ou d'origine animale pour lesquels notre instinct fonctionne à l'envers et nous attire vers ce qui nous empoisonne le plus.

La journée ensoleillée, comme presque tous les jours sur Eurotopia, se passe sans anicroches. L'âme en paix, j'observe avec joie les montagnes autrichiennes se rapprocher petit à petit. Je m'efforce simplement de conserver autant que possible un état de décontraction profond pour parcourir un maximum de kilomètres sans réveiller de douleurs musculaires.

En fin de journée, j'arrive dans un village où mon attention se porte vers une maison en apparence quelconque. Mon intuition m'incite fortement à m'y rendre directement en ignorant les autres domiciles. Hélas, elle semble vide et personne ne m'ouvre, seul le silence me répond. Je continue ma prospection et je jette alors mon dévolu sur une autre demeure pleine de charme, entourée d'arbres et avec vue sur un étang. J'y rencontre un couple âgé d'une cinquantaine d'années en train de jardiner. Je les sens enclins à essayer de vivre et penser différemment. Par exemple en mangeant local et en s'engageant dans des projets dits «alternatifs». Mon intuition me dit que j'ai mes chances mais que ce n'est pas gagné... En effet, ils sont séduits par mon aventure mais le mari fait une sorte de blocage. Après avoir longuement hésité, il finit par trouver une excuse pour ne pas m'héberger. On m'apporte néanmoins de nombreux fruits mûrs dont je me délecte. Monica, sa femme, me pose cette question que j'entends tous les jours: «Pourquoi fais-tu ce voyage?» Je lui réponds que c'est pour montrer tout ce que l'on peut faire sans rien dans une société toujours plus dépendante des technologies et toujours plus empêtrée dans la peur d'oser ou de mourir. Monica, jusque-là très enthousiaste, devient alors critique, comme pour justifier le refus de son mari. Elle me dit que je voyage peut-être sans rien sur moi mais que, tous les jours, je dépends entièrement des gens qui, eux, possèdent des biens. J'essaye de lui présenter la situation sous un angle plus large en lui expliquant que tout ce qu'elle possède (ou plutôt croit posséder), c'est en fait la vie qui le lui a donné, de la même façon qu'elle me donne tous les soirs le gîte et le couvert. Que ce n'est pas parce qu'elle a travaillé pour acheter sa maison et construire sa vie de famille que ce n'est pas la vie qui lui a fait un cadeau en lui permettant d'avoir cela. Moi aussi je travaille, dur d'ailleurs, et ce tous les jours pour pouvoir prétendre à recevoir gratuitement l'hospitalité, en courant un marathon quotidiennement, en réalisant un film et un livre qui participent à un changement vital des consciences. Je n'ai vraiment pas le sentiment de voler ma soupe et mon lit. Je précise à Monica que tout ce qu'elle considère comme acquis grâce à son travail et son argent, la vie peut le lui reprendre très facilement: une maladie, une tempête, un accident, etc., peuvent soudainement nous reprendre tout ce que l'on croit, à tort, avoir acquis par nos seules forces. Mes propos déplaisent à Monica qui ne veut pas voir la vie sous cet angle alors j'abrège la conversation; après tout, ce n'est pas sur elle que je peux compter pour m'héberger ce soir-là et il n'y a pas de temps à perdre pour trouver un hôte, le soleil se rapprochant dangereusement de l'horizon.

Je les remercie alors pour les fruits, puis je prends congé d'eux. J'effectue ensuite un tour complet du village, sans parvenir à trouver une maison qui me plaise vraiment, et mes quelques prises de contact, opérées sans conviction, sont infructueuses. Les gens me disent d'aller à l'hôtel quand bien même je leur précise ne pas avoir d'argent. Je me suis habitué à ce paradoxe apparent qui n'a rien à voir avec un problème de langue. *Grosso modo,* cela signifie que ce n'est pas leur problème. Je reviens finalement toquer à cette toute première maison qui m'avait fait de l'œil en arrivant. Personne ne répond mais une bruyante animation règne désormais dans l'arrière-cour. J'imagine que l'on n'entend pas la sonnette alors je contourne le bâtiment et je débarque devant une vingtaine de personnes en train de faire la fête avec de l'alcool et de la musique. Face à leur stupéfaction, je me présente sans me laisser impressionner; il semblerait que j'aie mis les pieds dans une réunion entre voisins pour un anniversaire. Tous les adultes sont bien éméchés et on me propose une bière. Je refuse poliment mais les vibrations sont bonnes et j'ai bon espoir d'être invité. Ils se concertent pour trouver une solution à mon problème puis, après avoir évoqué différentes possibilités, ils se cotisent finalement pour me payer l'hôtel. Il est à quelques kilomètres, sur ma route en plus, une chance. C'est Max, un ado sportif de 16 ans, qui se propose de me guider jusque-là. Après les avoir tous chaudement remerciés pour leur générosité, Max et moi partons en courant. Nous faisons connaissance en chemin et je suis impressionné par sa maturité et son excellent anglais. J'apprends qu'il pratique la méthode Wim Hof et qu'il souhaite quitter le système scolaire dès l'année suivante pour réaliser un tour du monde sans argent. Bien qu'il soit premier de sa classe, il est parfaitement conscient du formatage qu'opère l'école sur les esprits et ne tient pas à se laisser influencer davantage. En outre, son père souffre d'une maladie auto-immune qui le handicape fortement et Max se pose naturellement des questions existentielles pour donner du sens à cette maladie. Et ce n'est pas l'école qui va lui apporter les réponses dont il a besoin... Nous avons donc beaucoup de choses à nous dire dans le bar-restaurant de l'hôtel où Max m'a invité pour le dîner. Nous nous séparons vers 22h30 à l'heure de fermeture du bar et je lui donne mon adresse en France pour qu'il vienne un jour me rendre visite s'il le souhaite. Avant de rentrer chez lui, Max me donne cinquante euros supplémentaires pour me payer un hôtel ultérieurement, si d'aventure je rencontrais des difficultés à me loger. Je regagne ensuite ma chambre d'hôtel, émerveillé de rencontrer autant de belles personnes et de pouvoir vivre toutes ces aventures qui nourrissent mon âme...

Par prudence pour mes cuisses, le lendemain matin je réalise une heure de respirations Wim Hof qui ont la vertu d'être anti-inflammatoires. Mes premiers pas de la journée, sans aucune douleur, me confirment que la contracture n'est plus qu'un mauvais souvenir. Je vais ainsi pouvoir continuer à réaliser de longues journées de course. Quelques heures après le départ, j'arrive sur une portion caillouteuse et je me mets à marcher. Je rencontre à ce moment-là un groupe de cyclistes allemands qui s'arrêtent à ma hauteur et me posent des questions sur mon voyage avant de repartir à vive allure. Un quart d'heure plus tard, je découvre, suspendu à un piquet, un sac avec la mention «Pour le randonneur français», contenant quelques cadeaux: une banane, de l'eau, des biscuits, un sandwich et une barre de céréales. Même s'il n'y a que la banane qui, à mes yeux, est propre à la consommation, j'apprécie particulièrement cette chaleureuse attention qui me nourrit à elle seule bien plus que la nourriture physique.

La présence du soleil et ma bonne forme physique me permettent de traverser Passau tôt dans l'après-midi, ce qui m'épargne la corvée de passer une nuit en milieu urbain. Passau est une ville universitaire et un centre touristique avec de nombreuses navettes et croisières pour Vienne et Budapest qui semblent reprendre vie après la levée du confinement. Je pensais passer la frontière autrichienne à cet endroit mais la signalisation imprécise de la VR6 me fait continuer sur la rive nord du Danube, si bien que je reste encore un peu en Allemagne.

En cette fin de journée, j'apprécie particulièrement la route goudronnée parfaitement lisse que je foule de mes pieds nus au doux rythme qui m'est propre, sans pression aucune. J'arrive à Obernzell où je marque une pause dans un champ sous un magnifique prunier pour faire le plein de carburant. Puis je repars en marchant lentement, comme aux aguets, car il est l'heure pour moi de trouver un toit. Ma première tentative s'avère être la bonne, un vigneron et sa femme acceptent gentiment de m'accueillir dans leur grande et luxueuse maison. Ils m'installent dans un petit bâtiment avec chambre et cuisine équipée, avant de m'apporter toute la nourriture dont j'ai besoin. En fin de compte, la première et la dernière nuit en Allemagne auront été les plus chaleureuses de toutes. Je garderai ainsi un très bon souvenir de ce pays.

Le lendemain matin, le 14 juillet, après quelques kilomètres, je franchis une nouvelle étape en mettant les pieds en Autriche. Je ne vois pas la frontière mais je suis informé de ce passage par le changement soudain de présentation des panneaux de la VR6. Je me retourne alors face à l'Allemagne pour la remercier, ainsi que les Allemands, de m'avoir nourri et logé tous les jours, et que tout se soit bien passé. Sous un soleil triomphant haut et fort dans le ciel, je me sens heureux et fier d'avoir traversé le troisième pays de mon voyage. J'ai maintenant hâte de découvrir l'Autriche et ses habitants. Le ton est donné dès les premiers kilomètres avec un couple de cyclistes suisses restés bouches bées par mon histoire et qui me donnent un peu d'argent, rencontre faite alors que j'étais en train de filmer ma course. C'est une chance incroyable de pouvoir capturer ainsi leurs réactions très naturelles et démonstratives qui, j'en suis sûr, feront une superbe scène pour le film. Je l'interprète comme un joli message de bienvenue dans ce pays.

Vers midi, je marque une pause casse-croûte sous un prunier chargé de fruits mûrs, juste en face d'un restaurant où de nombreux cyclistes font halte. Deux d'entre eux, la soixantaine environ, s'arrêtent à ma hauteur pour me demander si les fruits que je mange sont vraiment comestibles et quel est leur nom. Je les invite alors à venir les goûter mais je les vois choisir des prunes encore vertes sur l'arbre au lieu de les choisir par terre. Je me lève alors pour leur montrer comment on choisit des fruits mûrs. Je gaule vigoureusement le tronc et une centaine de prunes dégringolent. Les cyclistes en goûtent quelques-unes avant de rentrer, à leur tour, dans le restaurant. Quelle drôle d'époque, me dis-je… où les gens, par ignorance, vont acheter des aliments toxiques pour leur corps alors qu'il y a de la vraie nourriture gratuite juste à côté d'eux…

Je découvre avec émerveillement les trésors de l'Autriche : fruits à profusion, montagnes couvertes d'arbres, eaux scintillantes sous le soleil, population sympathique, route lisse et à l'écart de la circulation. Que demander de plus ? Je ne le vois pas ! Je profite au maximum de ce moment paradisiaque où tous les paramètres de l'équation sont réunis. La chaleur est également au rendez-vous, alors j'utilise mon argent de poche pour m'arrêter boire de l'eau gazeuse dans un bar et en même temps marquer une pause. Je poursuis ma journée de course jusqu'au moment où le soleil se cache derrière les petites montagnes qui enserrent le Danube. Le prochain village est encore loin mais, heureusement, je trouve régulièrement sur ma route des maisons idéalement placées entre le fleuve et la montagne.

Ma première tentative d'hébergement se révèle être la bonne ce soir-là aussi ! J'ai décidément du flair ces derniers jours. Mon mental s'enorgueillit en se disant que je dois avoir enfin calibré mon intuition pour aller où il faut du premier coup. Dans ce coin magnifique où le Danube décrit des méandres au cœur des montagnes, je suis convié à un repas composé de légumes du jardin chez un jeune couple avec deux enfants qui veulent jouer avec moi et me présenter leur maison. Pour la nuit, on m'installe à l'extérieur un lit de fortune sur une chaise longue avec des couvertures. Cela me fait toujours un peu bizarre de dormir dehors derrière une porte close quand on m'invite mais je me contente parfaitement de cette situation.

Au petit matin, à peine ai-je couru quelques kilomètres que j'arrive dans un endroit spectaculaire, dans une courbe du Danube, au moment précis où le soleil s'élève au-dessus des montagnes pour inonder le fleuve d'une lumière dorée. Sans même le décider consciemment, je m'arrête dans mon élan pour contempler ce spectacle magique qui se produit pourtant chaque jour sur terre. Je m'approche du fleuve et m'assois en lotus sur une roche plate pour une méditation de gratitude durant laquelle je remercie la vie pour tout ce qu'elle m'offre.

Le soleil tape fort tandis que j'avance sur de longues portions en ligne droite. La VR6 est à l'écart de la circulation et elle n'est dans cette région qu'une piste cyclable bien fléchée avec un revêtement lisse délicieux pour les pieds. Paradoxalement, c'est souvent quand les conditions idéales sont réunies que je ressens le plus la fatigue. Sans doute qu'il n'y a que sur ce désagrément que mon mental peut alors accrocher. Et puis, que les conditions soient bonnes ou pas, courir un marathon par jour sans aucune assistance se révèle être une expérience hors du commun et je peux ressentir dans ma chair à quel point elle est intense… C'est dans les moments où je n'ai pas à lutter contre de quelconques éléments que je peux pleinement me connecter à mon ressenti.

Tandis que je puise en moi les ressources pour avancer à un rythme régulier, je discute sur un petit bout de chemin avec quatre cyclistes. Nous sympathisons et comme c'est l'heure de leur pause déjeuner, ils m'invitent dans un restaurant non loin. Ils partent devant pour réserver et, trente minutes plus tard, je les retrouve sur la terrasse d'un bar-restaurant où l'on m'offre du citron avec de l'eau gazeuse ainsi qu'une grande assiette de crudités. Ce présent me revigore autant sur le plan physique que sur le plan émotionnel, et je me sens à nouveau empli de gratitude envers la vie.

Quand je quitte le restaurant, le vent se lève et un changement de météo s'annonce. Je complète mon repas du midi avec quelques pommes trouvées en chemin et j'arrive en fin d'après-midi à Linz, une ville de vingt mille habitants, la troisième plus grande d'Autriche. Comme je préfère éviter d'entrer dans une grande ville en fin de journée, je continue toutefois d'enquiller les kilomètres sans perdre de temps afin de quitter la ville au plus vite et pouvoir me retrouver enfin dans la campagne. Le relief devient plat tandis que le ciel se couvre de nuages gris uniformes. Le prochain village est loin de Linz pour moi qui suis à pied, et cela me contraint à dépasser les cinquante kilomètres dans la journée. C'est donc les pieds fort fatigués que j'arrive à Lifer où je demande de l'aide à des femmes discutant dans un parc; elles m'indiquent la maison d'un globe-trotter susceptible de m'accueillir. C'est ainsi que je fais la connaissance de Manfred et de sa femme Monika. Manfred aime boire et il pense trouver en moi un joyeux drille pour l'accompagner. Il semble déçu quand je lui apprends que non seulement je ne bois pas, mais qu'en plus je ne mange ni viande ni poisson. Il aurait bien aimé partager avec moi les poissons qu'il a lui-même pêchés dans le Danube et grillés au barbecue. Mes choix en matière d'alimentation sont bien définis et même si j'essaye de faire passer le message de la manière la plus douce qui soit, je reste ferme face à son insistance. Quelque part, je crains qu'il ne me mette à la porte. Heureusement il n'en est rien et sa femme, bien que beaucoup moins volubile que lui, est contente elle aussi de m'accueillir. Même si je ne trinque pas ni ne mange de son poisson, Manfred se rattrape en me faisant découvrir son potager bien entretenu et productif. Il en extrait des tomates de plusieurs variétés avec de la salade et des abricots mûrs à point. Comme chaque soir, je trouve finalement de quoi me composer un repas végétal et vivant qui soit nourrissant.

Pour la nuit, on m'installe dans un magnifique cabanon en bois qui sert de chambre d'ami. Il est décoré de manière cosy et équipé de tout le confort nécessaire, y compris d'un petit coin cuisine avec frigo. C'est le grand luxe par rapport à ce que j'ai pu parfois connaître et je me sens comme à la maison. Bercé par le crépitement de la pluie sur les fenêtres et le toit de la petite cabane, je m'endors rapidement.

Dans la nuit, je suis réveillé par un mal de gorge et je sens qu'une crise d'élimination pointe son nez. Un rhume, une grippe, une bronchite, la diarrhée, etc., sont des maladies salutaires à l'organisme et dont la fonction (d'où l'appellation de maladies fonctionnelles) est de libérer l'organisme des toxines qui l'encombrent. Ces toxines en excès dans l'organisme favorisent le développement de certains germes que l'on accuse à tort de nos maux alors qu'ils ne seraient pas capables de se développer sur un terrain sain, c'est-à-dire sans toxines. Si je ne fais rien, je sais que j'en ai pour une semaine à me traîner ce mal alors que si je purge et que je jeûne une journée, l'excès de mucus qui essaye de sortir par ma gorge va pouvoir sortir avec une diarrhée et en vingt-quatre heures seulement la crise sera passée. Le calcul est vite fait, il est de loin préférable de prendre du ricin, même si ce n'est pas toujours facile à avaler. Alors je m'extirpe de la douce chaleur des couvertures pour méditer en tailleur quelques minutes sur la descente de lit. Une fois prêt, j'avale d'une traite le ricin que je conservais dans une petite fiole avant de retourner me coucher.

À mon réveil il pleut encore et comme je dois rester en jeûne sec jusqu'au soir pour que le ricin fasse effet, je ne suis pas du tout motivé pour partir. Je vais voir Manfred et Monika pour leur dire que je suis malade et que j'aimerais rester une nuit de plus chez eux s'ils n'y voient pas d'inconvénients. Cela ne les dérange nullement, au contraire. Manfred part alors faire des courses pour me rapporter une pastèque, du melon, du raisin et des bananes en plus de ses fruits et légumes du jardin. Et à son retour, nous dansons sur la musique préférée de Manfred, le reggae. Il y a un côté surréaliste à enchaîner, chaque jour, et ce depuis plus d'un mois, tant de moments de vie aux ambiances aussi différentes.

Monika travaille à domicile comme masseuse et son client du matin vient tout juste d'annuler au dernier moment. Comme nous ne croyons aux coïncidences ni l'un ni l'autre, elle m'invite à m'installer sur sa table de massage pour prendre la place qui vient de se libérer. Comme lors de ma précédente pause dix jours plus tôt, l'Univers prend soin de moi et semble guider mon aventure jusque dans ses plus infimes détails… Je me sens vraiment bien reçu chez ce couple, ce qui m'aide à relâcher toutes les tensions, comme si le voyage était en pause. Et quand j'observe à travers la fenêtre la pluie se déverser par bourrasques, je m'estime bien chanceux. C'est si bon d'être à l'abri et au chaud lorsqu'il y a des intempéries ! Ces choses simples et vitales de nos existences modernes, que nous considérons à tort comme étant acquises de fait, je les savoure toutes de manière décuplée. C'est toute la vie qui a plus de saveur lorsque l'on ne possède rien, c'est très troublant comme expérience…

En début d'après-midi, le ricin fait son effet et je vais plusieurs fois aux toilettes pour évacuer de gros paquets de mucus. Tandis que je consulte mes e-mails, Manfred vient vers moi avec un air mystérieux sur le visage et me pose cette question : « Quelles sont les deux choses les plus importantes à tes yeux ? » Cette question fait écho aux enseignements que m'a déjà apportés ce voyage et je lui réponds du tac au tac : « Voir l'amour en toute chose et faire quelque chose d'utile.» J'ai en effet compris intellectuellement, à défaut de le ressentir systématiquement, que derrière chaque acte d'un être humain se cache l'amour. Même derrière un acte de violence se cache une détresse, celle de ne pas se sentir aimé ou compris, par exemple. Ma réponse semble satisfaire mon hôte qui décide alors de me dévoiler la symbolique de mon prénom, science qu'il a apprise au cours d'un séminaire. D'après celle-ci, les lettres qui composent FLORIAN signifieraient donc:

F: *Le serpent et sa morsure.*
L: *Le lion et sa force.*
O: *La tête et sa pensée logique.*
R: *La langue et la communication.*
I: *Le bâton qui aide sur le chemin.*
A: *La pointe de flèche et la vigilance face aux informations extérieures.*
N: *L'eau et la sagesse.*

Comme j'arrive à mi-parcours de mon expédition, cette journée de repos m'invite naturellement à faire le point sur ces premières semaines de voyage et à donner sur mon site Internet des nouvelles que j'exprime en ces termes:

«Ces deux dernières semaines se sont écoulées dans une dimension parallèle, sur cette planète Eurotopia où toute l'énergie est focalisée vers un unique objectif: rejoindre la mer Noire. Il s'agit d'un chemin plein de vagues et de creux. Que ce soient mon niveau d'énergie, la sensibilité de mes pieds, les raideurs aux cuisses, en ce qui concerne mon ressenti. Que ce soient les éléments, le soleil ou la pluie, les villes bétonnées et bruyantes ou la douceur du Danube bordé d'arbres pour ce qui m'entoure. Que ce soit le rejet ou bien l'accueil fraternel pour ce qui est des rencontres. Chaque journée est un mélange de ces émotions et sensations que j'observe en permanence en prenant du recul. Très différente de mes voyages précédents qui avaient lieu là où ne vivent que peu d'êtres humains, il s'agit ici d'une aventure au cœur de la civilisation et je la vis comme un voyage initiatique. J'apprends plus que jamais à me faire confiance et à faire confiance à la vie. Et je vérifie chaque jour que plus on croit et plus on reçoit. Chaque jour je reçois tout ce qu'il me faut, et ce de plus en plus, sans même avoir à le demander. Que ce soit pour trouver mon chemin, réparer mon peu de matériel, prendre soin de moi, avoir accès à Internet, être logé chez une famille sympathique, manger quelque chose dont j'ai envie ou rencontrer quelqu'un que mon histoire va inspirer, tout se met en place avec tant d'harmonie que cela me semble, certaines fois, surnaturel… »

Les raisons, nébuleuses au début, qui m'ont poussé à partir sont désormais très claires : si, au départ, j'ai simplement accepté de suivre cette forte intuition qui me disait de vivre cette expérience, je me rends compte jour après jour de la richesse des enseignements qu'elle m'offre sur la route, et je m'emplis peu à peu de paisibles certitudes. Je ne doute désormais plus des choix que j'aurai à faire à mon retour. Au cours de ce voyage où j'ai supprimé toute source de distraction et tout superflu, les projets qui m'apportent réellement de la joie me sont apparus très distinctement, tout comme les moyens de les réaliser. Ces moyens sont la confiance en soi et en la vie. Tout est là. Car moins on doute que l'on va y arriver et plus les pièces du puzzle se mettent facilement en place.

Plus je crois que je vais obtenir ce dont j'ai besoin et plus je l'obtiens facilement. Cette loi de l'Univers, je la vérifie chaque jour avec émerveillement. L'autre règle est de ne rien présupposer sur les moyens qui seront mis en œuvre pour parvenir à ses fins car la vie est imprévisible et c'est là que le doute peut alors insidieusement s'immiscer…

Lors de ma dernière soirée chez Manfred et Monika, nous dînons tous les trois ensemble, eux avec le poisson du Danube et de l'alimentation traditionnelle, moi avec le reste de fruits apportés par Manfred ainsi qu'une assiette de crudités provenant du jardin. Si cette pause en très bonne compagnie m'a fait beaucoup de bien, il ne me reste plus que quatre jours pour couvrir les deux cents kilomètres qui me séparent de Vienne, afin d'être à l'heure au rendez-vous fixé avec l'équipe de tournage. C'est un gros challenge qui m'inquiète un peu, mais la perspective de pouvoir passer deux jours de repos à Vienne avec ma compagne et Tprod l'emporte sur mes craintes. Afin de mettre toutes les chances de mon côté, je pose l'intention de parcourir cinquante kilomètres par jour jusqu'à Vienne de manière fluide, sans douleur et sans entrer dans une quelconque lutte.

Le changement de temps vers la pluie qui a débuté la veille perdure encore trois jours, ce qui m'aide à courir longtemps car le froid me saisit dès que je m'arrête. Heureusement que la purge a fonctionné et que je ne traîne pas avec moi un mal de gorge. Mis à part les précipitations, les conditions sont bonnes car la VR6 est bien fléchée et elle traverse principalement des espaces calmes réservés aux piétons et aux cyclistes. La nourriture ne manque pas grâce aux immenses vergers d'abricotiers dont je ne soupçonnais pas l'existence dans ce pays. Je me nourris ainsi très facilement avec des fruits d'excellente qualité. Le temps des cerises est révolu mais je me suis vite consolé grâce à ces délicieux abricots ! Cependant, la fraîcheur apportée par la pluie me donne faim de gras et, comme j'ai la chance d'avoir toujours un peu d'argent sur moi, je m'arrête dans des magasins pour acheter des olives, des avocats et des fruits à coque. Mon alimentation est brute et presque sans mélanges mais je trouve tout ce dont j'ai besoin.

En fin de journée, grâce à l'argent donné par Max quelques jours plus tôt, je m'offre une chambre d'hôtel dans un village où personne ne veut de moi. Je gardais religieusement cette petite somme comme un joker. Je pensais pourtant que la pluie jouerait en ma faveur et que les portes s'ouvriraient ainsi plus facilement mais il n'en est rien. Mon joker posé sur le comptoir, il ne me reste alors plus que quelques euros que j'utilise pour me réchauffer en buvant une tisane au miel dans le bar de l'hôtel. Cela constitue mon unique repas du soir. Je regagne ensuite ma chambre qui donne sur le Danube, alors dissimulé derrière une brume épaisse. À défaut de manger, je me couche de bonne heure pour regagner un maximum de forces. Plus que trois jours avant Vienne...

Le lendemain, une journée identique à la précédente m'attend, si ce n'est que l'orage s'invite et que je cours par moments sous des trombes d'eau avec pour seul carburant plusieurs kilos d'abricots glanés sur le sol des vergers ou aux abords des maisons. Et dans la soirée, c'est avec mes habits tout trempés que je pars à la recherche d'un nouveau foyer d'accueil. Je tourne en rond pendant une heure dans un village où je reçois un peu d'argent, des fruits, mais hélas aussi quelques regards effrayés de personnes qui referment leur porte à double tour après avoir prestement décliné ma demande d'hospitalité. Je ne me formalise plus pour si peu et je reste confiant, même si la fatigue me pèse. Ces pérégrinations me mènent jusqu'à la porte de Marie et Pablo, un couple de retraités. Marie est autrichienne et a travaillé pendant vingt ans dans un orphelinat au Guatemala où elle a rencontré Pablo. Ils ont quatre enfants qui ne sont pas chez eux actuellement mais je suis reçu comme l'un des leurs et ils m'offrent tout ce dont j'ai besoin: une douche, un repas et un lit pour la nuit. Marie et Pablo sont très curieux de ma manière de m'alimenter, d'autant plus que Pablo se sent en meilleure santé quand il retourne au Guatemala où il vit pieds nus et mange beaucoup de fruits. Alors qu'ici en Autriche, ils souffrent d'inflammations chroniques, même s'ils mangent beaucoup d'aliments du jardin, mais tous cuits en soupes ou en confitures. Depuis que j'ai quitté la France, cela n'arrive pas si souvent que mes hôtes manifestent ainsi le désir d'en savoir plus sur l'alimentation vivante, alors je me fais un plaisir de leur présenter un court exposé sur le sujet. Nous parvenons à nous comprendre grâce au traducteur de leur iPad car je ne parle ni allemand ni espagnol. Après ces quelques notions d'hygiénisme partagées, je fais un soin énergétique à Pablo au niveau de son coude qui lui fait mal jour et nuit.

La trente-neuvième journée est encore pluvieuse et les lambeaux de brume qui se détachent nonchalamment des montagnes font comme une haie d'honneur au Danube. Cette fraîcheur est un stimulant qui m'aide à avancer vite, je parcours ainsi cinquante kilomètres en à peine six heures, en traversant d'immenses vergers productifs qui me donnent l'impression d'être au jardin d'Éden. Il y a autour de moi des pommes, des poires, des raisins et des abricots par milliers. Difficile d'imaginer meilleur endroit à parcourir dans le plus grand dénuement comme je le fais ! Vienne est encore distante de cinquante-cinq kilomètres quand je décide de faire une pause dans un restaurant isolé en pleine nature au bord du Danube. Le soleil se montre enfin tandis que je m'offre une grosse assiette de crudités. Rien de très calorique, mais le plaisir gustatif éprouvé par mes papilles irradie jusque dans ma tête et mon corps.

Je préfère courir un maximum de kilomètres dans la journée afin de ne pas arriver trop tard à Vienne le lendemain, et pouvoir ainsi profiter de mes amis le plus longtemps possible. Mon corps, lui, n'est pas du tout du même avis et souhaite se reposer après cette longue journée où je l'ai beaucoup sollicité. Mais je me trouve en plein cœur d'une grande étendue forestière inhabitée, exception faite de quelques centres touristiques, et je n'ai donc pas d'autre choix que de continuer même si, d'après les panneaux indicateurs, il me reste encore une bonne quinzaine de kilomètres à parcourir pour atteindre le prochain village. Cette fois encore, je rassure mon corps en lui disant que tout va bien se passer afin qu'il ne se crispe pas et que je ne sois pas obligé de passer en force. Dialoguer avec son corps, ou même avec son mental, fonctionne très bien, il suffit de leur parler avec le cœur pour qu'ils entendent les messages.

En chemin, je ramasse une plume d'oiseau que je garde avec moi pour l'offrir à mes hôtes du soir que j'appelle de mes vœux car je suis exténué. La joie de voir ce village tant attendu après plus de soixante kilomètres de course est atténuée par la présence d'une grande cheminée d'usine qui défigure les lieux. Je sais par expérience que les zones industrielles ont un impact négatif sur le comportement des habitants. Ce que je vérifie une fois encore en tournant plus d'une heure dans les rues sans trouver une bonne âme qui accepte de m'héberger. Je récolte surtout des comportements agressifs, physiquement et verbalement. Je ne comprends pas ce qu'ils me disent mais ils observent mes pieds nus avec un regard éberlué et les portes se ferment parfois à double tour. L'une de ces personnes sort de chez elle pour m'observer au loin déambuler dans les rues. Je décide alors de déguerpir car je sens qu'elle va appeler la police. Cela ne manque pas ! Quelques minutes plus tard, ceux qui arrivent lorsqu'on n'a pas besoin d'eux m'arrêtent pour un contrôle d'identité. Comme je me trouve dans l'espace Schengen, je sais que je ne risque rien mais je fais profil bas pour ne pas les agacer. Je leur explique que je cherche simplement un endroit où dormir car je voyage sans rien. Ils me demandent ensuite de déballer toutes mes affaires et de leur montrer mes papiers. Je leur explique alors que je ne les ai pas mais qu'ils peuvent regarder sur mon site Internet pour vérifier mes dires. Leur intérêt vis-à-vis de mon expédition devient croissant lorsqu'ils découvrent mes vidéos et la carte d'Europe interactive retraçant tout le chemin parcouru depuis la France. Je leur dis également que j'ai rendez-vous le lendemain avec l'équipe de tournage, que tout va bien pour moi, que j'ai une famille, un travail et que je suis parti à l'aventure. Leur chef essaye de les joindre par la radio à ce moment-là pour leur demander où ils en sont de leur enquête. Ils lui répondent succinctement que tout est en règle. Ouf! Ils me conseillent cependant d'aller demander le gîte et le couvert ailleurs car les gens de ce village sont «fermés». Je leur réponds que j'ai fini par m'en rendre compte et que j'allais justement voir ailleurs. Cependant, au vu de mon état de fatigue, je ne me vois pas du tout aller dans le village suivant, j'ai simplement l'intention de changer de quartier.

Les policiers repartent de leur côté en me souhaitant bonne chance et je poursuis mes recherches. Je suis soulagé par la bonne issue de ce contrôle de police mais je me sens blessé par l'attitude des habitants. Même si je suis à bout de forces, le stress engendré par la peur de dormir dehors et le contrôle d'identité me stimulent. Je me sens dépassé par les événements et je m'efforce de rester calme, car je sais qu'il n'y a rien d'autre à faire. L'Univers ne m'a pourtant pas oublié et je rencontre successivement deux Africains qui me donnent à manger et de l'argent. Ce n'est pas la première fois que les étrangers d'un pays se montrent plus hospitaliers que les autochtones. Avec ce petit trésor entre les mains, je file tout heureux à l'hôtel qui, hélas, est fermé. Pour contacter le patron, il est nécessaire d'appeler au numéro de téléphone affiché sur la porte. Heureusement, un des voisins m'observe depuis son balcon et appelle l'hôtelier. Je peux alors me reposer dans une chambre après cette si longue journée, la plus difficile jusqu'à présent de tout le voyage.

Je suis tellement épuisé physiquement et contrarié par la dénonciation des villageois à la police que j'ai du mal à trouver le sommeil. C'est donc encore fatigué et d'humeur maussade que je me réveille le lendemain, malgré la joyeuse perspective d'arriver à Vienne dans la journée. Heureusement, le soleil est éclatant et je me mets en route de bonne heure. Les quelques rencontres de la journée ne sont pas très agréables. La chaleur devient forte vers midi, et je tente d'expliquer aux patrons des bars dans lesquels je m'arrête pour étancher ma soif que des amis m'attendent à Vienne et que j'ai besoin d'un téléphone pour leur dire où je me trouve. Leur réponse est négative à chaque fois. Cela accentue ma contrariété du moment qui se cumule à un gros coup de fatigue. Cette négativité atteint un tel degré que je sens monter en moi l'envie d'abandonner le voyage. Même si je sais que je ne vais pas le faire, j'y vois le signe que j'ai sérieusement commencé à taper dans mes réserves énergétiques et nerveuses...

Je suis tiré de mes ruminations par un couple à vélo qui, grands sourires aux lèvres, me demande amicalement quelle aventure je réalise et où je vais. Nous discutons quelques minutes côte à côte puis ils accélèrent la cadence pour continuer à leur rythme. Me rappelant soudainement que j'ai besoin d'un téléphone, je les rattrape à toute allure pour leur demander ce service. Après un bref moment d'hésitation, ils acceptent de me prêter leur téléphone portable pour que je puisse enfin appeler Florence. Par un hasard incroyable, elle vient à l'instant même d'allumer son téléphone portable à sa sortie de l'avion. Comme je n'ai aucune idée de l'endroit précis où je me trouve, pas plus que de celui où on pourrait convenir d'un rendez-vous, je laisse Florence échanger en allemand avec le couple. Après concertation, nous nous donnons rendez-vous à Korneuburg, une ville située à dix kilomètres à l'ouest de Vienne que je devrais pouvoir atteindre dans une heure environ. J'ai tellement hâte de revoir Florence et mes amis pour fêter avec eux la fin de cette première moitié de l'aventure ! Mon moral est enfin revenu au beau fixe et je me remets en route plein d'entrain. Il ne subsiste alors de mon envie d'abandonner Eurotopia qu'un arrière-goût en bouche venant me rappeler que j'ai déjà beaucoup donné, et que je dois donc absolument économiser mes forces si je veux pouvoir aller jusqu'au bout de cette aventure.

9

SURPRISES DE L'EST

Je cours gaiement vers Korneuburg que je surnomme, avec amusement, Kronenbourg pour mieux mémoriser ce nom que j'écorche un peu. Mon soudain changement d'humeur ne me fait pas pour autant oublier l'épisode de lassitude que j'ai traversé dans la journée. J'ai conscience que tout ce que j'ai accompli sur Eurotopia n'a pu l'être que parce que l'Univers me soutient et que, au fond, je ne suis jamais vraiment seul. Néanmoins, je Lui demande de m'envoyer des signes à Vienne qui m'encourageraient à poursuivre car je me sens durement éprouvé. L'équipe de tournage était très joyeuse au téléphone de me savoir arrivé jusque-là, et je ne me sens pas le cœur de lui avouer que l'idée de rentrer avec elle m'a effleuré.

Nous nous sommes donné rendez-vous en face de l'hôtel de ville vers 13 heures. J'arrive avec un quart d'heure de retard, à cause d'un prunier qui m'avait fait de l'œil, et je ne les vois nulle part. Me fiant à mon intuition, je m'adresse en anglais à un Africain assis sur le rebord d'une fontaine pour lui demander s'il peut me prêter son téléphone afin que j'appelle des amis qui m'attendent dans le coin. Je me sens tellement enthousiaste à l'idée de fêter avec eux cette demi-victoire sur Eurotopia que l'éventualité que cet homme puisse refuser de me prêter son téléphone ne me traverse même pas l'esprit. Il me le donne d'ailleurs sans la moindre hésitation et sans poser les questions que mon look ne manque pourtant pas de susciter généralement...

Au téléphone, mes amis m'indiquent la bonne direction et je les aperçois en effet en train de me faire signe au loin. Je rends alors le téléphone à son propriétaire après l'avoir remercié de sa gentillesse, puis je me rends en trottinant jusqu'à la terrasse du bar où ils m'attendent. Tandis que je m'approche d'eux, je peux sentir de façon palpable l'enthousiasme que la réussite de cette première partie de l'aventure fait naître en eux. Une vague de joie et de bien-être nous inonde tous grâce à ce projet irrationnel qui se concrétise enfin. Je ne sais pas si Pierre Barnérias se dit qu'il avait raison de me faire confiance, mais de mon côté je me sens fier de m'être montré à la hauteur. En cet instant, où je sais que je vais enfin pouvoir un peu me «reposer» sur eux, toute trace de fatigue et toute énergie négative me quittent pour être remplacées par une énergie constructive pleine d'amour, de paix et de joie. Je sais que j'ai maintenant droit à deux jours sans avoir à me soucier de trouver à manger et un endroit où dormir. Cette pensée, à elle seule, me transporte en même temps que je savoure la satisfaction profonde du travail mené à bien.

J'embrasse Florence en la serrant dans mes bras et en riant comme nous le faisons à chaque fois que nous nous retrouvons. Je donne ensuite l'accolade à Pierre, à Alex le perchiste et à Éric le cameraman qui ont tous les trois le sourire jusqu'aux oreilles en me découvrant aussi transformé physiquement par le voyage: mes habits délavés par les intempéries flottent autour de mon corps amaigri à la peau tannée par ces journées entières passées sous le soleil. Alex me demande comment j'ai fait pour les appeler deux fois en l'espace de quelques heures seulement. Je leur explique que je demande tout simplement aux gens que je rencontre de me prêter leur téléphone. Cela ne marche pas à chaque fois, mais seulement quand c'est vraiment nécessaire. Cela me rappelle l'épisode vécu le matin même, alors que je n'arrivais pas à trouver un téléphone: je me sentais abandonné par l'Univers alors qu'en réalité Florence n'aurait pas pu décrocher puisqu'elle était encore dans l'avion. Et quand l'Univers m'a permis d'avoir enfin un téléphone à disposition, c'est exactement au moment où Florence venait d'allumer le sien. Cette fois encore, je me sens honteux de mon manque de foi. Après avoir répondu aux autres questions pressantes de mes amis, je quitte avec eux la terrasse du bar pour aller à Vienne dans leur voiture de location.

De retour à Vienne, l'équipe de tournage nous dépose Florence et moi dans une location réservée à notre nom. Pierre a la délicatesse de nous laisser seuls jusqu'au lendemain matin. Pendant ce temps, ils vont préparer tout leur matériel et chercher les meilleurs endroits où me filmer pour mon arrivée officielle à Vienne. Florence et moi découvrons pour la première fois la capitale autrichienne en nous promenant dans un magnifique parc où nous avons beaucoup à nous dire. Après avoir marqué une pause au milieu des arbres, nous parcourons quelques rues à l'architecture impressionnante qui témoigne d'un passé glorieux. Nous sommes surpris de l'ambiance calme et sereine qui règne dans cette ville. Nous passons ensuite une soirée en amoureux et cela me fait chaud au cœur de serrer ma bien-aimée dans mes bras après toutes ces aventures. Nous fêtons nos retrouvailles avec un délicieux repas cru composé d'avocats, de champignons et de fruits exotiques.

Vers 8 heures, l'équipe de tournage m'attend en bas de l'immeuble: une journée chargée s'annonce. Nous allons sur la Stephansplatz où se trouve la magnifique cathédrale Saint-Étienne haute de cent trente-six mètres. À cette heure la place est calme, ce qui est idéal pour être filmé courant sur les pavés avec l'édifice en arrière-plan et le soleil qui émerge des bâtiments. Nous renouvelons ensuite les plans dans une autre ambiance, au bord d'un affluent du Danube, là où se trouvent des sculptures en bois en forme de dragons que je m'amuse à chevaucher. Une fois ces images en milieu urbain réalisées, nous retournons tous ensemble à Korneuburg, pour rapporter des images lorsque je cours en pleine nature le long du Danube.

Vers 14 heures, je reprends ma course à l'endroit exact où j'avais arrêté Eurotopia la veille. Je me rends en courant à la Stephanplatz où Tprod filmera l'arrivée officielle à Vienne. Je suis aussi attendu là-bas à 16 heures par un reporter de l'AFP[1], le seul journaliste qui ait manifesté un intérêt pour mon aventure. Florence et moi partons ensemble pour courir ce semi-marathon sans perdre de temps afin d'arriver à l'heure. En chemin, nous nous faisons surprendre par un violent orage dont les bourrasques nous empêchent de courir droit sur la grande passerelle qui enjambe le quartier nord de Vienne. La tempête ne dure heureusement que quelques minutes et le soleil finit par triompher sur le ciel noir menaçant tandis que nous traversons la banlieue viennoise en direction du centre-ville. Nous marquons une courte pause auprès d'un prunier chargé de fruits qui fait naître en moi une profonde gratitude. Florence en profite pour me filmer avec son téléphone pendant que j'exprime mon panégyrique en l'honneur des arbres, surtout fruitiers, auxquels je voue un véritable culte. En effet, sous ces arbres qui m'apportent de l'ombre rafraîchissante, des fruits et une présence réconfortante, je me sens comme aux pieds de dieux tutélaires.

Au quarantième jour de voyage, Tprod filme mon arrivée officielle à Vienne aux pieds de la cathédrale. Je rencontre ensuite un jeune Indien travaillant pour l'AFP qui m'interviewe à la terrasse d'un bar. J'ai le sentiment qu'il s'est plus déplacé par curiosité personnelle que pour vraiment écrire un article sur mon expédition. D'ailleurs, il est lui-même dubitatif quant à la possibilité de faire paraître un tel sujet car il a pour consigne de ne publier que des textes sur la pandémie et rien d'autre. Cela en dit long

1. Agence France-Presse.

sur les moyens mis en place pour manipuler l'opinion publique. Si la presse ne fait plus son travail d'information, des initiatives privées ont heureusement vu le jour comme le collectif Anonymous dont trois des membres, ce jour-là, sont également présents sur la Stephanplatz. Chacun d'eux tend aux promeneurs de la place un écran diffusant ces scènes atroces qui se déroulent chaque jour dans les abattoirs. Même si je doute de l'efficacité de cette méthode pour faire passer le message, une part de moi est rassurée de constater que des actions concrètes sont menées pour sensibiliser la population aux conséquences qu'entraîne la consommation de produits animaux lorsque huit milliards d'individus ont la croyance infondée qu'ils ont besoin de protéines animales pour survivre. Tout le monde est d'accord pour dire que le lait maternel est le meilleur aliment qui convient aux bébés, à un âge où le corps est en pleine croissance et exige le meilleur. Pourtant, le lait maternel ne contient que 1% de protéines, pas plus que dans un jus de carottes. C'est donc un fait, l'humain n'a pas besoin de beaucoup de protéines et celles qu'il trouve dans les fruits et légumes sont largement suffisantes en quantité et en qualité. Autant dire que les quelque 15% d'apports en protéines recommandés par les instances officielles sont totalement surévalués par rapport à nos besoins réels. En outre, les protéines animales[2] produisent de l'acide urique quand on les digère, ce qui acidifie l'organisme. C'est pourquoi moins on en consomme et mieux c'est pour tout le monde: les animaux, les humains et notre environnement.

Nous marquons ensuite une pause dans la journée de tournage afin que chacun puisse se restaurer. Florence et moi retournons dans notre appartement réservé où nous attend un délicieux repas

2. Colin Campbell, le célèbre professeur américain de biochimie nutritionnelle à l'université Cornell, a démontré dans son best-seller *L'Enquête Campbell: les aliments qui tuent et ceux qui peuvent vous sauver la vie* que le développement des cellules cancéreuses s'enclenche quand la quantité de protéines animales dépasse la barre des 10% dans l'alimentation...

de fruits. Pierre et son équipe reviennent me chercher en soirée pour le dernier plan de la journée: une interview au bord de l'eau en plein Vienne le long d'une promenade baignée par les lueurs du soleil couchant. Face à la caméra, Pierre me questionne sur mon ressenti et les leçons que j'ai tirées de ces quarante jours de voyage. J'explique alors qu'Eurotopia est une succession de creux et de bosses, comme sur un grand huit, qui se déroule sur les plans physique, mental, émotionnel et spirituel. Je retiens particulièrement de cette expérience l'impact des rencontres effectuées sur mon énergie. Quand elles sont positives, je me sens nourri et rechargé comme avec la nourriture physique. Je mesure alors à quel point elles sont vitales pour notre bien-être psychique. En contrepoint, j'ai tiré trois observations majeures:

- Il y a très peu d'aliments vivants dans les foyers, en général juste de quoi confectionner un repas pour une personne.
- Plus une zone est industrialisée, urbanisée ou écologiquement altérée, et moins les humains qui y vivent sont hospitaliers.
- Je ne peux pas continuer ce voyage si je n'accepte pas le rejet des autres, sans quoi je me mets moi aussi dans une posture de rejet et cela me fait l'effet d'absorber un poison.

J'ajoute que ce qu'il y a de puissant dans une telle expérience, c'est que je ne peux pas me mentir à moi-même en me disant par exemple que je ne juge pas ceux qui me rejettent et le faire quand même. Sans quoi je ressens un malaise physique et je ne suis plus aligné avec mon aventure tant que je ne change pas d'état d'esprit.

Pierre me questionne ensuite sur mes inquiétudes relatives à la suite de mon parcours. J'ai bien sûr des appréhensions en songeant aux frontières à franchir sans papiers qui m'attendent à la sortie de l'espace Schengen. Il y a aussi la barrière des langues dans les pays de l'Est où il sera plus difficile de trouver des personnes parlant anglais, ce qui suscite en moi quelques craintes.

Nous terminons l'interview en même temps que le soleil tire sa révérence pour basculer derrière l'horizon. La journée a été longue et intense mais tous les plans importants pour le film sont dans la boîte et le plaisir de travailler en bonne compagnie sans le stress d'être seul rend les efforts plaisants.

Le lendemain matin, nous avons rendez-vous chez un médecin de Vienne qui a accepté d'être filmé en train de réaliser ma prise de sang. Les analyses serviront à prouver que mon hygiène de vie n'entraîne pas de carences et que je suis en pleine santé. Personnellement, je n'ai pas de doutes à ce sujet car quand on est à l'écoute de ses sensations corporelles, il n'y a pas besoin d'analyse sanguine pour savoir si on est bien portant ou pas. En outre, je ne vois pas l'intérêt de ce genre d'examen car je connais beaucoup de personnes en mauvaise santé dont les analyses de sang ne révèlent rien de suspect. Mais comme c'est la première objection que l'on me fera si je ne me soumets pas à cet examen, je me résigne. En dépit de mes réticences initiales, je suis très bien reçu par ce médecin admiratif de mon voyage. Il précise même que ma présence lui évoque celle des sâdhus qu'il a côtoyés en Inde. C'est l'un des plus beaux compliments que l'on m'ait adressés jusqu'ici. Je me souviens alors que j'avais justement demandé à l'Univers de m'envoyer des signes qui m'encouragent à poursuivre. Il y a eu les Anonymous qui m'ont montré d'autres personnes œuvrant pour une bonne cause et ensuite ce médecin, sans oublier l'enthousiasme contagieux de tous les membres de l'équipe de tournage. Je n'attends l'approbation de personne, mais toutes ces réactions réconfortantes me mettent du baume au cœur. La deuxième moitié du parcours va être longue et éprouvante mais cet intermède magique à Vienne a rechargé mes forces et ma motivation à aller jusqu'au bout. Que ce soit au bout du voyage ou au bout de mes forces, l'important est de ne point avoir de regrets et de tout donner.

À midi, juste avant le retour par avion de Florence et de l'équipe de tournage, nous déjeunons tous ensemble dans un restaurant cru de Vienne. Végétariens ou pas, nous nous régalons tous avec des smoothies et de la crusine d'un grand raffinement. Inéluctablement, le repas se termine malgré tous mes efforts pour retenir l'écoulement du temps. L'heure fatidique de me retrouver seul arrive... Il était plus ou moins prévu que je reparte sur Eurotopia en milieu de journée mais la perspective de renouer avec la solitude plombe mon moral subitement et je ne me sens plus du tout la force de repartir immédiatement. En outre, cela m'obligerait à dormir dans la banlieue de Vienne, ce qui n'est pas du tout un endroit propice pour être hébergé. La probabilité est donc élevée que je me retrouve à devoir dormir dehors en pleine zone urbanisée, ce que je ne souhaite absolument pas, surtout après ces deux journées confortables qui m'ont ramolli. J'aspire à une remise en route en douceur. Heureusement, Florence m'a trouvé un hébergement *coachsurfing* à Vienne pour cette nuit et à Bratislava (capitale de la Slovaquie) dans trois nuits. Ainsi, j'ai les conditions rêvées pour repartir en douceur. Ce serait une erreur d'oublier que j'avais envie d'abandonner il y a seulement quelques jours. Il ne s'agit pas d'ignorer ce signal indiquant que mon corps a déjà été fort éprouvé et que je me dois donc de ménager ma monture.

Je dis alors au revoir à l'équipe que je devrais retrouver à Belgrade vers le 15 août, soit dans trois semaines environ, si j'avance au même rythme. J'embrasse fort ma chérie puis je pars pour un footing de sept kilomètres à travers Vienne en direction de mon hébergement du soir. Je suis reçu par des étudiants en colocation qui me laissent leur canapé et quelques fruits. Je savoure alors pleinement mes dernières heures de confort avant la reprise...

Après ces magnifiques journées passées à Vienne, la reprise est éprouvante. Non pas physiquement, car j'ai recouvré des forces, mais en raison des difficultés du parcours. En ville, il n'est jamais facile de suivre le balisage qui se perd au milieu de toutes les stimulations visuelles, si bien que je poursuis sur la rive sud du Danube alors que la VR6 passe de l'autre côté. Souvent l'itinéraire est double, sur chacune des rives, et je ne me méfie pas toujours. Cette erreur a des conséquences désagréables qui m'amènent à traverser des zones industrielles peu avenantes, sans que je puisse dorénavant compter sur le secours des panneaux indicateurs. À une intersection en particulier, où je ne sais vraiment pas où aller, j'ai la chance de croiser un couple de cyclistes suivant la VR6 qui, eux aussi, sont passés par la rive sud. Nous regardons les cartes ensemble et, grâce à eux, je poursuis dans la bonne direction. Je traverse alors un parc agréable avec des cygnes et de beaux arbres. Le plaisir est toutefois de courte durée car je me retrouve bloqué entre une autoroute et l'aéroport de Vienne qui s'étend sur plusieurs kilomètres carrés. Je perds environ une heure à essayer de me faufiler au milieu d'un fatras de routes, de grillages et de portiques de sécurité. Je m'extirpe de ce labyrinthe en regardant le plan de l'aéroport affiché vers une entrée. L'astuce consiste à s'engager sur l'autoroute pour la quitter à la première sortie et suivre ensuite une nationale qui la longe. Le contraste avec les journées idylliques à Vienne est fort et je me sens en décalage. Une partie de moi est restée là-bas et, tout en courant, je me remémore les uns après les autres tous les bons moments passés, comme un livre adoré que l'on finit avec nostalgie et qu'on lit et relit ensuite pour revivre la magie qui l'habite. Cette échappatoire m'aide à rester zen au bord de l'autoroute.

En fin de journée, je décide de m'arrêter dans un village pour y passer la nuit. Avant d'engager mes recherches, je m'installe confortablement sur un carré de pelouse le long d'une rue calme. Je préfère faire mes respirations Wim Hof et mon yoga avant d'entrer dans une maison, afin d'être ensuite pleinement présent à mon hôte. Je suis interrompu dans mes respirations par quelqu'un qui m'interpelle depuis sa fenêtre pour savoir si tout va bien. Il est vrai que l'hyperventilation peut donner l'impression, à une personne non avertie, que je souffre d'un problème cardiaque. Je rassure la personne et poursuis mes cycles de respirations quand, à nouveau, je suis interrompu par une jeune femme qui m'apporte une bouteille d'eau. Sans ambages, j'en profite pour lui demander s'il est possible que je dorme chez elle. Ce n'est pas si fréquent que des personnes sympathiques viennent spontanément à moi alors je ne tiens pas à perdre une telle opportunité. Actuellement en vacances chez ses parents qui habitent à deux pas, elle me répond simplement qu'elle va leur poser la question. Je lui propose alors de venir moi-même m'enquérir de la réponse une fois que j'aurai fini mes respirations et mon yoga.

Trente minutes plus tard, je rejoins cette famille qui me reçoit avec le sourire et m'invite à rester.

La quarante-cinquième journée sur Eurotopia est relativement courte car je ne suis plus qu'à vingt-cinq kilomètres de Bratislava, la capitale de la Slovaquie, où je suis attendu en soirée par Mickaël, un hôte *coachsurfing* programmé à Vienne. Entretemps, j'ai rejoint la VR6 qui repasse par la rive sud du Danube à travers des paysages champêtres et vallonnés agréables. Je peux de nouveau courir sur une piste cyclable lisse et bien fléchée, ce que j'apprécie plus que jamais. Comme à chaque passage de frontière, j'ai une petite tension au creux de l'estomac à son approche, mais les anciens bâtiments qui servaient à en contrôler le franchissement sont visiblement désaffectés. Je marque une pause en me retournant vers l'Autriche et ses habitants. Je leur adresse en pensée des remerciements du fond du cœur pour tout ce qu'ils m'ont apporté et tous les bons moments que j'ai passés là-bas. Puis je me retourne enfin du côté slovaque, puisque c'est là que je suis attendu pour y vivre de nouvelles aventures.

Quelques kilomètres après la frontière, je m'arrête aux pieds de la passerelle qui enjambe le Danube et ouvre les portes de la capitale slovaque aux piétons et cyclistes. Elle est très fréquentée et l'on me regarde un peu plus bizarrement qu'à l'ordinaire, sans doute en raison de la caméra fixée sur ma tête. Le premier bâtiment que j'aperçois est l'immense château de Bratislava qui surplombe majestueusement la ville du haut d'une butte. Je me dirige vers le quartier nord de la ville avec le secours de quelques indications notées sur un morceau de papier pour trouver le logement de mon hôte. Je passe devant d'autres bâtiments remarquables par leur taille et leur architecture recherchée qui témoignent d'un certain faste, en tout cas chez la classe dirigeante. Ce qui me plaît surtout ici, c'est la place importante qui est laissée aux arbres, jamais je n'ai vu une capitale aussi boisée. Après avoir demandé mon chemin à deux reprises, j'arrive en milieu d'après-midi chez Mickaël, un ancien des forces spéciales américaines reconverti comme prof d'arts martiaux, de yoga, et masseur pour des sportifs professionnels. Il vit en haut d'un immeuble dans un petit appartement vétuste que je rejoins caméra au poing pour filmer la scène d'accueil. Je n'en ai pas beaucoup dans ma carte mémoire car cela me met toujours autant mal à l'aise de filmer des inconnus sur leur pas-de-porte. J'ai déjà tellement l'impression de les choquer par ma seule présence, que je ne me sens pas du tout à l'aise avec l'idée de devoir en plus filmer ces scènes.

Mickaël et moi avons déjà échangé par e-mail, il est donc au courant de mon expédition et m'accueille avec le sourire et une accolade. Moitié Cherokee moitié Irlandais, mon hôte a grandi aux États-Unis et connaît les principes de la pleine santé, des purges, du pouvoir des plantes, etc. Avec sa manière de parler à mi-voix très posée, il rappelle à ma mémoire la façon d'être des natifs amérindiens. Nous avons tout l'après-midi et la soirée pour partager nos expériences, même si, visiblement, je n'ai pas grand-chose à lui apprendre sur la santé. Au-delà du bon accueil que l'on me réserve, ce qui est important à mes yeux quand j'arrive chez un hôte, c'est de recevoir un minimum de nourriture. C'est sur ce point que je me sens mal à l'aise chez Mickaël. Je reçois au compte-gouttes de petites quantités de fruits, légumes et noix et, pour chaque aliment, il me précise combien celui-ci coûte, ce prix étant de surcroît surévalué par rapport à la réalité. Mon hôte va même jusqu'à me retirer des mains le pot de beurre de cacahuètes dans lequel je n'ai prélevé que deux cuillères à café. «Il est préférable que tu aies faim, ça rend plus fort», me dit-il pour se justifier. Ce qui est vrai en soi, jusqu'à une certaine limite, mais je n'ai pas besoin d'un coach sportif... Après cette collation, Mickaël propose que nous allions dans le dojo où il enseigne un art martial pour ce qu'il appelle un échange de pratiques de trente minutes chacun. Le local est à quelques kilomètres de chez lui et nous y allons à pied. Sur les tatamis, Mickaël m'offre une séance de massage qu'il réalise avec toutes les parties de son corps tout en utilisant des points d'acupression. Il est expert dans ce domaine et je bénéficie d'un soin profondément relaxant. Mickaël avait programmé son minuteur sur trente minutes et, à l'issue de ce laps de temps, c'est à mon tour de lui offrir trente minutes d'une pratique hygiéniste de mon choix. Je lui propose alors d'essayer les respirations Wim Hof qu'il ne connaît pas encore.

Mon hôte rentre ensuite chez lui pour donner un cours de yoga en ligne pendant que je fais un tour en ville pour aller acheter des fruits avec les quelques euros qui me restent. Nous sommes un dimanche et tous les magasins sont fermés. Par chance, au pied d'un immeuble, je trouve un prunier sous lequel je mange un à deux kilos de quetsches, jusqu'à satiété. Maintenant que la faim ne me tenaille plus, je me sens prêt à retourner chez Mickaël pour y poursuivre nos échanges. Notre conversation du soir tourne autour des Slovaques. Après dix ans passés dans ce pays, il ne s'y sent toujours pas intégré, même s'il en maîtrise la langue. Il me conseille plutôt de suivre la rive sud du Danube qui entre directement en terres magyares, à une journée à pied seulement de Bratislava. Selon lui, les Hongrois seront un peu plus accueillants que les Slovaques. J'ai le sentiment qu'il s'agit plus de l'expérience personnelle de Mickaël que d'une observation objective, mais puisque de toute manière les deux rives du Danube passent tôt ou tard en Hongrie, autant y aller directement. Je me dis qu'ainsi j'aurai plus de temps pour maîtriser quelques mots de hongrois.

Malgré toutes ses connaissances et expériences concernant la pleine santé naturelle, mon hôte m'avoue que ma venue est une source d'inspiration pour lui. En effet, depuis plusieurs années, il se laisse aller à consommer des aliments non physiologiques et il avait besoin d'une piqûre de rappel pour s'y remettre. Cela rejoint mon opinion, car je considère en effet que manger vivant est avant tout une démarche spirituelle. D'ailleurs, étymologiquement parlant, le mot «alimentation» vient des deux termes latins *alere* (nourrir) et *mentis* (esprit).

Après une bonne nuit de sommeil à Bratislava, je remercie mon hôte pour son aide puis je retraverse la passerelle dans l'autre sens pour continuer ma course sur la rive sud où je trouve plusieurs pruniers qui viennent mettre du bon carburant dans mon corps. Je n'ai plus d'hôtes programmés avant Budapest, la capitale de la Hongrie, et c'est mieux ainsi, car je me sens de nouveau complètement libre. La nécessité d'arriver dans les temps dans un endroit prédéfini gâche en effet le côté imprévisible qui m'attire dans les aventures. La VR6 slovaque est d'excellente qualité sur cette portion en pleine nature fréquentée par les coureurs, les cyclistes et les rollers. Je passe la frontière avec la Hongrie sans difficultés et je dis avec amusement devant ma caméra une petite blague qui me revient à l'esprit: «*I am hungry.*» Depuis que j'ai vu mon état de maigreur sur les photos où je prends la pose à Vienne, je suis quelque peu inquiet à ce sujet. Une légère peur, celle de manquer de nourriture et de m'affaiblir, vient me hanter par moments. Les souvenirs de Vienne continuent de me visiter à longueur de journée, mais à présent je les chasse car je sens qu'ils m'empêchent d'aller de l'avant.

Vers midi, j'arrive dans mon premier village hongrois qui porte le nom de Rajka. Je remarque avant tout l'omniprésence d'arbres fruitiers, plantés sur plusieurs lignes, de chaque côté des rues, le long des trottoirs constitués de plaques de béton juxtaposées. Pour avoir déjà voyagé en Europe de l'Est, je ne suis pas surpris par cette abondance de fruits, mais cette fois je dépends principalement d'eux pour me nourrir. Le soleil brille haut dans le ciel et il fait chaud. Je m'accorde alors une sieste en toute insouciance à l'ombre d'un prunier ployant sous le poids de ses quetsches, pour célébrer, à ma manière, mon arrivée en Hongrie.

La VR6 est bien fléchée et je traverse ainsi sans me perdre plusieurs villages. En milieu d'après-midi, alors que je cueille des quetsches, je suis invité par un couple de retraités dont la femme parle anglais. J'ai droit à des melons et des pastèques qui me font beaucoup de bien par cette chaleur et une assiette de noix qui apaisent ma faim de lipides. J'hésite à leur demander si je peux rester chez eux pour dormir mais il n'est que 15 heures et j'ai bien envie de courir encore avant de m'arrêter pour la nuit. D'après la carte routière qu'ils ont mise à ma disposition, je devrais arriver à Ásványráró dans la soirée. À tout hasard, je leur demande s'ils connaissent des personnes qui pourraient m'héberger dans cette ville. Mes hôtes appellent quelques-uns de leurs amis qui vivent là-bas mais leurs réponses restent évasives. Je sais seulement qu'ils me diront ce qu'il en est une fois qu'ils m'auront vu.

Je quitte ce charmant couple avec un bout de papier, sur lequel sont griffonnées les adresses de deux personnes, et un billet de vingt euros donné en sus. Après cette première prise de contact avec les Hongrois qui me semble de bon augure, je reprends ma course le pas léger et confiant. Sur la route, je suis dépassé par quelques charrettes tirées par des chevaux ainsi que des voitures qui me klaxonnent en signe d'étonnement. Cela me rappelle l'ambiance de la Roumanie lorsque j'en avais fait le tour à vélo en 2009. D'ailleurs, que ce soit l'architecture des villes, les arbres fruitiers en libre accès ou les chiens qui gueulent fort derrière les portails, tout rappelle à ma mémoire ce pays dont je garde un excellent souvenir. C'est accompagné de ces réminiscences agréables que j'arrive plein d'espoir à Ásványráró avec mon bout de papier à la main. La première adresse est celle d'un dentiste que je rejoins avec l'aide du personnel de deux magasins et celle d'un passant. Il n'est malheureusement pas chez lui et seul son chien me répond. Je demande alors aux voisins s'ils peuvent l'appeler sur son téléphone portable mais il reste injoignable. J'attends sur place une demi-heure puis je décide de tenter ma chance à la deuxième adresse qui est à l'autre bout de la ville. Plusieurs personnes, là aussi, m'aident à la trouver mais, une fois sur place, je suis mal reçu par un homme qui daigne à peine me répondre. Ces efforts inutiles m'ont agacé et, malgré la fatigue, je préfère m'apaiser par la course plutôt que de chercher un nouvel hôte en ces lieux.

Le soleil est bas sur l'horizon lorsque j'arrive dans un petit village où je sens de mauvaises énergies. Ce pressentiment est confirmé par quelques tentatives infructueuses où je ne peux même pas me présenter au portail des maisons tellement les chiens hurlent. Je décide de continuer à nouveau jusqu'au prochain village que j'atteins sous les feux du couchant dans un état de fatigue avancé et avec la boule au ventre. L'endroit est infesté de moustiques et je ne tiens pas du tout à dormir dehors. Les rues sont presque désertes et mon passage excite les chiens qui me dissuadent de m'approcher des portails, quand des panneaux « interdiction d'entrer » ne l'ont pas déjà fait... Je finis par trouver quelques personnes dehors qui me refusent le gîte alors, vu l'heure tardive, je décide de passer au plan B en ne demandant plus qu'une simple couverture pour dormir. Malgré cette requête à tout le moins accessible, je n'écope, là encore, que de refus. Je me sens épuisé et sali par cette longue journée éprouvante. Tous ces kilomètres excédentaires parcourus à tourner en rond dans les villages ainsi que les quelques échanges que j'ai essayé d'y nouer avec ces humains peu amènes m'ont fait perdre mon alignement. Je me souviens alors des mots de Mickaël: «Plus tu iras vers l'Est et plus ils seront accueillants.» Mon état de fatigue est tel que je sens la peur et la détresse prendre le dessus, alors je demande de l'aide aux esprits de lumière qui veillent sur moi. Quand bien même j'ai le sentiment d'être décentré, je me mets soudainement à courir dans une direction précise que je n'ai pas choisie consciemment. Je me retrouve ainsi en face d'un Hongrois en train de réparer le moteur de sa voiture à la lueur d'une lampe torche. Il s'appelle Gabriel et aimerait visiblement m'aider mais sa femme refuse catégoriquement qu'un étranger dorme chez eux. Face à mon désarroi, il me propose de prendre quand même une douche dans sa cour avec le tuyau d'arrosage et de dormir dans son van. J'ai droit ensuite à quelques fruits et légumes que je mange à l'arrière de son véhicule avant de m'allonger à même le sol dans des couvertures posées sur une planche en bois. Je m'endors le cœur empli de gratitude pour (l'ange) Gabriel sans lequel j'étais bon pour passer la nuit avec les moustiques.

Le lendemain, je me réveille en forme et motivé pour continuer, comme chaque matin. Il est si facile de démarrer la journée quand on a la promesse d'être totalement libre et indépendant jusqu'à ce que le soleil se couche. Il n'y a que lorsque mon Dieu solaire menace de passer sous l'horizon que je me sens vulnérable. Même si je me sens d'attaque pour la journée, je ne peux m'empêcher de m'interroger. Jusqu'où suis-je capable d'encaisser les impondérables et les contrariétés? J'ai beau savoir que tout ne dépend que de mon équilibre intérieur, il n'en demeure pas moins que mes limites se rapprochent et que je commence à les voir de près. En revanche, sur le plan physique, je me sens en forme et le stress me stimule positivement pour réaliser des étapes comprises entre quarante et cinquante kilomètres. Plus longues sont les étapes et plus vite j'arriverai, voilà l'état d'esprit qui m'habite et me donne la motivation nécessaire pour donner le meilleur de moi-même chaque jour.

À Győr, des travaux avec une déviation m'empêchent de suivre la VR6, si bien que je me perds et avance sur plusieurs kilomètres dans la mauvaise direction avant d'enfin m'en rendre compte. J'essaye de revenir sur mes pas en stop mais personne ne s'arrête et je finis par me résigner. Ce détour me permet de croiser le chemin d'un mûrier chargé de fruits très sucrés. C'est un arbre que l'on voit peu et qui a pourtant des qualités exceptionnelles car il est très productif et ses fruits sont succulents. Il y a d'ailleurs tellement de fruits sous cet arbre que le sol en est presque recouvert.

L'itinéraire du jour se fait sous la chaleur, plus de 30 °C, dans un milieu majoritairement urbain et assez bruyant. Les cyclistes en voyage que je croisais quotidiennement et avec lesquels je partageais parfois un bout de chemin sont désormais absents.

La soif me taraude par moments et je m'arrête régulièrement dans des bars pour y demander de l'eau. En fin de journée, je longe une voie ferrée qui m'amène à suivre un long chemin calme et arboré comme je les aime, avec de nombreuses maisons paisibles sans trop de chiens. Je fais quelques tentatives de demandes d'hébergement auprès des riverains qui me reçoivent correctement sans toutefois accepter de m'accueillir mais, dans la mesure où je me sens traité humainement, je le vis bien. Un peu plus loin, je vais à la rencontre de deux jeunes qui labourent un potager et m'inspirent confiance. Ce sont des anciens ingénieurs reconvertis comme jardiniers qui parlent très bien anglais. Comme ils me reçoivent amicalement, j'en profite pour leur demander s'ils peuvent vérifier mon texte de présentation hongrois que j'avais fait traduire par Google. Ils y apportent quelques corrections puis je leur fais écrire, sur un autre morceau de papier, un court texte expliquant que je voyage sans argent et que je cherche une couverture pour passer la nuit. Je leur demande également de m'apprendre quelques mots de hongrois, notamment: bonjour (*hello*), merci (*köszönöm*), eau (*viz*) et couverture (*takaró*).

Nous nous souhaitons mutuellement bonne continuation dans nos projets et je reprends mon chemin plein d'optimisme après ces échanges agréables. Maintenant que j'ai fait vérifier mon texte de présentation et que j'en ai un autre pour le plan B, je me sens confiant pour la suite. Cela dit, afin de ne pas saper cette confiance que je devine fragile, et aussi parce que je ne me sens pas la force morale d'essuyer trop de refus ce soir-là, je passe directement au plan B. La météo est idéale et je ressens également le besoin d'apprendre à me sentir à l'aise même quand je dors dehors, ce qui pour l'instant me faisait sortir de ma zone de confort. La personne chez laquelle je choisis de m'arrêter pour demander une couverture est un routier qui part pour la France le lendemain; ce clin d'œil de l'Univers fait sourire mon interlocuteur qui me donne volontiers deux couvertures en me disant que les nuits sont froides et que je n'ai pas besoin de les lui rapporter. Il met l'ensemble dans un sac en y ajoutant une grande bouteille d'eau. J'avance ainsi tranquillement mon bagage à la main, libéré du stress d'être sans abri. Tandis que les paysages rougissent sous les feux de l'astre solaire prêt à basculer sous l'horizon, je choisis d'aller dormir à l'abri des regards entre des meules de foins regroupées dans un pré. Je me sens en sécurité dans cet endroit où je pense ne pas être dérangé. Après avoir réalisé un brin de toilette avec l'eau de la bouteille, je m'accorde une séance de yoga. Tandis que la nuit s'installe et que les premières étoiles brillent dans le ciel, je reçois la visite des moustiques qui me contraignent à dormir tout le corps, y compris la tête, sous la couverture qui, heureusement, est assez épaisse pour me protéger autant du froid que des attaques de rostres.

En ce quarante-huitième jour sur Eurotopia, la chaleur est écrasante et je cours sur un chemin de terre agréable aux pieds qui serpente entre une voie ferrée et des champs de maïs. Mes amis les arbres sont rares dans cette région et je peine donc à trouver des espaces ombragés. Ma soif grandit d'heure en heure mais les panneaux «attention zone filmée», les grands portails (qui me font penser à ceux des prisons) et les chiens de garde agressifs me dissuadent d'aller demander de l'eau aux habitants. C'est à la pompe à eau dénichée dans un cimetière que je dois mon salut, jamais je ne m'étais autant réjoui de voir des tombes!

J'arrive ensuite dans un village marqué par la pauvreté qui me rappelle la Roumanie rurale avec ses hordes de chiens sauvages. Les pistes en terre qui délimitent les champs à perte de vue sont désertes et il n'y a ni panneau indicateur ni aucun cycliste parcourant la VR6 pour me renseigner. Me souvenant que la direction à prendre est celle du nord-ouest, je m'aide du soleil pour choisir la bonne piste à chaque intersection. Après deux heures de course en rase campagne, j'arrive dans un tout petit hameau constitué de deux maisons seulement où je frappe pour demander de l'eau et mon chemin. J'arrive à me faire comprendre pour recevoir le précieux liquide mais les habitants n'ont pas l'air de connaître la VR6. L'ayant sans doute quittée, je ne vois rien de mieux à faire que de continuer au nord, où se trouve le Danube, puisque je me souviens qu'ensuite la VR6 suit à nouveau ses rives. Comme je redoute de me tromper une nouvelle fois de chemin et de courir encore plusieurs kilomètres pour «rien», j'arrête un automobiliste pour qu'il m'aiguille sur la bonne voie. Par chance, il parle anglais et nous regardons ensemble son GPS qui m'apprend, à mon plus grand soulagement, que je suis bien sur la bonne route, à quelques kilomètres seulement de Komárom. Nous bavardons quelques minutes au sujet de ma présence en terres magyares et je me vois alors gratifié de quelques forints[3] pour la suite de mon voyage.

Maintenant que je me sais sur le bon chemin, je me sens beaucoup plus serein et je rêve avec cette chaleur de me plonger dans les eaux du Danube que je n'ai pas vu depuis quatre jours. C'est alors que j'aperçois un grand arroseur automatique dressé au milieu du champ de maïs que j'étais en train de longer; spontanément, je quitte alors la route pour aller m'y rafraîchir. Le corps trempé, alors que je m'apprêtais à ouvrir la bouche pour m'y désaltérer également, je prends conscience que l'eau déversée par cet arroseur a une odeur fort particulière. Zut! En fait, elle est mélangée à du lisier... Même si le mal est déjà fait, par réflexe, je quitte alors les maïs prestement. Je n'ai même pas le temps de me demander comment je vais faire pour me nettoyer qu'un ouvrier en pick-up vient à ma rencontre et me fait signe de monter dans sa benne. Il me conduit non loin de là, au camp de base d'une entreprise où se trouvent des préfabriqués. L'homme qui m'a conduit ici explique à son chef que j'ai besoin d'une douche en urgence. On m'indique alors des cabines rudimentaires de chantier dans lesquelles je trouve, derrière un rideau en plastique, un morceau de savon pour laver ma peau et mes vêtements. On me propose ensuite un grand verre d'eau gazeuse, que je descends d'une traite, puis je remercie vivement ces ouvriers pour leur aide avant de repartir, les habits trempés, en direction de la dernière ville de la journée qui est toute proche. Cette mésaventure me remonte le moral après ce début difficile en Hongrie. L'Univers vient en effet de me démontrer brillamment que, si je suis vraiment dans la «merde», il me tirera d'embarras en un clin d'œil, avant même que je réfléchisse à une solution.

Je rejoins Komárom en soirée où m'attend un nouveau jeu de piste car les indications relatives à la VR6 y sont totalement absentes. Je m'égare un peu, interroge les passants puis retombe

3. Devise hongroise.

sur la bonne route juste avant de commencer mes recherches d'hébergement pour la nuit. Je fais une première tentative dans un camping où l'employé ne peut pas prendre de décision sans son patron qui est absent, une seconde dans l'hôtel du coin où l'on me répond qu'il est complet, ainsi que d'autres qui se révèlent tout aussi infructueuses auprès des riverains. Mais je reste serein et confiant malgré tout, mon expérience dans les champs de maïs étant encore bien présente à ma mémoire. Alors que je marche dans la rue principale en quête d'une bonne âme, je me sens attiré vers un couple en train de fermer son portail. Je me présente avec mon pass traduit en hongrois mais, en dépit de la bonne volonté manifeste de mes interlocuteurs, nous ne nous comprenons pas. Par chance, un passant, un des rares à être masqué, et ce jusqu'au-dessus du nez, alors que ce n'est même pas obligatoire, intervient en ma faveur pour m'aider à traduire ma requête de l'anglais au hongrois. Ce petit coup de pouce est suffisant et je me retrouve ainsi invité chez une famille pour la première fois en Hongrie. Au passage, l'Univers m'envoie une nouvelle expérience marquante (la deuxième de la journée) à travers cet homme masqué qui m'a très probablement épargné la corvée de devoir dormir dehors en pleine ville. Je me sens maintenant honteux de juger ceux qui portent le masque quand ce n'est pas obligatoire.

Sur ces réflexions, je fais donc connaissance avec ce couple de quadragénaires dont j'ai du mal à prononcer les prénoms. Nous échangeons quelques mots d'anglais, d'allemand et de hongrois mais c'est surtout Google traduction sur leur téléphone qui nous aide à nous comprendre. Ils vivent dans une maison moderne avec tout le confort à l'occidentale. J'ai droit à une douche ainsi qu'à un délicieux repas composé des légumes du jardin: poivrons, tomates, concombres, salade, oignon et avec comme boisson, simplement de l'eau gazeuse. Mes hôtes me proposent de l'eau-de-vie avec un sourire au coin des lèvres, mais face à mon alimentation exclusivement végétale et vivante, ils n'insistent nullement devant mon refus, comme s'ils s'attendaient à cela. Ce qui ne les empêche absolument pas de boire à ma santé.

À ma grande surprise, mes hôtes essayent de me réserver par téléphone une chambre à l'hôtel du coin mais celui-ci est exceptionnellement fermé. Je ne comprends pas vraiment pourquoi ils ne me proposent pas de dormir tout simplement dans leur hamac d'extérieur qui est à l'abri sous un toit. J'insiste en leur assurant que je me contenterai parfaitement de dormir dehors avec des couvertures pour me protéger de la fraîcheur et des moustiques. Je n'ose leur suggérer de dormir sur leur canapé par crainte de les mettre mal à l'aise. J'ai le sentiment que les Hongrois ont vraiment du mal à concevoir l'idée de faire dormir un inconnu chez eux. Finalement, ils m'installent pour la nuit dans le hamac avec un répulsif incandescent destiné à faire fuir les moustiques. Ce qui me va très bien jusqu'à ce que la nuit tombe et que leurs deux chiens se mettent à aboyer pendant dix minutes à chaque fois que j'ai le malheur de bouger ne serait-ce qu'un orteil. Ce sont alors tous les chiens du quartier qui improvisent un concert tandis que j'essaye vainement de trouver le sommeil. Je passe finalement une nuit blanche mais me lève malgré tout au petit matin reposé et de bonne humeur.

En Hongrie, les panneaux indicateurs de la VR6 manquent régulièrement à l'appel et personne ne peut imaginer à quel point je les aime quand je les vois enfin. Grâce à eux, je sais que j'avance dans la bonne direction et que chaque pas me rapproche de la maison. J'en suis réduit à cet état d'esprit... Comme pour chaque voyage, je me sens à ma place et content d'y être mais ces expéditions se révèlent si épuisantes que je suis tout aussi heureux de les vivre que d'en voir la fin. Je ne suis donc pas un authentique sâdhu, ces êtres qui vivent dans le dénuement toute leur vie, à ceci près qu'eux ne courent pas un marathon par jour et qu'ils vivent dans un pays où ils sont vénérés.

Avec les forints que l'on m'a donnés, je m'arrête dans une épicerie pour acheter des cacahuètes, les seuls aliments végétaux gras que je trouve. Tandis que je les mange en prenant le temps de bien les mâcher, deux jeunes en trottinette devinent en moi le touriste malgré mon déguisement. Je fais ainsi connaissance avec Julian et Mylan, deux préados parlant un peu anglais, admiratifs de ma caméra. Nous faisons quelques *selfies* et un bout de chemin ensemble avant qu'ils ne rentrent chez eux et que la VR6 m'éloigne de leur village.

Après cinq jours passés loin du Danube, je me réjouis de revoir ses eaux et de pouvoir enfin le suivre de près en compagnie des arbres. Tout est plus paisible lorsqu'on chemine à ses côtés et je comprends à quel point il m'avait manqué depuis Vienne. Dans un coin de verdure à l'écart de la civilisation, je ressens le besoin de laver dans ses eaux le stress et les pensées négatives de ces derniers jours qui se sont accumulés dans mon corps. Je m'accorde ensuite une pause méditative à l'ombre des arbres pour me réaligner avec mon voyage. Je profite aussi de ce moment de paix pour recoudre mes habits ainsi que ma banane dont l'une des poches est percée.

Après ce bref intermède dans la nature, la VR6 me ramène dans un secteur urbain bruyant sur une route que je dois partager avec les voitures. Ce n'est qu'en fin de journée que l'ambiance se transforme véritablement : les paysages deviennent subitement vallonnés avec de grands espaces boisés qui recouvrent les hauteurs environnantes. C'est sans doute lié à la proximité de Budapest, la VR6 se transforme elle aussi en une large piste cyclable flambant neuve. Je choisis de m'arrêter en fin de journée dans la ville de Tát où je tente ma chance dans un hôtel. Sans surprise, on m'y annonce que toutes les chambres sont réservées. En sortant de l'établissement, je marche lentement en me laissant guider par mon intuition. Je croise alors le regard d'un homme torse nu qui semble m'observer avec curiosité du haut de sa terrasse. Après quelques échanges, j'apprends qu'il est belge et parle français. Qu'il est doux à l'oreille et au cœur d'entendre parler sa langue natale quand on a le mal du pays ! C'est donc tout naturellement que je me retrouve invité chez Jean-Pierre, jeune retraité, qui vit en Hongrie six mois par an. Mon hôte du soir est très sympathique, de plus, le fait de pouvoir m'exprimer librement en français me fait beaucoup de bien. Pour la première fois en Hongrie, je me sens en vacances... JP, comme il aime se faire appeler, me prête son ordinateur depuis lequel je peux prévenir André, mon hôte *coachsurfing* réservé depuis Vienne, que j'arriverai très certainement dans deux jours.

Jean-Pierre souffre d'une forte addiction au tabac qui le fait fumer cigarette sur cigarette ; il souffre aussi d'insomnies, si bien qu'il ne va se coucher qu'à 3 heures du matin. Ma nuit sur son canapé est donc perturbée par la fumée de cigarettes et la lumière de la salle à manger, mais c'est ma première nuit à l'intérieur d'une maison en Hongrie et je me sens très satisfait des conditions dans lesquelles je suis logé.

Le lendemain, en fin de matinée, je découvre sous un grand soleil la ville d'Esztergom et sa célèbre basilique, l'une des plus grandes d'Europe. Je me perds un peu dans les rues pavées de la vieille ville que Jean-Pierre m'avait recommandé de visiter. Même si ses édifices méritent le détour, je préfère le sanctuaire de la nature. Les kilomètres de pistes cyclables après Esztergom sont enchanteurs et un coin à l'ombre des saules m'incite à m'offrir une pause sur les rives du Danube. Je rafraîchis ensuite mon corps dans ses eaux claires. De l'autre côté du fleuve, côté slovaque, j'admire le paysage vallonné et sauvage, exempt de constructions, qui s'étend à perte de vue. Dans ce lieu idyllique, je m'accorde une pause méditative avant de sortir ma caméra pour enregistrer deux leçons qu'il me semble important de consigner :

- Au moment d'établir un contact avec une personne, il est important d'avoir un regard profond qui entre en contact avec son âme ; d'une part pour ne pas passer à côté de la rencontre, d'autre part car ce sont justement ces contacts, quand ils ne sont pas superficiels, qui nourrissent nos âmes.
- On a tous besoin les uns des autres, y compris des personnes qu'il peut nous arriver de juger.

Quelques kilomètres après ce petit coin de paradis où j'ai enregistré ces dernières réflexions philosophiques, la VR6 rejoint une route à grande circulation sans accotement pour les piétons et les vélos. La transition est rude. Le calvaire dure plusieurs kilomètres, jusqu'à ce que j'arrive enfin à un carrefour où la VR6 passe par un bac qui mène à la rive nord du Danube. Je préférerais rester sur la rive sud mais vu l'intensité du trafic dans les environs de Budapest, il est préférable de suivre sagement la VR6. Heureusement que j'ai quelques forints en poche pour me payer la traversée. C'est ainsi que j'arrive en bateau à Szob pour ensuite pénétrer dans un secteur en pleine nature dédié aux loisirs et à la pratique du sport. J'admire des panoramas grandioses sur les sinuosités du Danube et les montagnes environnantes en compagnie d'un cycliste tchèque qui a reconnu ma tenue de Tarahumara. En fin de journée, j'arrive à Nagymaros, une ville plutôt huppée par rapport au reste de la Hongrie. Dans un parc qui surplombe les courbes majestueuses du Danube, juste en face d'un château isolé sur la rive sud trônant en haut d'un pic rocheux, je m'accorde une séance de yoga. Je me dirige ensuite vers une maison cachée au cœur des arbres où j'entends des rires d'enfant, un signal que l'expérience m'a appris à reconnaître comme étant propice aux invitations. La première maison à laquelle je me présente se révèle être la bonne, je suis le premier surpris par autant de facilité. L'accueil n'est cependant pas inoubliable car même si nous communiquons facilement en anglais et que je fais forte impression, je ne suis pas convié à manger. On me concède simplement le droit d'emprunter une moustiquaire, un matelas et une couverture que j'installe au fond du jardin. Après avoir préparé ma couche pour la nuit, je fais le tour du quartier pour récupérer quelques kilos de fruits et laisse une part de mon butin en offrande sur la table de jardin de mes hôtes. Il n'est pas encore 20 heures quand je prends congé d'eux pour me mettre au lit. J'ai grand besoin d'un sommeil profond et réparateur.

Je me réveille à 6 heures le lendemain, en forme et très motivé. Normal, car je suis attendu le soir même à Budapest par André, mon hôte *coachsurfing*, et ma seule préoccupation de la journée est de parcourir les cinquante kilomètres prévus. L'autre bonne nouvelle du jour, c'est que je dépasse la grande courbe au-delà de laquelle le Danube se dirige plein sud jusqu'en Serbie. C'est pour moi un cap géographique important qui marque une avancée déterminante dans ma progression. En début d'après-midi, alors que le mercure frôle les 35 °C, j'arrive dans l'interminable banlieue de Budapest où les pistes cyclables n'existent qu'en pointillé, ce qui m'oblige à devoir parfois courir sur un axe routier dépourvu d'accotement. C'est donc avec soulagement et joie que je découvre les trottoirs de Budapest, capitale dont la splendeur contraste fortement avec le reste du pays. Le palais royal, avec ses jardins, ses statues et les militaires qui en gardent l'entrée, est particulièrement impressionnant de par sa taille et le raffinement de ses ornements. Même si je suis admiratif face à cette architecture et à la richesse historique dont regorge certainement Budapest, je ne parviens pas à m'y intéresser vraiment. Je préfère ne pas perdre de temps et arriver au plus vite chez mon hôte pour me reposer. Certaines plaques des trottoirs rendues brûlantes par le soleil m'encouragent elles aussi à aller droit au but. Remettant sans regret la visite guidée de Budapest à plus tard, je cours droit vers le sud en suivant le Danube où de grands bateaux de tourisme sont à quai. J'arrive ainsi en milieu d'après-midi dans la banlieue sud de Budapest où j'ai rendez-vous.

Nous avions convenu avec André que je l'appellerais dès mon arrivée pour lui communiquer ma position exacte. Le long d'une promenade, j'aborde alors un jeune couple qui parle anglais pour leur expliquer que j'aimerais joindre un ami par téléphone. L'affaire n'est pas gagnée d'avance: l'homme, méfiant, me répond qu'il n'a pas le temps mais sa petite amie, plus conciliante, finit par le convaincre. Comme il ne souhaite pas que je tienne son téléphone entre les mains (de peur que je ne le lui dérobe), je lui tends sur un papier le numéro d'André en lui précisant que ce dernier parle hongrois. André ne décroche pas mais comme nous allons dans la même direction, je les persuade de me laisser les accompagner une dizaine de minutes, afin de laisser le temps à André de nous recontacter. Par chance, il nous rappelle quelques minutes plus tard et il indique alors au couple un parking près d'une grande surface où il a l'intention de me rejoindre une heure après. Le couple, devenu aimable à la suite des échanges avec André qui leur a parlé de mon aventure, se propose de m'accompagner jusqu'au parking en question. Au moment de nous quitter, l'homme me serre la main en me disant: «D'habitude je ne rends jamais service à un étranger et je me suis surpris à le faire avec toi.» Nous nous séparons sur cette phrase qui me laisse songeur. Je m'installe alors au pied d'un arbre sur le parking où André a prévu de me rejoindre, en goûtant à un repos exquis après avoir avalé ces cinquante kilomètres d'une traite...

10

LE PIRE ET LE MEILLEUR

André est un Allemand expatrié qui vit dans un camping à quarante kilomètres au sud de Budapest. C'est incroyable qu'il ait accepté de parcourir une telle distance pour venir me récupérer. Ma seule appréhension est que l'on me demande ma carte d'identité à l'entrée du camping. C'est le seul obstacle de la journée qui m'empêcherait maintenant d'accéder au repos tant convoité, mais je le chasse très vite en visualisant que je vais passer librement. Paradoxalement, même si la perspective d'avoir un hôte *coachsurfing* pour la nuit me rassure à certains égards, l'idée de ne pas pouvoir être à l'heure au rendez-vous ou de ne pas réussir à trouver un téléphone pour joindre mon hôte génère en moi un stress supplémentaire qui gâche la philosophie de mon aventure. Mais si cela me permet de rencontrer un hôte de premier choix, le jeu en vaut la chandelle. André et moi faisons connaissance dans sa petite voiture et il m'apprend que, quinze ans plus tôt, il a lui aussi suivi la VR6 et s'est arrêté pour la nuit dans le camping où nous nous rendons. Il s'avère qu'il y a rencontré celle qui allait devenir sa femme et n'en est donc jamais reparti. Il retourne juste quelques mois par an en Allemagne pour revoir sa famille et travailler avant de revenir avec sa paye en poche au camping. Comme André présente tous les aspects d'un homme bienveillant et compréhensif, je me permets de lui demander si je peux rester chez lui deux nuits, proposition qu'il accepte volontiers. Cette perspective de pouvoir enfin m'accorder une pause de trente-six heures, la première depuis Vienne, me soulage fortement.

En chemin, mon regard se perd dans les grandes étendues de céréales, jusqu'à notre arrivée au supermarché. André, aux petits soins pour moi, m'invite à y choisir tous les fruits et légumes qui me font envie, le rêve! Avec de surcroît la promesse d'une bonne journée de repos à venir, je suis un homme comblé... À l'entrée du camping, comme je le redoutais, le gardien me demande de noter sur un formulaire mon numéro de carte d'identité. J'inscris au hasard un nombre en faisant semblant de le recopier depuis la pochette plastique qui contient mes pass. Par chance, le gardien ne vérifie pas, ce qui me permet de relâcher la pression pour de bon jusqu'au surlendemain matin... Le camping est immense et comprend plusieurs lacs bordés d'arbres qui invitent au repos. Nombreux sont ceux qui, comme André et sa femme, ont fait le choix de vivre ici à l'année autour de ces lacs dans de petites cabanes de quatre mètres sur quatre, avec simplement un abri de jardin comme annexe. André a aussi comme espace supplémentaire un camion Mercedes ramené d'Allemagne quinze ans plus tôt dans lequel je vais pouvoir dormir.

Pour la première fois depuis mon entrée en Hongrie, je dors dans un vrai lit à l'écart de la circulation. Cela m'aide à relâcher plus en profondeur les tensions accumulées et favorise une meilleure récupération de mes forces. C'est donc en pleine forme que je me réveille au petit matin, pleinement disposé à profiter au mieux de cette journée de repos en compagnie de mes hôtes. Nous la passons à nous baigner dans le lac (un rituel quotidien chez eux), grimper aux arbres avec du matériel d'élagueur et à discuter avec un couple d'Allemands arrêtés fortuitement dans ce camping. À la recherche d'une terre pour vivre en autonomie, ils y marquent un stop avant de poursuivre leur route vers la Bulgarie qui, selon eux, offre des possibilités intéressantes, tant au niveau de la qualité des sols que du climat et des tarifs. Nous avons donc beaucoup à nous dire et la soirée se prolonge jusque tard dans la nuit.

Le surlendemain, jour 51 sur Eurotopia, André me ramène précisément à l'endroit où il était venu me chercher. Comme en fin de journée j'arriverai à proximité du camping, André se propose de venir me récupérer à Ráckeve à 17 heures au pied du pont qui traverse le Danube. Ce jour-là, je n'ai ainsi pour seule préoccupation que celle de courir, ce qui est psychologiquement très confortable, voire jouissif. Seule la chaleur est difficile à supporter, mais grâce aux nombreuses pompes à eau présentes sur mon parcours, facilement repérables à leur couleur bleue, je peux me réhydrater à souhait et rafraîchir mon corps sous l'eau.

En milieu de journée, je me retrouve une nouvelle fois à une intersection sans panneau indicateur, situation que je rencontre quasi quotidiennement. Comme les rues se croisent à tout bout de champ, je choisis des directions en essayant de m'orienter en fonction du soleil. Une heure plus tard environ, je n'ai toujours pas retrouvé la VR6, ce qui signifie que je me suis égaré. Un peu stressé à l'idée de ne pas pouvoir être à l'heure au rendez-vous fixé, j'arrive dans un marché où je demande de l'aide à des forains qui ont la gentillesse de me montrer une carte routière. Je repars alors enfin dans la bonne direction, en me dépêchant car le détour que j'ai effectué m'a mis en retard. En arrivant à Ráckeve, je suis soulagé de constater sur le cadran de l'église que je suis en fait pile à l'heure. André me rejoint lui aussi dans les temps et nous allons faire une petite balade sur les quais, comme de vieux amis baguenaudant, avant de rentrer au camping.

Le lendemain, c'est l'heure des adieux et André me ramène à Ráckeve. Avant que nous nous quittions, mon hôte merveilleux souhaite apporter une dernière contribution à mon aventure en me filmant avec son drone. Cet homme qui m'a reçu comme un frère est vraiment incroyable et je suis infiniment reconnaissant à la vie de l'avoir mis sur mon chemin. Après toutes les galères et les moments difficiles vécus en Hongrie, c'était en effet quasi surréaliste de pouvoir vivre ces deux jours et trois nuits en excellente compagnie, dans la joie et la plus grande insouciance, comme si les difficultés du voyage, et même de la vie quotidienne en général, n'existaient plus. Une journée de relâchement supplémentaire aurait toutefois compromis la suite du voyage, car il m'aurait été trop difficile alors de me remettre en marche.

La reprise après cet intermède se fait en douceur le long d'un chemin arboré qui longe le Danube. Il s'agit d'une zone touristique avec de nombreuses résidences secondaires qui, pour certaines, sont luxueuses. C'est visiblement un lieu de villégiature pour les Budapestois aisés. En fin de journée, j'arrive dans un petit village charmant qui m'inspire confiance pour la nuit. Après quelques refus, je rencontre de jeunes adultes en train de faire la fête qui, très enthousiastes, me donnent quelques forints. Un peu plus loin, je suis attiré par l'animation qui règne dans la cour d'une école reconvertie durant l'été en gîte. Je me présente à une femme assise sur un banc qui, ne me comprenant pas, s'en va quérir un convive anglophone pour que je puisse communiquer avec lui. Un jeune homme empathique vient alors à moi et m'explique que j'ai mis les pieds dans une réunion de famille d'environ cent personnes. Il traduit ma requête aux organisateurs de cette réunion qui me convient amicalement dans le gymnase reconverti en salle des fêtes, où l'on m'apporte des fruits et de l'eau. Je suis optimiste quant à la possibilité d'être invité à dormir ici, mais quand j'aborde le sujet, je constate que les visages se ferment. Ils souhaitent cependant m'aider, quitte à me payer l'hôtel, mais le seul du village est exceptionnellement fermé. Je leur explique que j'ai simplement besoin d'un matelas avec une couverture et de m'installer dans un coin de leur choix. Je sens que ma requête les dérange et qu'ils sont partagés entre leur morale judéo-chrétienne et leur aversion à héberger un inconnu. Finalement, comme ils m'ont donné à manger et essayé de me payer l'hôtel, c'est la conscience tranquille qu'ils me disent d'aller voir le curé du village pour lui demander de l'aide. Il habite juste à côté de l'école et je m'y rends illico. Par chance, il est chez lui et parle anglais. Il m'explique que son domicile est trop petit pour qu'il puisse me loger mais qu'il va demander à l'école juste à côté. Tandis qu'il se chausse, je lui répète que j'en viens justement et qu'il est inutile d'y retourner. Il me répond par un signe du bras déterminé pour que je le suive sans discuter. Une fois sur place, je ne comprends pas tous leurs échanges mais, en substance, le curé les sermonne en leur disant que ce n'est pas à lui de m'héberger dans son petit presbytère alors qu'ils ont à leur disposition un immense bâtiment. J'interviens à ce moment-là pour leur préciser à nouveau que j'ai seulement besoin d'un matelas et d'une couverture. Finalement, pris entre deux feux, ils cèdent à ma requête en m'installant dans le seul bâtiment en ruine de la propriété. Même si je trouve cela mesquin de leur part, je m'en contente et les remercie pour leur geste. Je dormirai au moins à l'abri.

Le lendemain, je me rends compte que cet épisode a réveillé en moi une ancienne blessure d'exclusion qui affecte mon humeur du jour. Alors que je cours sous une chaleur dépassant les 35 °C, je souffre dans ce pays plus d'un manque d'amour que d'hydratation. Je me console en calculant qu'il ne me reste plus que trois journées à tirer en Hongrie. Cet état d'esprit maussade m'est renvoyé en pleine face tandis que, la gorge desséchée par la soif, je m'arrête pour demander de l'eau chez un Hongrois qui refuse. Un peu plus loin, ma présence dans la cour d'une maison déclenche une alarme qui me fait déguerpir comme un voleur. En fin de compte, tiraillé entre ma soif et mon manque de motivation pour solliciter à nouveau les Hongrois, je finis par aller refroidir mon corps dans le Danube et boire quelques gorgées d'eau en faisant fi de la pollution des usines installées en bordure. Mis à part cet état d'esprit négatif et ces menus incidents, je passe globalement une journée agréable le long d'une route campagnarde correctement fléchée où je n'hésite qu'à quelques intersections. Dans ces moments de doute, je crains de gaspiller mon énergie pour avancer dans une direction qui ne serait pas la mienne. Quel n'est pas alors mon soulagement, proche de l'euphorie, lorsque mon choix directionnel se trouve validé quelques kilomètres plus loin par un panneau de la VR6 ! Je chéris ces panneaux plus que tout, exactement comme s'ils m'indiquaient le chemin du paradis, celui qui va me ramener chez moi, à la maison. Un paradis terrestre que je n'avais pas encore identifié comme tel, et qui m'apparaît maintenant comme une révélation au cœur de cette expérience dans laquelle je me suis volontairement privé de tout confort.

Depuis Budapest, la traversée de cette seconde moitié de la Hongrie se déroule sous une chaleur torride qui, heureusement, n'a pas chauffé l'asphalte au point de me brûler les pieds. Même si par moments je me lamentais d'éprouver leurs limites, je dois reconnaître que mes pieds se sont bien endurcis depuis le début de ce voyage, tout comme mes jambes. L'alimentation vivante, l'absence de chaussures, le yoga et les respirations Wim Hof quotidiennes me permettent de tenir le rythme d'un marathon par jour en moyenne sans ressentir aucune douleur.

En fin de journée, j'arrive dans le village de Géderlak alors que le ciel devient menaçant et qu'un orage éclate. Une grosse pluie et des bourrasques s'abattent alors sur la campagne hongroise. Je m'abrite dans un Abribus le temps de me recentrer et de méditer quelques minutes pour visualiser ce dont j'ai besoin pour le soir : un accueil chaleureux chez un hôte. Je repars sans plus attendre afin de ne pas me refroidir. Géderlak, avec tous ses volets côté rue fermés, est des plus glauques. Je me risque à quelques tentatives hélas infructueuses jusqu'à ce que l'on finisse par me pousser dehors avant même que je me présente. Je change alors de quartier. J'ai appris à rester optimiste dans l'adversité et continue de faire du porte à porte sous les intempéries, comme un témoin de Jéhovah qui apporterait la bonne parole en vendant des bibles.

À ceci près que je me passerais bien de ce genre d'exercice si je n'avais pas besoin de faire ça pour sauver ma peau... Bien que je sois trempé jusqu'aux os et que l'orage batte son plein, ma situation n'attendrit nullement les villageois. Je trouve alors refuge dans un bar le temps que le déluge passe. Les clients présents s'enquièrent de ma situation sans toutefois me proposer leur secours. Ils me suggèrent néanmoins de demander l'hospitalité à l'hôtel du coin, hôtel qui, à n'en pas douter, sera complet à moins que le patron n'ait pas l'hypocrisie de ses semblables et me dise franchement d'aller voir ailleurs. J'observe de manière neutre les réactions et colères que tout cela génère en moi sans les refouler ni les alimenter. Je retiens toutefois de ces échanges le nombre de fois où l'on m'a dit de passer devant l'église pour aller à l'hôtel et cela m'a finalement donné envie de m'y rendre.

Une fois la tempête passée, je pénètre ainsi dans cette fameuse église où des cierges posés sur l'autel ont été allumés pour préparer une cérémonie. Cette lumière mystérieuse contrastant avec l'obscurité du ciel m'attire irrésistiblement. Je me laisse guider par mon intuition jusqu'aux premiers bancs et m'y agenouille pour prier, ce que je fais rarement, sauf lorsque je sens ma vie menacée. D'après ce que l'on m'a appris, la prière ne se fait pas tête baissée et mains jointes, mais la tête levée et les paumes ouvertes vers le ciel, afin de recevoir. Je prends donc cette posture, avec dans le cœur cette demande aussi simple que profonde: trouver un endroit où dormir au chaud cette nuit alors que de la pluie est prévue jusqu'au lendemain matin. À cet instant, je ressens dans mes paumes ouvertes une chaleur d'une intensité surnaturelle. Je l'interprète comme le signe que ma demande a été entendue. Je reste ensuite quelques minutes à méditer avant d'être submergé par un état de grâce qui me fait verser des larmes de joie.

Remis de mes émotions, je marche sur le tapis rouge en direction de la sortie lorsque je croise le curé qui avance d'une allure pressée. Je l'interromps dans son élan pour lui demander l'hospitalité mais je vois à son visage fermé que ce n'est pas le moment de l'interrompre. Il me répond qu'il verra ce qu'il peut pour moi après avoir célébré la messe. Je retourne alors à mon banc pour assister à la liturgie. Nous sommes le 4 août et j'apprends au cours du sermon que nous célébrons ce jour-là la Saint-Jean-Marie-Vianney, dit le curé d'Ars, qui est originaire du Rhône, pas loin de chez moi. Mon regard croise alors celui du curé qui me fixe quelques instants, étonné lui aussi par cette étrange coïncidence. À la fin de la messe, le père Gabriel revient vers moi et l'attitude fermée qu'il avait avant l'office s'est envolée. En homme pragmatique qui a compris les enjeux de ma situation, il me demande si j'ai besoin d'habits, de chaussures et de nourriture. Je lui réponds que j'ai simplement besoin de fruits, d'oléagineux et de légumes ainsi que d'un endroit pour dormir. Le père Gabriel me remet alors entre les mains d'un de ses amis habitant à proximité de l'église, le temps de se rendre dans une épicerie. À son retour, je suis conduit au presbytère où un lit a été mis à ma disposition dans un grand salon décoré avec des peintures illustrant les moments forts de l'histoire sainte. Sur une grande table, qui aurait pu être celle de la Cène dont une représentation est faite sur l'un de ces tableaux, le père Gabriel dépose les fruits et légumes fraîchement achetés ainsi que des vêtements de rechange pour m'habiller après la douche. Après avoir pourvu à l'essentiel, il me demande de garder la maison de Dieu tandis qu'il s'en va participer à un anniversaire organisé par le maire du village. Pendant son absence, il me laisse libre accès à son ordinateur si je désire utiliser Internet. Je me sens vraiment béni par tous ces dons que je reçois en cet instant, alors que deux heures auparavant j'étais à la rue sous la pluie. Tout cela grâce à cet orage qui m'a conduit jusqu'ici... Je me retrouve alors seul dans la « maison de Dieu » au milieu des images saintes tandis que le tonnerre couvre par moments le bruit de la pluie qui chuinte par les fenêtres. Que j'aime cette ambiance mystique ! Je passe une des nuits les plus sereines qui soient en compagnie des apôtres dont une représentation est suspendue juste au-dessus de ma tête.

Le jour se lève sur une Hongrie couverte de nuages sombres et d'un calme inquiétant. Toute la journée, je traverse le long du Danube une immense zone agricole où les arbres ont été sacrifiés pour planter du maïs. Je cours sur une piste cyclable lisse et, de temps en temps, sur des parties herbeuses elles aussi fort agréables à fouler. Quand la faim me gagne entre deux villages et que je ne trouve pas d'arbres fruitiers, je surveille que personne ne me regarde pour aller chaparder des épis de maïs doux. Même si je préfère les fruits, l'avantage est que j'ai quand même de la nourriture disponible à perte de vue... Après les épisodes de fortes chaleurs, mon corps apprécie cette journée fraîche et venteuse qui facilite grandement les efforts physiques.

Je ne vois presque personne de la journée exceptés deux cyclistes qui me doublent sans bruit. Leurs bagages laissent à penser qu'ils suivent la VR6 et, tandis qu'ils s'éloignent, je les entends au loin s'exprimer en français. Zut ! J'aurais tant aimé pouvoir échanger un peu avec eux ! Je réfrène pourtant mon envie de les héler, comme par crainte de rompre le silence inquiétant de la campagne hongroise.

En fin de journée, j'arrive dans un parc national où des navettes traversent toutes les heures le Danube pour transporter les touristes sur une île aménagée. Après avoir couru mon marathon quotidien, je m'assois devant le fleuve, près des bateaux, adossé contre un arbre, pour une pause contemplative. Lorsque la fraîcheur accentuée par le vent commence à me refroidir, je quitte l'immobilité pour aller à la quête d'un hôte. Je tente tout d'abord ma chance dans le bar-restaurant du parking où je me reposais. Le bâtiment en rondins de bois est avenant mais la patronne, peu amène, me reçoit sèchement, en me lançant

« le bar est fermé ! », sans même un bonjour introductif. Dans ces conditions, il est totalement superflu de demander une chambre. Je me dirige alors vers une zone forestière où de beaux chalets en bois ont été construits. Après en avoir fait le tour, je choisis celui qui me plaît le plus, comme si c'était pour y habiter. Je fais ainsi la connaissance d'un couple et de leur fils, des Hongrois aisés de Budapest en vacances dans leur résidence secondaire. Habitués aux voyages, ils parlent un bon anglais et c'est un réconfort de pouvoir échanger facilement avec eux et de me sentir compris dans ma démarche. Ils me convient spontanément chez eux, comme s'il leur était tout à fait naturel de recevoir celui qui est dans le besoin. Cela recharge ma motivation d'être reçu par des personnes qui me comprennent et m'encouragent à continuer. En utilisant leur connexion Internet, j'apprends par hasard qu'en France les médias font à nouveau peur aux gens avec une nouvelle « vague ». Je me dis qu'il n'y a pas de temps à perdre pour finir ce voyage car je n'ai pas du tout envie d'être encore bloqué par une éventuelle autre fermeture des frontières. Nous échangeons jusque tard dans la soirée, puis je regagne les combles du chalet où un lit m'attend. Je m'endors bienheureux, bercé par le vrombissement des moustiques qui, par centaines derrière la moustiquaire, essayent de rentrer.

C'est tout à fait reposé et de bonne humeur que je repars au petit matin, ragaillardi par ces deux belles soirées conviviales consécutives. En outre, il s'agit de ma dernière journée en Hongrie, et j'ai bon espoir de franchir le lendemain la frontière avec la Serbie qui n'est plus qu'à quarante kilomètres. Vers midi je traverse Baja, une ville de moyenne importance où le tourisme s'est visiblement développé, car nombreux sont ceux qui y courent, nagent et pratiquent le kayak. C'est un vrai plaisir de découvrir la promenade du bord de fleuve qui, de surcroît, est bien fléchée. Seule l'attitude des citadins me met mal à l'aise car, ici plus qu'ailleurs, j'ai l'impression que les gens vont à un enterrement. Et quand, en plus, ils me croisent avec mon look, ils en paraissent stupéfaits, comme si ma tenue représentait le comble de l'inconcevable pour eux!

En sortie de Baja, une erreur de signalisation m'amène à mon insu à effectuer tout le tour d'une île en marchant patiemment sur un chemin caillouteux long de plusieurs kilomètres. Quelle n'est pas ma déception de me retrouver au même endroit une heure plus tard! Je finis par découvrir le pot aux roses: un des panneaux indique une direction et le suivant le sens opposé, ce qui m'a fait revenir sur mes pas. Ayant déjà perdu plus d'une heure à tourner en rond, je décide de laisser de côté les petites rues dans lesquelles je m'égare pour suivre la route principale. Même si elle est très fréquentée par les voitures, je suis sûr au moins d'arriver à destination. Après deux jours de fraîcheur relative, l'asphalte est redevenu ardent, et je m'arrête plusieurs fois dans des bars pour demander de l'eau. La route avec ses bruits et ses dangers me stimule pour courir vite pendant plus de deux heures sans marquer de pause. J'arrive alors à une intersection où je fais l'erreur stratégique, tant le bruit de la route m'incommode, de bifurquer à droite pour rejoindre la VR6 plutôt que de continuer tout droit. Cela m'occasionne un détour supplémentaire parfaitement inutile de plus de dix kilomètres dont je ne prends conscience que plus tard en regardant un plan de ville. Si bien que j'arrive à Mohács, la dernière ville juste avant le poste frontière, tard en fin de journée, et ce après avoir couru près de soixante kilomètres au lieu des quarante initialement prévus.

Je tourne ensuite deux heures en rond dans cette petite bourgade pour tenter, en vain, de me faire héberger auprès des riverains. Le stress monte au fur et à mesure que la nuit s'installe, d'autant plus que l'endroit est infesté de moustiques et qu'il est impensable de dormir sans protection. La dernière fois que j'en ai vu autant, c'était au Canada. J'arrive alors dans un petit lotissement à l'écart de la ville où je vois un groupe de personnes en train de prendre l'apéro dans leur jardin. Ce sont les seules personnes encore dehors à cette heure et je me dis que je tiens là ma dernière chance. Ils écoutent poliment mon discours de présentation bien rodé, que j'ajuste avec toutes les nuances et intonations que j'ai appris à moduler en fonction des réactions, des postures et des microcontractions faciales de mes interlocuteurs. Malgré tous mes efforts la réponse est négative, personne ne souhaite m'héberger. Comme j'insiste lourdement sur le fait qu'il est tard et que je vais devoir dormir dehors avec tous ces moustiques, l'un des hommes, que je sentais gêné de me voir laissé pour compte, accepte de me prêter un sac de couchage. Ses compagnons, eux, restent totalement insensibles à mon sort. En cachette de ses copains, comme honteux, il me donne un peu d'argent et me fait promettre de lui rapporter le sac de couchage le lendemain. Je m'éloigne alors de la ville pour trouver une place discrète où dormir. En chemin, alors que je tiens le sac de couchage emballé dans un sac-poubelle, je me fais arrêter par deux policiers qui me demandent mes papiers. Il ne manquait plus que cela... Je leur explique que je suis français et que j'ai perdu mes papiers au cours de mon voyage atypique. Quand bien même je leur présente mon site Internet, ils restent dubitatifs et mon apparence de sans-abri n'aide pas à les convaincre... À ce stade du voyage, la seule chose qui me motive encore à avancer est la perspective de quitter enfin la Hongrie le lendemain. Je me sens désemparé de me voir menacé d'être embarqué au poste alors que la frontière avec la Serbie est si proche ! Je redoute d'être retenu un certain temps ici, quand bien même je me trouve encore dans l'espace Schengen et que je suis dans mon droit, même dépourvu de papiers d'identité. Par facilité, j'accepte à contrecœur de leur donner mon numéro de passeport, ce qui me permet d'être relâché et de pouvoir chercher un coin où poser mon sac de couchage et enfin me reposer après cette journée harassante. Je jette mon dévolu sur un bosquet d'arbres au milieu d'un pré. Même si je suis loin des zones humides, des centaines de moustiques tournent autour de moi et essayent d'entrer dans le sac de couchage. Ils me piquent la tête et bourdonnent autour de mes oreilles, tant et si bien que malgré la température extérieure douce et l'épaisseur importante du duvet, je suis contraint de monter la fermeture Éclair jusqu'en haut et de boucher l'entrée avec mes habits roulés en boule. Par moments, je suffoque à l'intérieur et suis obligé de sortir quelques minutes la tête à l'air libre, quitte à me faire piquer un peu. Je passe toute la nuit ainsi, alternant la tête au chaud et la tête à l'air libre, sans pouvoir vraiment dormir.

Au petit jour, alors qu'il fait encore sombre, je rends le sac de couchage à son propriétaire en le jetant par-dessus le portail de la maison, puis je pars en direction de la frontière serbe avec une boule au ventre. Je n'ai aucune idée de ce qui m'attend, ni de comment je vais me débrouiller pour sortir de l'espace Schengen. Depuis Mohács, la VR6 quitte les berges du Danube pour faire un détour par un poste frontière plus au nord. De mon côté, je reste sur une petite route goudronnée en haut d'un talus qui suit le fleuve et qui est utilisée seulement par les paysans du coin. Depuis les images satellites prises sur Internet que j'ai longuement étudiées, je n'ai observé aucun dispositif de contrôle le long de cette route qui passe tout droit en Serbie. Ma stratégie consiste à m'engager par là et, si je m'aperçois que la frontière est surveillée, de progresser à couvert dans la vaste forêt qui entoure la zone. Je pourrais sans plus attendre avancer dans la forêt et ainsi ne pas prendre le risque d'être vu, mais cette zone forestière est si dense et sauvage qu'il me faudrait une journée entière, au prix de gros efforts, pour en venir à bout. Il me reste une petite dizaine de kilomètres à parcourir avant la frontière et je sens la tension monter à chaque foulée. Je suis plus que jamais sur le qui-vive et, lorsque j'entends des véhicules arriver au loin, je me tapis dans la forêt qui se trouve à une vingtaine de mètres en contrebas du talus, exactement comme le ferait un animal sauvage. Même si je n'ai rien mangé depuis la veille, la faim est absente et représente le dernier de mes soucis. Ma seule et unique préoccupation en cet instant précis est de ne pas me faire repérer.

Hélas, je comprends trop tard que la frontière est gardée par deux militaires qui se tiennent dans une guérite au niveau d'une intersection, ce qui m'oblige à réviser mes plans... J'opère un rapide état des lieux de ma situation: devant moi, la route de campagne se poursuit côté serbe; à ma gauche, une autre route continue au nord, côté hongrois, en direction du poste frontière officiel. Quelques dizaines de mètres seulement me séparent des gardes tandis qu'ils me dévisagent de la tête aux pieds en fronçant les sourcils. À l'intersection, je n'ai donc plus d'autre choix que celui de partir sur la gauche comme si de rien n'était, en accordant à peine un regard aux militaires. Après quelques dizaines de mètres, la route marque un virage et je me retrouve ainsi à l'abri des regards grâce aux arbres. C'est le moment de passer à l'action sans plus attendre en coupant par les bois au nez et à la barbe des militaires. Mon mental hurle dans mes oreilles que c'est complètement fou, que je risque de me faire tirer dessus. Je lui réponds que je visualise cette scène depuis des années et que ce n'est plus le moment de cogiter. Je m'engage sur le chemin forestier qui se présente alors à moi, le suis sur une centaine de mètres, et me retrouve face à un grillage haut de deux mètres qui, je le présume, matérialise la frontière. Au pied de ce grillage coiffé d'une clôture électrifiée, heureusement hors d'usage, je remarque des traces de pas et des cannettes vides. Je me trouve probablement sur une ronde pour militaires. J'escalade le grillage et retombe de l'autre côté dans un champ de soja où je dois ramper pour me confondre avec la végétation. J'aurais préféré du maïs... À en croire les traces de bottes imprimées dans la glaise, je me trouve encore sur une ronde. Pourvu que je ne les croise pas... Je laisse mes empreintes de pieds nus dans la glaise à côté des traces de semelles et j'esquisse un sourire en pensant à leur étonnement quand ils les verront... Après avoir contourné le poste frontière sur plusieurs centaines de mètres, j'hésite à me rapprocher de la route afin d'avancer plus vite. À ce moment-là, j'entends des voix et me baisse d'un seul coup pour ne pas être repéré. À travers les buissons, je peux observer plusieurs militaires avec des chiens ainsi qu'une patrouille de police en voiture. Je rampe alors à nouveau sur plusieurs centaines de mètres, jusqu'à la fin du champ, pour ensuite continuer dans la forêt. Elle est très dense et le sous-bois est envahi par les ronces, les orties, les moustiques et les toiles d'araignées. Mon stress est à son acmé, si bien que je ne ressens aucune douleur. J'avance comme un robot en ligne droite. Ces conditions difficiles en forêt me rappellent mes deux expéditions précédentes : America Extrema, lorsque j'avançais avec un sac de vingt-cinq kilos dans la forêt primaire boréale, et La Marche sans faim, pendant laquelle j'avais randonné en jeûnant pendant quatorze jours. C'est comme si ces moments forts et éprouvants traversés précédemment avaient constitué une sorte d'entraînement physique et psychique pour me permettre de vivre à cet instant précis cette scène palpitante en gardant la tête froide et dans la plus parfaite maîtrise de mes capacités. Pour faciliter ma progression, j'essaye autant que possible d'avancer le long des sentes en écartant les nombreuses toiles d'araignées qui me barrent le chemin. Quelques kilomètres plus loin, j'estime que le danger est désormais écarté et me sens prêt à revenir sur la route, lorsque je me fais surprendre à découvert par une voiture qui roule au pas. Heureusement, le conducteur semble ne pas m'avoir vu. Je décide alors de ne plus tenter le diable et de continuer par la forêt jusqu'à ce que je sorte de ce no man's land long d'une dizaine de kilomètres. J'en vois le bout en fin de matinée il me semble, à en juger par la position du soleil.

Je rejoins alors une route principale où je n'ai enfin plus besoin de me cacher. Le danger est derrière moi et la pression retombe, je peux maintenant me laisser aller à goûter pleinement la joie pure et la satisfaction d'être passé sain et sauf. Je constate une fois de plus que mon intuition ne m'a pas trompé. Je me sens fier d'avoir réussi à traverser la Hongrie et d'avoir déjoué les obligations administratives. Pour terminer en beauté cette escapade, il ne me reste plus qu'à rejoindre le prochain village pour me ravitailler et retrouver la VR6. Je la rejoins vers midi et m'arrête dans une épicerie qui propose un large choix de fruits ainsi que du tahini[1]. Par chance, la caissière accepte de prendre mes forints et de me rendre la monnaie en dinars serbes[2]. J'ai ainsi de quoi reprendre des forces et fêter dignement cette entrée en Serbie. Un peu plus loin, je m'installe dans un bar pour me décrasser dans les sanitaires et commander une eau gazeuse dans laquelle j'ajoute du jus de citron fraîchement pressé. Je porte alors un toast devant ma caméra pour immortaliser l'événement. Je m'adonne ensuite à mon rituel préféré: déchirer morceau par morceau le pass du pays que je viens de traverser et mettre au premier plan dans ma pochette plastique celui du nouveau pays dans lequel je viens de débarquer. Le serbe utilise un alphabet cyrillique, si bien que je ne comprends pas un mot de ce qui est écrit. Mais les gens sont souriants et parlent bien anglais dans cette région, ce qui contraste fortement avec mes expériences hongroises. J'ai le sentiment d'avoir quitté le pays le plus inhospitalier du voyage et que désormais les choses ne pourront être que meilleures. J'espère que Mickaël de Bratislava avait raison lorsqu'il me confiait: «Plus tu iras vers l'est, mieux ça ira.»

Après cette pause roborative, je repars vers l'inconnu sous l'auspice du soleil et avec une température agréable. Dix kilomètres plus loin, j'arrive dans un autre petit village accueillant où je m'octroie un après-midi de farniente bien mérité après ces

1. Le tahini est une préparation orientale faite à partir de graines de sésame broyées, avec un peu d'eau, jusqu'à obtenir une pâte lisse.

2. La devise serbe.

dernières journées éprouvantes. Je m'adosse alors contre un arbre accueillant pour m'octroyer une sieste roborative. Puis, le besoin s'en faisant sentir, j'enchaîne avec une méditation, des respirations Wim Hof et du yoga. Je me sens enfin frais et dispos pour partir en quête d'un hôte. Je me laisse alors guider vers un bar où je rencontre cinq adolescents auxquels j'expose mon projet. Très enthousiastes, ils décident de m'offrir à boire et de se cotiser pour me payer une chambre d'hôte située dans le village. L'un d'eux se charge même de m'y conduire, le rêve ! Sur place, la patronne me dit de m'installer dans sa « chambre bleue », celle où un portrait de la Vierge surplombe le lit. Je sais donc à quelle énergie je dois rendre grâce pour tous ces heureux événements de la journée.

En ce cinquante-cinquième jour sur Eurotopia, la température dépasse les 36 °C et je dois marquer plusieurs arrêts pour demander de l'eau ou me rafraîchir dans les rivières. Je suis à chaque fois reçu par des gens souriants et de bonne volonté qui parlent avec leurs mains pour se faire comprendre. Dieu que cela fait du bien d'être traité comme un être humain ! Les villages serbes sont pourvus de nombreux arbres fruitiers le long des trottoirs, si bien que je n'éprouve plus aucune difficulté pour me nourrir. De l'amour et des fruits, que demander de plus ? Le soir, je m'installe pour une méditation dans la cour arborée d'une église. Au moment où je la termine, je vois le curé sortir du presbytère et m'empresse de l'aborder pour lui demander l'hospitalité. Il m'invite à patienter sous une tonnelle avec de l'eau fraîche, le temps de régler une priorité. Quand il revient vers moi, il me propose de me loger dans une chambre d'hôte et de me payer la nourriture dont j'ai besoin, solution que j'accepte volontiers. Je me retrouve ainsi plus tard à une table d'hôte en compagnie d'une famille serbe qui mène une vie aisée grâce à la mère de famille qui travaille six mois de l'année en Autriche comme femme de ménage.

Le 9 août, jour de mes 36 ans, je me réveille dans un lit. Merci la vie pour ce présent à la fois si simple et si précieux ! De surcroît, mes hôtes me laissent utiliser leur téléphone pour que je puisse appeler Florence et lui raconter mes dernières péripéties, notamment la traversée de la frontière, et lui dire que tout va bien et que les Serbes sont sympas. Je repars reposé et le moral au beau fixe, d'autant plus que je me réjouis à l'avance de revoir l'équipe de Tprod et Hervé dans deux jours. Cette douce promesse d'un relâchement prochain avec des amis m'aide à tenir bon dans les moments difficiles. Alors que la canicule s'installe, la VR6 me conduit le long du Danube dans un secteur isolé au milieu des champs, des rivières et des étangs. Sur la majeure partie de la journée, je ne croise que quelques maisons où on me laisse me ravitailler en eau.

Le soir, je m'arrête confiant dans un village mais je me heurte à des visages fermés qui me rappellent l'ambiance hongroise. Une femme qui parle bien anglais me prévient que j'aurai du mal à trouver un hôte ici. En sortant de chez elle, je vais à la rencontre d'un groupe de jeunes dans la rue pour leur demander s'ils connaissent quelqu'un qui serait susceptible de m'héberger. Le plus âgé d'entre eux, la vingtaine, me demande, à ma grande surprise, si j'ai mes papiers. Quelque peu agacé par sa question importune, je lui réponds que je ne les ai pas. Je l'entends alors parler à voix basse à ses amis et je comprends que je viens de commettre une belle erreur, les sans-papiers semblant être un sujet sensible ici... Pressentant qu'il vaut mieux déguerpir, je leur dis avec le sourire que je vais aller chercher ailleurs. Je m'en vais nonchalamment, mais dès que j'ai changé de rue et qu'ils ne me voient plus, j'accélère le pas pour quitter au plus vite ce village inhospitalier. Mes craintes étaient bien fondées : le jeune qui m'avait demandé mes papiers me double soudainement à moto pour faire demi-tour juste un peu plus loin et rentrer chez lui. Il me paraît évident qu'il voulait simplement vérifier dans quelle direction j'allais afin de me dénoncer ensuite à la police. Le stress qui monte alors en moi m'aide à accélérer le pas sans effort.

À mon grand soulagement, je me rapproche d'un nouveau village, ce qui me permet de quitter la route principale. Je bifurque alors dans des rues secondaires plus discrètes qui devraient me permettre d'échapper à une éventuelle patrouille de police partie à ma recherche. Ici aussi les visages sont fermés et je me heurte à des refus. Plusieurs personnes m'incitent à continuer sur environ cinq kilomètres où, me dit-on, je pourrai trouver un abri pour la nuit dans un campement au bord du Danube. Cette idée me paraît saugrenue: en effet, pourquoi des campeurs m'hébergeraient-ils? De plus, je me sens tellement fatigué qu'il est totalement inenvisageable pour moi d'aller plus loin. Sur ces réflexions, je rencontre un jeune homme dans la rue qui m'inspire confiance et qui parle bien anglais. Je lui explique ma situation et, devant son air dubitatif, lui montre sur son téléphone des vidéos de moi prises par les médias français. Il est alors conquis et fait tout son possible pour convaincre ses parents, chez qui il habite, de m'héberger. De l'autre côté du portail, j'entends sa mère qui monte le ton et lui rétorque que je suis certainement un menteur et qu'il est hors de question qu'un étranger franchisse le seuil de sa maison. Au ton de sa voix je sais qu'elle ne changera pas d'avis et il ne manquerait plus qu'elle me demande elle aussi mes papiers... Son fils lui explique que je réalise une aventure incroyable et qu'il y a même des vidéos de moi sur Internet qui en attestent. Elle lui rit alors au nez, manifestant ainsi clairement que ce n'est certes pas Internet qui risque de la faire changer d'avis. En croisant les regards torves de cette femme et de sa fille qui l'aide aux tâches domestiques, je comprends qu'il est inutile d'insister. Comme en Hongrie, je me heurte à cette peur atavique de l'étranger. Sensible à mon désarroi, le jeune homme ne veut pas me laisser tomber, quitte à braver le jugement familial. Il décide alors de me conduire au bord du Danube vers le fameux camp où l'on m'avait déjà invité à me rendre. On y arrive à la nuit tombée, l'endroit est désert et les quelques cabanes qui rappellent une vague existence de la civilisation sont closes. On peut seulement entendre le vrombissement provenant du battement conjugué de millions de paires d'ailes de moustiques hantant les lieux. S'il le faut, je suis prêt à supplier à genoux mon chauffeur de ne surtout pas me laisser là. Ce dernier comprend mon désarroi, et nous retournons donc ensemble au village. Comme dernière possibilité, il me propose alors de dormir dans une maison abandonnée, ce que j'accepte sans hésitation. Il retourne alors chez lui en catimini pour récupérer des couvertures et de la nourriture en me laissant dans une rue à proximité afin d'éviter un nouveau scandale familial. Comme lors de ma deuxième nuit en Suisse, je ressens la crainte de ne pas voir revenir mon cicérone du soir. Heureusement, il tient parole et m'emmène quelques carrefours plus loin pour me désigner une maison en ruine, celle où je vais enfin pouvoir dormir en paix. Il connaît cette masure pour y avoir vécu pendant son enfance. Il m'aide à m'installer à l'intérieur au milieu des bris de verres, des cartons, des habits et des bouteilles vides qui témoignent d'autres visites. J'espère seulement ne pas être dérangé au cours de la nuit, ce serait plus que je ne peux en supporter en cette journée d'anniversaire qui avait pourtant si bien commencé.

Malgré mes péripéties de la veille, je me réveille de bonne humeur à l'aube, tout joyeux de me dire qu'il ne me reste plus qu'une nuit à tenir avant de retrouver l'équipe de tournage et donc de pouvoir profiter de quelques jours de repos salutaires. Mes pensées vont bien souvent vers toutes ces personnes qui me soutiennent et m'épaulent dans ce projet, et la perspective de bientôt les retrouver m'aide à adoucir l'intensité du voyage qui parfois me malmène. Les quelques contacts que j'essaye d'établir au cours de la journée ne sont pas très agréables, si bien que j'adopte à nouveau ce réflexe de repli que je sais pourtant ne pas être la solution sur du long terme. Mais depuis la veille, l'ambiance générale ne me rappelle que trop celle déjà endurée en Hongrie, et je me protège en évitant au possible les contacts.

En fin de journée, j'arrive dans une ville de moyenne importance où, en réponse à ma requête d'une connexion Internet, on m'indique un cybercafé non loin. En pénétrant dans cette pièce aux lumières tamisées, j'ai l'étrange sensation d'être soudainement plongé dans un univers parallèle peuplé de geeks. Avec les quelques dinars qui me restent, j'ai le droit d'utiliser Internet pendant une heure. Sans perdre de temps, j'écris à Hervé et à Tprod pour leur expliquer dans quelle ville et à quel endroit précisément je les attendrai le lendemain en fin d'après-midi. Pour établir ces prévisions, j'ai recours aux photos satellites qui me fournissent des renseignements précieux. Soulagé par l'envoi de ces e-mails de la plus haute importance à mes yeux, je peux alors concentrer toute mon énergie sur ma dernière préoccupation de la journée qui est celle de me trouver un logement pour la nuit. Je me dirige ainsi vers une église puisque cela m'a déjà réussi à deux reprises. Hélas, je ne parviens pas à rencontrer les ecclésiastiques. Cela fonctionne peut-être dans les villages mais il en va autrement dans les villes. Je tente alors ma chance auprès d'un homme à l'allure sympathique, rendu prolixe mais aussi quelque peu imprévisible par l'alcool. Tandis que nous déambulons tous deux dans les rues, je m'échine une heure durant à lui tirer les vers du nez pour qu'il accepte de me dire clairement où il compte me faire dormir. J'ai du mal à en croire mes oreilles lorsqu'il finit enfin par lâcher qu'il veut bien me payer l'hôtel, mais à condition que je sois en règle avec mes papiers. Cette manie de demander les papiers m'exaspère et je finis par lui fausser compagnie. Un peu plus loin, en sortie de ville, je manque de me faire agresser par un homme dans son jardin qui m'intime l'ordre de déguerpir de chez lui en me faisant un geste du bras qui se passe de traduction. De guerre lasse, tandis que je poursuis ma quête d'hébergement en courant sur une route très fréquentée par des véhicules qui me rasent, j'aperçois une maison abandonnée sur le côté. J'en suis à un tel degré de découragement et de fatigue que j'arrive même à la trouver attirante. À l'intérieur, comme s'ils m'attendaient depuis des lustres, se trouvent posés à même le sol un vieux matelas et un bout de couverture couverts de poussière. Je m'y couche rapidement, sans eau ni nourriture, au milieu des toiles d'araignées et de la misère la plus totale. Mais cela m'est égal, je préfère temporairement être dans ma bulle sans rien que de m'infliger tous ces contacts humains désagréables. En outre, je sais que le lendemain je reverrai enfin mes amis, et cette douce perspective compense de loin l'inconfort de la nuit à venir.

Si physiquement je me réveille en forme à l'aube, mon moral est en berne après ces deux nuits passées dans des maisons en ruine. Je ne me vois absolument pas finir les mille kilomètres restants en mode commando comme je viens de le faire deux nuits de suite. Je me rends compte que cet état d'esprit négatif me pousse à focaliser mon attention sur tous les problèmes environnementaux et sociaux qui m'entourent: les arbres coupés, la pollution des sols, les gens qui vivent dans leur prison (maison + télé), la malbouffe et, par-dessus tout, ce manque général d'humanité qui m'a coûté deux nuits dehors comme un chien. Ce constat accablant indique de toute évidence que des changements sont nécessaires, voire indispensables. Je me fais aussi la réflexion que jamais, au cours de mes précédents voyages, je n'avais réalisé quelque chose d'aussi difficile. C'est pourtant ce que je recherchais: mes fameuses limites! Depuis douze ans, je les repoussais toujours un peu plus loin au travers de différents défis personnels, chaque fois plus engagés les uns que les autres. Maintenant que je touche mes dernières limites du bout des doigts, je comprends précisément pourquoi j'avais le pressentiment qu'Eurotopia serait ma dernière expédition. Je ne me pense alors plus du tout capable ni motivé d'entreprendre un challenge encore plus élevé. D'autant plus que je me sens désormais habité par l'envie de développer une activité professionnelle pour accompagner le changement de société en cours.

Pour l'heure, je dois terminer l'expédition que j'ai commencée. Pour cela, je dois veiller à combler au plus vite mes besoins essentiels : du repos, une douche, des relations humaines « normales », varier davantage mon alimentation qui se resserrait ces derniers temps uniquement sur des prunes, pommes, bananes et cacahuètes, et m'offrir un vrai *reset* physique et psychique *via* la méditation. Le fait de savoir que je vais enfin pouvoir le soir même m'offrir cette bulle d'oxygène revitalisante si attendue me met en joie. Au terme de ma première heure de course matinale, j'arrive à une plage du Danube ; je profite du fait qu'elle soit encore déserte pour m'y laver le corps et l'esprit. Une fois propre et mes habits nettoyés, je me sens nettement mieux. J'ai le sentiment d'avoir laissé dans les eaux du Danube toutes mes inquiétudes et repars alors de cette plage le cœur plus léger, désormais tout disposé à vivre pleinement cette nouvelle journée. D'ailleurs, j'apprécie particulièrement cette jolie région de la Serbie que je traverse, avec sa vue splendide sur le Danube et ses vallons recouverts de forêts. À une centaine de kilomètres de Belgrade, capitale de la Serbie, la VR6 s'est parée d'une belle route cyclable qui défile sous mes pas légers tandis que j'admire le paysage. J'arrive ainsi sur le lieu du rendez-vous avec deux heures d'avance ; il ne me reste alors plus qu'à me reposer en attendant la venue de mes compagnons.

11

AIDE PROVIDENTIELLE

Je me trouve juste en face du Villa Palace, un hôtel quatre étoiles sis dans la banlieue de Novi Sad, le lieu de rendez-vous avec l'équipe. Je l'ai choisi comme point de rencontre pour son nom en lettres latines, parce qu'il est situé au bord de la VR6 et aussi parce que mes amis n'auront pas de mal à le trouver sur leur GPS. J'ai environ deux heures d'avance et la chaleur est telle que je dois m'abriter sous un arbre. Hervé devait atterrir à Belgrade la veille, se procurer un vélo sur place et venir à ma rencontre en prenant un bus. Il n'y a aucune raison pour que l'on se rate, mais mon stress après deux nuits passées dans des maisons abandonnées est si élevé que j'ai la hantise qu'un incident empêche la rencontre d'avoir lieu. Des peurs irrationnelles sont manifestement en train de prendre le dessus sur mon mental et il est vraiment temps que je relâche la pression. Ce que je parviens à faire dès que je découvre Hervé pédalant vers moi sur son vélo jaune avec un grand sourire et un panier rempli de fruits à l'avant! Passionné lui aussi de course à pied, Hervé vient partager avec moi un morceau du voyage, équipé d'un drone, d'une caméra et du matériel nécessaire pour bivouaquer. Ainsi, pendant six jours et six nuits, je n'aurai à me soucier que d'avancer, le rêve! Jamais je n'ai été aussi content de voir un ami de toute ma vie, c'est presque comme s'il me sauvait la vie... Quelques heures plus tard nous sommes rejoints par Alex et Éric, l'équipe est alors au complet. Sans perdre de temps, les caméras et le drone sont sortis et l'on me filme dans les rues de Novi Sad en train de courir et de faire des demandes aux riverains pour être hébergé. Au premier essai, nous filmons un retraité qui me refuse l'hospitalité mais m'invite volontiers à cueillir des prunes dans son jardin. Un sac rempli de fruits à la main, je reviens auprès de mes amis qui me disent que cette personne a vraiment été sympa. Cette réflexion me montre à quel point ils ne comprennent pas ce que j'ai enduré pour venir jusqu'ici sans rien. Je leur réponds sur un ton un peu piqué que certes, il m'a traité comme un humain et que j'ai sincèrement apprécié cela, mais qu'il ne m'a été d'aucun secours. Des prunes, j'en trouve autant que je veux en marchant dans les rues sans avoir à m'embêter avec un lourd sac de fruits à la main ! L'enjeu pour moi lorsque je suis seul, c'est prioritairement d'avoir un toit, pas de manger ! Mes amis ne sachant plus quoi répondre à cela, nous revenons rapidement à nos préoccupations de tournage, et allons filmer d'autres refus.

Tprod avait réservé un appartement à Belgrade où nous nous rendons avec la voiture de location que conduit Alex. Nous nous garons en plein centre-ville dans un parking souterrain, puis nous traversons la place de la République avec son impressionnante statue en bronze représentant le prince Michel sur son cheval. Nous pénétrons ensuite dans un vaste hall soutenu par de hautes colonnes qui témoigne du passé fastueux de la capitale, mais la vétusté de l'ascenseur et des installations électriques trahit l'évident manque de moyens actuel. Je reconnais là les stigmates de la période communiste qui a sévi jusque dans les années 1990. Je suis interrompu dans mes réflexions lorsque nous arrivons au dernier étage où se trouve l'appartement loué qui est à la fois spacieux et moderne. Quoi qu'il en soit, ce n'est certes pas moi qui risquerais de faire le difficile après les nuits que je viens de passer !

Nous n'avons qu'une seule journée de travail devant nous, alors nous commençons de bon matin par nous rendre dans le centre historique de la capitale. Nous y découvrons une forteresse à l'intérieur du parc Kalemegdan qui surplombe le Danube à sa confluence avec la rivière Save. C'est le cadre parfait pour filmer de nouvelles images, et l'œil des caméras me suit tout au long de ma course au cœur des contreforts en ruine et dans les allées pavées de ce site magnifiquement arboré. Puis après m'avoir laissé méditer à l'ombre d'un arbre centenaire, Alex m'interviewe sur les renforts et me demande mon ressenti sur cette période écoulée depuis Vienne :

« Après deux mois d'aventures, cela confirme ce que je croyais initialement. Que le corps humain est tout à fait capable de faire ça. Mais jamais je n'aurais imaginé que cela puisse être aussi difficile psychologiquement de vivre ce sentiment de rejet par certaines personnes et d'être un laissé-pour-compte, de ne pas compter si l'on n'a pas d'argent. Par moments, ça peut être merveilleux quand on est accueilli comme un frère, et à d'autres moments on peut faire peur aux gens et être vu comme quelqu'un sur le dernier échelon de l'humanité. Et ça, ce sont des situations particulièrement difficiles à vivre, mais paradoxalement je les rejette de moins en moins car elles me font grandir intérieurement. Je sens maintenant à quel point c'est primordial de regarder l'autre indépendamment de sa situation et de ses apparences, regarder l'humanité dans l'autre, la sentir et la respecter. C'est un enseignement que je ressens vraiment dans ma chair.

Je peux courir des étapes de quarante à cinquante kilomètres sans problème, mais la difficulté vient du fait qu'une part de moi fatigue psychologiquement de trop accumuler d'attitudes hostiles ou de rejet. Ce qui fait que j'ai absolument besoin pour continuer ce voyage de garder ma concentration, mon enthousiasme, une certaine vitalité. Pour cela, de temps en temps, j'ai besoin d'une bulle d'oxygène, de me reposer, de bien m'alimenter, d'avoir des relations humaines nourrissantes, et puis de me recentrer par la méditation, le yoga, les respirations conscientes. Là seulement je suis capable de continuer. Je sens que l'équilibre devient fragile depuis que je suis entré en Hongrie où ce que je fais ne parle pas vraiment aux gens. Dans ce voyage-là, je me rends compte à quel point le contact humain est vital. C'est-à-dire que là, on pourrait me donner la meilleure nourriture qui soit, mais en continuant de cumuler des mauvaises expériences avec les humains, ça me minerait tout autant. »

Cette interview a fait comprendre à mes amis à quel point le voyage me faisait tirer sur la corde. Nous poursuivons cette journée de tournage sur la rive sud du Danube qui est remarquablement bien aménagée pour les cyclistes et les piétons. Nous complétons avec quelques plans en ville, notamment sur la place de la République, avant de clôturer cette longue journée bien remplie dans un restaurant. Alex et Éric repartent dès le lendemain matin, heureusement qu'Hervé reste quelques jours de plus avec moi, sans quoi le relâchement aurait été de trop courte durée.

Au petit jour, Alex et Éric nous conduisent à Novi Sad avec le vélo d'Hervé dans le coffre. C'est de là que nous reprenons l'aventure à deux tandis que l'équipe de tournage repart à Paris. Après m'être purgé, lavé, coupé les ongles et rasé de frais, je me sens comme un homme neuf aux côtés d'Hervé qui, quatre jours durant, a prévu de me suivre pour rapporter un maximum d'images qui compléteront celles de Tprod. Je me demande si je n'aurais pas flanché sans ce soutien qui tombe à pic. Ensuite, il rentrera chez lui et je me retrouverai seul pour finir mon expédition. Mais d'ici là, je compte profiter de sa présence pour couvrir un maximum de kilomètres. Selon mes calculs, la frontière roumaine est à environ deux cent quarante kilomètres, soit quatre jours à pied si je cours soixante kilomètres par jour. Cela me paraît tout à fait dans mes capacités dans la mesure où je n'aurai plus à me soucier ni du ravitaillement ni de l'hébergement, ces deux services étant temporairement assurés par Hervé qui m'offrira le gîte et le couvert, en tente si on est en rase campagne, ou à l'hôtel si on est en ville. En outre, ma progression sera facilitée par son GPS qui nous évitera les hésitations et détours inutiles... Bref, je vais bénéficier pendant quatre jours de conditions idéales, ce qui devrait me permettre d'avancer plus vite et de relâcher temporairement le stress lié à la grande vulnérabilité que j'éprouve lorsque je suis seul et dans le plus grand dénuement.

Si ma motivation est forte pour tenir ce rythme élevé sur quatre jours, c'est aussi parce que j'aurai alors la possibilité de passer en Roumanie avant qu'Hervé ne reparte. Cela me tient à cœur pour deux raisons : la première, c'est que je n'ai plus du tout envie de demander l'hospitalité à des gens qui me demandent mes papiers à tout bout de champ ; la deuxième, c'est que si je ne parviens pas à passer en douce la frontière, je pourrai récupérer le passeport que j'avais confié à Hervé avant de partir. Je n'aurai peut-être pas autant de chance que la dernière fois et à choisir, je préfère terminer le voyage dans les règles plutôt que de ne pas le finir du tout.

Le ciel est dégagé et la température agréable, nous sommes tous les deux prêts à enquiller un maximum de kilomètres en cette jolie journée. Quelle joie de poursuivre ce voyage avec un ami ! Après la piste cyclable fort paisible de Novi Sad, nous nous retrouvons soudainement mêlés à une circulation très dense sur une route sans accotements où circulent de nombreux poids lourds. Nous n'avons d'autre choix que de prendre notre mal en patience et de rester vigilants. Ce n'est qu'en fin de journée que nous retrouvons avec soulagement les routes calmes de campagne. Nous voici enfin débarrassés du sentiment pesant de risquer nos vies à chaque seconde sur la route. Dans un village à mi-chemin entre Novi Sad et Belgrade, nous demandons aux riverains une place où planter notre tente. Nous essuyons deux refus avant qu'un homme aux manières gênées ne nous invite à monter notre tente dans le parterre engazonné entre le mur de sa maison et la route. Je ne suis même pas certain que ce lopin de terre lui appartienne vraiment, mais nous voici en tout cas aimablement conviés par cette famille qui nous propose même d'utiliser la douche installée dans le jardin, des couverts pour manger et quelques fruits et légumes du jardin pour compléter nos assiettes. La servilité de l'homme me semble toutefois quelque peu exagérée et le ton de sa voix sonne faux quand il se dit émerveillé par l'exploit que je suis en train de réaliser. Je finis par découvrir le pot aux roses juste avant d'aller me coucher lorsque je le vois demander de l'argent à Hervé. Une partie de moi se sent trahie par les actes et les mots en apparence bienveillants de cette personne finalement uniquement motivée par l'argent.

Le lendemain matin, Belgrade n'est plus qu'à une cinquantaine de kilomètres et Hervé réserve un hôtel pour la nuit. Nous nous ravitaillons en chemin sur de grands marchés où nous trouvons des melons que je mange avec avidité. Quand ils sont mûrs, ce sont vraiment des fruits idéaux pour se réhydrater tout en s'alimentant car on boit et on mange en même temps. D'ailleurs, grâce à eux, nous n'éprouvons pas le besoin de boire de la journée malgré les températures dépassant les 30 °C. Comme les cerises, ces fruits remplacent l'eau à condition d'en consommer suffisamment bien sûr, ce qui se révèle compliqué lors de cette expédition, car ils ne poussent pas sur les bords de route, et sont de plus d'une taille encombrante. Après en avoir acheté quelques-uns, nous décidons de les consommer sans plus attendre ; nous nous installons à l'ombre dans un fossé où nous découpons les premières tranches avec un canif. Une charmante vieille dame qui nous observait derrière sa grille nous invite à sa table de jardin pour nous prêter des couverts afin que nous puissions manger nos melons avec plus de commodités.

Hervé prend son travail de cameraman très au sérieux et il me filme à de multiples reprises tout au long de la journée, que ce soit avec son téléphone ou avec son drone. Régulièrement, il part loin devant avec son vélo pour avoir le temps d'installer son matériel. À ma grande surprise, dans ces moments-là, j'éprouve la crainte que l'on se perde de vue et que ce soit ensuite compliqué de nous retrouver. D'ailleurs, cette situation manque de se produire lorsque nous arrivons en banlieue de Belgrade où la VR6 se retrouve de nouveau mêlée au trafic routier d'un grand axe. Je sens mon système nerveux tellement épuisé que je ne peux même plus concevoir l'idée d'avoir à chercher un logement par mes propres moyens. Dans ma tête, je me suis programmé pour vivre ces trois nuits à venir sans hébergement à chercher, et je me sens incapable de devoir refaire cet effort.

En soirée, je fête notre arrivée à Belgrade en me baignant dans le Danube, ce qui me permet aussi de me débarrasser du stress de la journée. C'est toujours un moment important à mes yeux que d'arriver dans une des capitales qui jalonnent l'itinéraire. La promenade qui longe le fleuve est très agréable avec ses arbres et ses parcs; longue de plusieurs kilomètres, elle nous mène jusqu'au centre-ville en compagnie de nombreux badauds. Comme nous nous rendons dans un hôtel à proximité de la place de la République, je commence à reconnaître certains bâtiments. Je regarde songeur les rues et les ruelles de la cité et je me réjouis de l'opportunité que j'ai de ne pas avoir à y chercher un logement pour la nuit. Une fois à l'écart du bruit de la ville, dans notre chambre, nous nous préparons une assiette géante de crudités avec des carottes, du concombre, du poivron, de la salade, de l'avocat, des tomates, de l'huile d'olive, de l'ail, de l'oignon, du gingembre et du piment. Je remarque que ces derniers temps mon corps réclame de plus en plus d'alliacées et de piment, signe que mon corps a besoin de jeûner et de se purger plus en profondeur. D'ailleurs, je le ressens bien à mes peurs qui deviennent exacerbées et irrationnelles, comme celle de perdre Hervé en chemin. Sur un plan corporel, je les explique par un encombrement excessif de toxines au niveau de la lymphe, ce qui altère le bon fonctionnement de certaines glandes, comme l'amygdale et l'hypothalamus qui jouent un rôle prépondérant dans la gestion des émotions.

Le lendemain matin, la sortie de Belgrade est rendue laborieuse par un trafic très dense sur des routes non aménagées pour les piétons. La belle piste cyclable qui traverse la capitale n'est plus qu'un lointain souvenir en comparaison de cette banlieue bruyante où le réseau routier enchevêtré et marqué de nombreuses courbes rend l'orientation difficile. Par-dessus le marché, la VR6 n'est plus du tout indiquée et il n'y a personne pour nous renseigner. C'est grâce au GPS que nous arrivons à nous faufiler dans ce lacis de routes sans perdre de temps. Nous avançons parfois sur l'herbe entre les rambardes de sécurité et le talus. Pour finir, nous sommes même contraints d'utiliser une voie rapide.

Nous sortons de cet enfer assourdissant en fin de matinée après une vingtaine de kilomètres non-stop. Nous entrons alors dans une ville où nous nous ravitaillons en fruits, légumes et oléagineux. La VR6 dont nous avons enfin retrouvé la signalisation nous mène jusqu'à un parc où j'éprouve une joie indicible à pouvoir manger à ma faim tout en reposant mes jambes. Je m'octroie une heure de répit maximum, au-delà il me serait trop difficile de repartir. C'est la troisième journée successive où j'enchaîne plus de kilomètres qu'à l'accoutumée et j'ai du mal à reprendre ma course après chaque pause. Alors je repars doucement, en marchant d'abord sur quelques centaines de mètres avant de reprendre ma foulée habituelle au rythme d'environ 9 km/h. Nous progressons désormais sur des routes de campagne beaucoup plus silencieuses où les arbres ont été sacrifiés pour laisser place aux monocultures de maïs, de tournesol et de soja. Au milieu de ces paysages dénudés,

Hervé part loin devant moi par moments pour installer son drone. Pendant ces moments de solitude, bien que brefs, je ressens avec acuité l'angoisse de me retrouver seul et sans soutien le surlendemain, d'autant plus qu'il y a une frontière à traverser et que la dernière n'a pas été une partie de plaisir…

Pendant ces longues journées de courses, mon esprit s'évade pour échapper à la fatigue. Je pense beaucoup à Florence et aux enfants, je me demande ce qu'ils font à la maison; mon esprit se projette aussi souvent vers le futur et ce que je ferai une fois de retour. Parfois, plus prosaïquement, je mets simplement mon focus sur la prochaine pause. Ces haltes salutaires rompent la monotonie de ma course et j'aime bien, de temps en temps, marquer un arrêt dans un bar, cela me rappelle le confort de la civilisation auquel j'avais droit avant de partir. Ces lieux d'oisiveté et de consommation de drogues légales sont pourtant les derniers endroits où j'irais en temps normal. Même si je continue à manger une majorité de fruits glanés sur les arbres au bord des routes, maintenant qu'Hervé est là, je peux m'octroyer le plaisir de diversifier mes aliments. Je reprends ainsi plaisir à goûter aux graines de chia, que je fais au préalable tremper dans de l'eau dans les verres des bars, au cacao cru en poudre et à la purée de cacahuètes. Quand je vois à quel point je suis maigre sur les photos qu'Hervé a prises après Novi Sad, je ne suis pas du tout surpris par cette grande appétence que j'ai actuellement pour les végétaux riches en gras. Mais cela ne m'inquiète pas, je sais que je reprends très vite du poids dès que je peux m'alimenter à ma faim en diversifiant suffisamment mes aliments.

En fin de journée, après plus de soixante kilomètres dans les jambes, nous arrivons dans la petite ville de Kovin. Hervé a réservé un hôtel où je vais pouvoir récupérer au mieux après cette longue journée, sachant que la prochaine sera au moins aussi longue. Quelle joie de pouvoir être assis sur un siège et de déguster tasse après tasse un délicieux thé à la menthe avec du miel, ma boisson préférée du moment à laquelle Hervé a pris goût lui aussi. Je profite aussi d'avoir une chambre avec le wifi pour étudier une énième fois sur l'ordinateur d'Hervé les photos satellites de la frontière entre la Serbie et la Roumanie. Échaudé par ma dernière traversée de frontière en mode réfugié, je crains de me faire surprendre au dernier moment par la présence de militaires que je n'aurais pas anticipée, à l'instar de la guérite hongroise à laquelle je n'avais pas fait attention depuis les images satellites. Elle était presque imperceptible, mais visible tout de même en zoomant suffisamment. Alors je passe cette fois-ci au peigne fin tous les pixels des images que j'agrandis au maximum, jusqu'à ce que je finisse par découvrir la présence d'un belvédère avec tour d'orientation à proximité du secteur que je voulais traverser. J'ai une boule au ventre rien qu'à l'idée de devoir me remettre dans une telle situation périlleuse… Pour me rassurer, je conviens avec Hervé que le lendemain soir, après notre arrivée à Banatska Palanka, ville qui jouxte la frontière, il partira seul à vélo repérer les lieux.

Cette boule au ventre me tient compagnie toute la journée du lendemain, la dernière avec Hervé avant que je ne me retrouve seul. Ce qui me remonte le moral, c'est que je serai bientôt dans le dernier pays de l'expédition. La journée se passe sans incident dans la campagne serbe qui a retrouvé sa bonne ambiance, celle à laquelle j'avais goûté en arrivant dans ce pays avant que l'on ne me demande mes papiers à tout bout de champ. Les cyclistes qui nous doublent nous encouragent, les voitures font de même en klaxonnant gentiment. Sur un étal improvisé devant leur ferme, des paysans souriants nous offrent quelques fruits et un siège pour faire un brin de causette avec quelques mots d'anglais. Que c'est bon de retrouver des comportements humains ! L'autre détail particulier qui me donne le sourire, ce sont les panneaux routiers en serbe et en français (uniquement) qui indiquent

« Bon voyage ! ». L'un de ces panneaux est même partiellement dissimulé par une branche d'arbre et il ne reste de visible que « Bon voyage ! », en français, ce que j'interprète comme un signe encourageant des dieux.

En fin de journée, le vent se lève et le paysage change lui aussi. On passe de l'immensité des champs plats aux vallons verts qui offrent un contraste splendide avec le bleu du Danube qui, à cet endroit, est large de plusieurs kilomètres. Sous des bourrasques violentes, nous traversons une vaste zone de pâturage parcourue par un troupeau de moutons avant d'arriver à Banatska Palanka, le dernier village avant la Roumanie. Le seul hôtel du coin est pris d'assaut par les touristes serbes, alors nous tentons notre chance auprès des riverains. Hervé part seul à leur rencontre tandis que je me repose à l'abri du vent contre un mur de l'hôtel. Une demi-heure plus tard, Hervé revient avec le sourire, car il a trouvé une famille d'accueil qui nous propose de dormir dans sa caravane. Nous sommes admirablement bien reçus par cette famille dont les enfants, très curieux de voir des étrangers, nous entourent et nous questionnent avec quelques mots d'anglais. Ils sont d'ailleurs particulièrement intéressés par le drone d'Hervé qui leur fait une démonstration dans la cour. Nos charmants hôtes sont séduits par mon voyage et me regardent avec de grands yeux admiratifs. Bien sûr, nous nous abstenons de préciser que je suis entré en Serbie sans papiers. Plus généralement, ce que j'observe depuis plusieurs jours, c'est que mon voyage est bien mieux accueilli par mes interlocuteurs lorsqu'ils croient que je réalise cette traversée de l'Europe en compagnie d'Hervé et que j'ai à ma disposition de l'argent et une tente pour me faciliter la vie. De mon côté, j'apprécie leur enthousiasme même si je reste beaucoup plus réservé qu'Hervé qui, heureusement, parle pour moi comme s'il était mon agent. La fatigue de la journée et l'appréhension du lendemain me font ressentir le besoin d'être au calme pour me recueillir. En outre, il y a toujours ce problème du belvédère qui me rend soucieux.

Une fois que nous sommes bien installés dans la caravane, Hervé part en repérages dans la zone que je vais devoir traverser seul le jour suivant, qui se trouve à seulement un kilomètre environ. Il revient cette fois encore avec le sourire car l'endroit n'est aucunement surveillé, seuls les touristes en arpentent les chemins par ailleurs fort agréables. Cela m'ôte une grosse épine du pied et me permet d'être plus détendu pour profiter de cette soirée.

Le lendemain matin, je me réveille calme et déterminé. J'ai réuni les forces physique et psychologique nécessaires pour traverser la frontière. Nous partons à l'aube pour éviter au maximum les rencontres et nous nous rendons vers le fameux belvédère. Depuis ce spot, j'ai environ un kilomètre de no man's land à traverser avant de me retrouver enfin en Roumanie, une partie de plaisir en comparaison de mon dernier passage de frontière. Au cœur de cette zone sauvage coule la Nera, un affluent du Danube large d'une vingtaine de mètres, que je devrai traverser à la nage. Je serre Hervé dans mes bras et le remercie infiniment pour son aide précieuse. Étant donné qu'il a prévu de revenir pour les dernières étapes de l'expédition, nous nous reverrons normalement dans une quinzaine de jours. Entre-temps, mon ami est attendu en Écosse pour assister à sa première cérémonie chamanique. Il est temps pour lui de partir en direction du poste frontière roumain pour prendre un train jusqu'à Bucarest, puis un avion en direction de Londres.

De mon côté, je descends un talus pour me retrouver dans une végétation à la fois dense et marécageuse au cœur de laquelle je disparais complètement. Dans cette jungle, j'avance lentement et prudemment pour ne pas me blesser les pieds. Heureusement, ce secteur à parcourir n'est pas très large et j'arrive ainsi rapidement au bord de la Nera. Après m'être assuré de l'absence de bateaux, je la traverse à la nage. Sur l'autre rive, je fais officiellement mes premiers pas en Roumanie mais, tant que je ne suis pas sur la route, qui se trouve à un kilomètre environ en direction de l'est, il est trop tôt pour crier victoire. Ce franchissement de frontière se révèle quand même beaucoup plus facile que ne l'avait été celui entre la Hongrie et la Serbie ! J'avance discrètement dans une forêt qui ne doit pas souvent voir passer des pèlerins. Le fleuve qui aurait pu me servir de repère n'est plus visible, mais le ciel est dégagé et à cette heure matinale je n'ai qu'à suivre la direction du soleil. Après la forêt, je débouche sur un terrain avec des joncs géants hauts de trois mètres qui me barrent le chemin de part et d'autre. Pour traverser ce mur végétal, je me laisse tomber de tout mon poids vers l'avant pour aplatir les herbes, me relève puis recommence l'opération pour avancer mètre après mètre. C'est très amusant ! Cet obstacle franchi, je me retrouve dans une forêt parsemée de morceaux de plastique que les crues du Danube ont probablement accumulés ici. La tension commence à se relâcher même si, avec toutes ces immondices, je reste très vigilant pour ne pas me blesser sur un morceau de verre ou de métal. La forêt laisse ensuite place à une prairie dans laquelle j'avance en toute discrétion avant de rejoindre la route comme n'importe quel quidam. Ça y est, je l'ai fait ! Le stress laisse place à une grande émotion de joie que je partage devant ma caméra. Au regard de toutes les difficultés que j'ai franchies pour parvenir jusqu'en Roumanie sans papiers, c'est pour moi une victoire et la preuve que tout est vraiment possible en ce monde, si l'on fait montre de détermination bien sûr ! Je suis tellement enthousiaste que je formule le vœu de lâcher prise pour ce dernier pays et d'atteindre un degré de détachement qui me libère des peurs irrationnelles que j'ai connues la semaine passée. Comment pourrais-je encore douter du miracle permanent de la vie en me faisant du souci alors que tout l'Univers a permis que je vienne jusqu'ici dans le plus grand dénuement ? Et puis, je l'ai vérifié maintes fois au cours de mes voyages : quand on croit en ses rêves, l'histoire se finit toujours bien, comme dans les contes !

Le besoin de méditer se faisant sentir, je m'installe ensuite dans une zone à l'abri des regards. Au bord du Danube, je m'assois en tailleur avant de m'adonner à mon rituel de passage de frontière: réduire en petits lambeaux le pass du pays franchi pour les laisser s'envoler. Le rituel se termine en mettant dans ma pochette plastique le dernier pass qui contient la présentation en roumain de qui je suis, ce que je fais et ce dont j'ai besoin, moment symbolique très fort pour moi qui viens de traverser pas moins de sept pays en courant sans rien. Le huitième et dernier est là, devant moi, il me tend ses bras et je me sens suffisamment rechargé après ces six journées de repos très relatif pour m'y engager de bonne humeur et confiant. En outre, je me réjouis de retrouver ce pays et ses habitants dont je garde un excellent souvenir.

Avant de reprendre la route, je salue et remercie avec le cœur la Serbie et les Serbes de m'avoir laissé passer. Puis j'entame ma course le long d'une route de campagne peu fréquentée qui surplombe la rive nord du Danube. À ma gauche se dressent les Carpates méridionales, le spectacle est magnifique et je me réjouis d'être là. De l'autre côté du Danube, le territoire serbe suit le fleuve sur plusieurs centaines de kilomètres encore. J'avais ainsi la possibilité de rester un peu plus longtemps sur le territoire serbe mais, au regard de mon expérience dans cette contrée, j'ai pensé qu'il serait plus aisé pour moi de passer en Roumanie. Avec ses nombreux campings et lodges, la région semble en effet tournée vers le tourisme et elle attire en particulier les pêcheurs. Je traverse trois villages d'une autre époque, comme on en trouvait encore en France un siècle plus tôt, qui, en outre, semblent abandonnés. Dans l'un d'eux, je me ravitaille en eau fraîche grâce à un puits encore en usage. Puis je m'allonge insouciant pour une sieste sur un banc à la peinture écaillée, à l'ombre d'un noyer.

À mon réveil, je reprends la route, toujours dans une ambiance étrangement calme, jusqu'à ce que je rejoigne à une intersection la route principale. Vingt-cinq kilomètres après la frontière, je me fais arrêter par des policiers qui me demandent mes papiers avant de m'embarquer en direction du commissariat le plus proche puisque je n'ai rien à leur présenter à part mon pass dont ils n'ont cure... C'est la première fois que je monte dans une voiture de police et je suis surpris par l'intérieur. À l'arrière, la banquette où je suis assis est entièrement plastifiée comme si elle était conçue pour le transport d'animaux, et ainsi faciliter le nettoyage des déjections. En face de moi, je peux apercevoir le conducteur à travers une vitre blindée. Comme pour ma première nuit dehors, je prends conscience qu'être arrêté est bien moins désagréable que la peur d'être arrêté. En réalité, je me sens même pleinement détendu maintenant que mon sort ne dépend plus de moi. Je n'ai plus qu'à profiter pleinement du repos qui m'échoit ainsi de manière inopinée. Une fois au commissariat, on me demande de rester dans la voiture, et un agent francophone vient me questionner. Comme je viens à peine de franchir la frontière, il ne serait pas crédible de prétendre que j'ai perdu mes papiers en chemin. Alors je leur dis presque la vérité, à savoir que je traverse l'Europe en courant pieds nus et que j'ai perdu mes papiers en Serbie. Comme il ne me reste plus qu'un mois de congé pour finir mon voyage et que ce laps de temps est insuffisant pour faire réimprimer des documents, j'ai alors décidé de traverser la frontière en passant par le bois. Mon interlocuteur traduit mon exposé à tous ses collègues qui me regardent alors avec respect et s'intéressent à mon expédition. L'interrogatoire prend alors une autre tournure, on me demande le nombre de kilomètres que j'arrive à courir quotidiennement en étant pieds nus, la manière dont je m'y prends pour passer les nuits, etc. J'ai le sentiment que la situation est en train de se retourner en ma faveur, jusqu'à ce qu'un supérieur et son collègue arrivent et me disent de monter dans une autre voiture. Ils conduisent à la roumaine, c'est-à-dire vite et sans ceinture de sécurité, je me souviens que c'est une mode là-bas. En anglais, je demande au conducteur où il me conduit.

Il me répond laconiquement que puisque j'ai perdu mes papiers chez les Serbes, je vais retourner là-bas et me débrouiller avec eux. Il me prévient que si je reviens en Roumanie sans papiers, c'est un mois de prison qui m'attend. Je trouve ces Roumains vraiment très futés de me ramener en Serbie pour s'épargner du travail.

Nous roulons peut-être trente minutes avant qu'ils ne s'arrêtent au fin fond d'un bois. Je me demande pourquoi nous nous arrêtons dans un tel endroit. Mes gardiens m'ordonnent alors d'avancer devant eux le long d'un chemin forestier. Cinq cents mètres plus loin environ, l'idée qu'ils vont m'abattre sur place me traverse. À mon grand soulagement, nous finissons par rejoindre deux autres policiers qui contrôlent la frontière, délimitée par la Nera, qui, à cet endroit, se traverse facilement à gué. C'est certainement pour cette raison qu'elle est davantage surveillée ici que vers l'embouchure que j'avais traversée à la nage. Ils m'expliquent que de l'autre côté de la rivière se trouve la Serbie et que je n'ai qu'à suivre l'unique chemin que l'on aperçoit en haut d'un talus. Il me conduira dans un village tout proche, où je n'aurai qu'à me débrouiller avec les Serbes. Ils me répètent bien que si je reviens sans papiers, c'est un mois de taule qui m'attend.

Une demi-heure plus tard, j'arrive au village de Kusić où mon objectif est de trouver au plus vite un téléphone pour demander à Hervé de me rapporter mes papiers. Avec un peu de chance il n'est pas encore trop loin, sinon il faudra qu'il me les envoie. La première maison où je sonne est la bonne, j'y suis accueilli par un charmant couple qui m'avait vu courir la veille. Je leur explique que je traverse l'Europe en courant mais que mon ami cycliste qui m'accompagnait devait rentrer, qu'il a conservé mes papiers par mégarde et que je dois donc le joindre au plus vite. Touchés par mes déboires, mes hôtes me laissent volontiers utiliser leur téléphone. Hervé ne répond pas mais je parviens à contacter Florence à laquelle j'expose la situation. Elle se charge d'avertir Hervé dès que possible. Je ne me rappelle plus à quelle heure est son vol et je croise les doigts pour qu'il soit encore en Roumanie. Mes hôtes finissent par me convaincre de demander de l'aide aux autorités. Pesant le pour et le contre, je me dis que si je dois attendre plusieurs jours sur place pour récupérer mon passeport, il serait en effet moins risqué pour moi d'aller faire une déclaration. Je me laisse finalement conduire à quelques kilomètres de là jusqu'à Bela Crkva où se trouve un commissariat. En chemin, mon hôte se propose de m'acheter à manger dans une petite échoppe où je parviens à trouver des bananes et des cacahuètes. Le moral remonte peu à peu…

En ville, on me dépose devant le commissariat en me souhaitant bonne chance. Jamais je n'aurais cru qu'au cours de ce voyage j'aille de mon plein gré dans ce lieu. Contre toute attente, le policier de garde me répond sur les marches du bâtiment sans même prendre le temps de me faire entrer. Il se débarrasse de moi en me disant que si j'ai perdu mes papiers je dois aller faire une déclaration à Belgrade. Je lui explique que je suis à pied et sans argent, que Belgrade est à plus de cent kilomètres et que j'aimerais appeler un ami pour qu'il me les rapporte. Il me répond que ce n'est pas son problème avant de me fermer la porte au nez, un comble ! Cela fait plus de deux mois que je m'efforce de ne pas les croiser, et quand je me jette dans la gueule du loup, on m'ignore complètement ! Dans un sentiment d'impuissance, je rejoins le parc juste à côté et m'assois sur un banc pour manger les bananes et les cacahuètes que je transporte dans mon sac. Je me rends compte que mon enthousiasme matinal était bien précaire et que cet incident est révélateur de mon état. Je sens bien qu'au fond de moi j'ai déjà presque tout donné et qu'il n'en faudrait pas beaucoup plus pour que j'abandonne. D'ailleurs, comment continuer maintenant ? Hervé est-il déjà en vol pour l'Écosse ? C'est certainement pour cette raison qu'il n'a pas répondu au téléphone.

Néanmoins, il faut absolument que j'essaye de le joindre au plus vite, car lui seul peut débloquer la situation désormais !

La nuit commence à tomber et je ne sais plus à quel saint me vouer. Je finis par accoster quelques personnes discutant à l'autre bout du petit parc, auxquelles j'explique ma situation embarrassante. Un homme, géomètre de métier, m'invite alors à le suivre dans son bureau qui est à deux pas. Une fois sur place, il me laisse utiliser l'un de ses ordinateurs pour écrire à Hervé *via* l'application Messenger et lui demander de m'appeler de toute urgence. Pendant ce temps, le géomètre s'intéresse à mon expédition et, depuis son téléphone, passe en revue ce que l'on dit de moi sur le Net. Je pressens qu'il est tenté de m'héberger et que les nombreuses questions qu'il me pose l'aident autant à assouvir sa curiosité qu'à se rassurer sur qui je suis. J'avais vu juste, car, en effet, sans que je le lui demande, il se propose de m'héberger dans sa résidence secondaire au fin fond d'un bois où il aime se retrouver seul parfois. J'accepte sans hésitation en le remerciant vivement pour son aide providentielle au moment où je me sentais le plus vulnérable.

Afin de me laisser toutes les chances de joindre Hervé au plus vite, mon hôte accepte d'attendre une heure dans son bureau avant de m'emmener dans sa cabane. Heureusement, Hervé me recontacte à temps sur Messenger pour m'annoncer qu'il a bien reçu le message de Florence et qu'il est déjà en chemin pour nous retrouver dans une heure environ ! Je peine à croire que cela soit possible. Il m'explique alors que lorsqu'il s'est rendu à la gare dans la matinée, il a franchi un fuseau horaire qui lui a fait perdre une heure et, par conséquent, rater son train. De surcroît, par un hasard incroyable, l'employé au guichet de la gare lui a vendu un billet pour un train à prendre en soirée, en lui disant que c'était le prochain, alors qu'il y en avait d'autres avant. Si bien que lorsqu'il a reçu le message de Florence, il se trouvait encore en gare à proximité de la frontière serbe, à environ cinquante kilomètres de là, et qu'il a alors rebroussé chemin sans plus attendre, quitte à repousser son voyage en Écosse. J'explique cette excellente nouvelle au géologue qui accepte d'attendre encore, le temps qu'Hervé arrive.

Celui-ci nous rejoint au bureau de nuit, par chance son vélo est équipé d'une dynamo. Cette fois encore mon ami me sauve la mise ! Nous rangeons le vélo dans le bureau puis nous montons dans la voiture du géologue en direction de la cabane dans les bois qui se trouve être proche de l'endroit où nous avions dormi en caravane. Une fois sur place, nous nous rendons compte que cette cabane lui sert de garçonnière et qu'elle est fort sale et délabrée. La chasse d'eau ne fonctionne plus mais nous nous en contentons parfaitement pour cette nuit, surtout après les émotions de la journée. À l'aube, notre hôte nous ramène à son bureau de Bela Crkva où nous récupérons le vélo. Nous remercions chaleureusement une dernière fois le géologue avant de remettre les voiles en direction du poste-frontière le plus proche qui est à dix kilomètres environ. Hélas, celui-ci est fermé en raison de la pandémie, on nous apprend que seuls les principaux postes-frontières sont restés ouverts. Hervé l'ignorait car il était passé par celui plus au nord, à plus de cinquante kilomètres de là, vers lequel nous devons donc nous rendre. Étant donné que je ne me vois pas du tout courir une telle distance pour simplement faire un détour, nous cherchons ensemble une autre solution pour nous rendre le plus rapidement possible à Moravița.

Hervé sort alors de son portefeuille la carte de visite de notre hôte à la caravane qui est justement directeur de la sécurité à la douane. Il nous l'avait remise en nous disant de le contacter si nous avions un problème. Comme pour un jeu, c'est le moment de jouer ce joker ! C'est finalement le directeur en personne qui vient nous chercher en voiture pour nous conduire jusqu'au poste-frontière cinquante kilomètres plus au nord. Je pourrais me croire tiré d'affaire, mais ce serait trop simple car en fait, je ne suis jamais entré officiellement en Serbie. Cela va être l'opportunité d'observer comment leur outil informatique contrôle réellement le flux des personnes. Je ne suis donc évidemment pas surpris lorsqu'ils me font attendre quinze minutes en me disant qu'il y a un problème avec mon passeport. Ils ont bien identifié qu'il n'y avait pas de trace informatique de mon entrée, pas plus que de tampon sur les pages de mon passeport, quand bien même ils les tournent et retournent. Ayant eu le temps d'anticiper ce problème, j'adapte mon comportement en jouant le type sûr de lui et agacé d'attendre qui aimerait bien continuer son voyage tranquille. Ils finissent par me demander où et quand je suis entré en Serbie. Je leur réponds sur un ton très à l'aise que je suis arrivé par la Hongrie en suivant la VR6 et que je ne me souviens pas du nom du poste frontière. Cela fonctionne et ils finissent par me laisser passer, car après tout, je sors de Serbie pour entrer légalement en Roumanie.

Avec Hervé, nous faisons le plein de prunes sous un arbre à la sortie du poste frontière puis nous nous rendons à Moravița qui est quelques kilomètres plus loin. Sur place nous prenons un bus pour Pojejena, la ville même où je me suis fait arrêter vingt-quatre heures plus tôt. Le chauffeur refuse catégoriquement de prendre nos dinars, et menace de nous faire descendre du bus, mais heureusement, une gentille dame accepte de faire le change avec nous. Quel suspense ! La veille seulement, je me demandais si l'expédition n'était pas terminée et me voilà déjà de retour avec mon passeport et, de surcroît, un ami prêt à me suivre tant que j'ai besoin de lui ! Ce voyage me réserve décidément beaucoup de surprises ! D'ailleurs, je suis à peine descendu du bus à Pojejena que je retombe nez à nez avec les mêmes policiers qui m'avaient arrêté la veille. Je vois à leur tête qu'ils n'en reviennent pas et, ne sachant quoi me dire d'autre, ils me demandent mes papiers. Je leur tends avec un grand sourire mon passeport qui contient même le tampon réglementaire de la douane. Incrédules, ils me disent en anglais: «Mais on croyait que tu avais perdu ton passeport!» Dans ma stratégie pour désobéir à la loi j'avais également prévu ce cas de figure alors je leur réponds sans hésitation: «J'avais perdu ma carte d'identité, pas mon passeport, et c'est cet ami qui est venu me l'apporter.» Ayant définitivement renoncé à comprendre, ils contrôlent l'ami en question avant de nous souhaiter un bon voyage.

L'aventure peut maintenant reprendre en toute légalité sans cette épée de Damoclès au-dessus de ma tête. Cela m'avait compliqué la vie en Serbie car je n'osais plus aller vers les habitants. Je n'ai désormais plus ce problème, mais comme le voyage pèse lourd sur mes épaules et que toute cette histoire m'a remué, je ne me vois pas épuiser mes dernières forces dans des recherches d'hébergement pour la nuit. Je n'ai même pas besoin de l'exprimer à Hervé qui, de sa propre initiative, a pris la décision d'annuler son programme en Écosse pour rester aussi longtemps qu'il le faudrait avec moi. Une fois encore, je ne sais comment le remercier.

Fort éprouvé après ces quelque soixante-dix jours de voyage et déjà deux mille sept cents kilomètres au compteur, je calcule qu'il me reste encore huit cents kilomètres à parcourir avant d'atteindre enfin la mer Noire. Et cette fois-ci, je n'aurai plus le secours de la signalisation pour me repérer. Mais la vie fait toujours bien les choses alors je lui fais confiance pour continuer à m'apporter tout ce dont j'ai besoin et me permettre ainsi d'aller jusqu'au bout de mon rêve!

12
CULPABILITÉ

La nuit porte conseil, dit-on. Alors, au petit matin, je m'offre un temps pour faire le point sur ma situation: je me dois de reconnaître que le voyage m'a épuisé et que je n'ai plus les ressources physiques et mentales pour finir l'aventure dans les mêmes conditions de dénuement qu'au départ. Il me paraît donc en effet plus sage qu'Hervé reste à proximité jusqu'à la fin de l'aventure, si je souhaite pouvoir la vivre jusqu'au bout. En revanche, afin de ne pas trop dénaturer l'état d'esprit initial du voyage, c'est-à-dire sans matériel ni assistance, Hervé ne me secondera que ponctuellement et nous ne nous verrons qu'un jour sur deux. En outre, je resterai autonome pour la nourriture et les nuits, exactement comme avant. À ceci près que si jamais j'éprouve trop de difficultés, j'aurai toujours la possibilité de revenir sur cette décision pour au moins finir le voyage en courant mais avec l'assistance logistique d'Hervé. Je décide aussi de conserver le téléphone qu'il m'avait rapporté afin que l'on puisse rester plus facilement en liaison pour se retrouver. Pendant que je cours, Hervé, lui, va visiter le pays et travailler à distance pour sa société avec l'ordinateur qu'il a apporté.

Cette deuxième journée en Roumanie démarre sous une pluie fine et dans une brume épaisse qui camoufle le Danube et enveloppe les montagnes. Je me retrouve seul et mon moral est lui aussi brumeux: je pense surtout à tout ce que je ferai quand ce voyage sera enfin terminé. Pourtant l'endroit est magnifique et les arbres fruitiers nombreux, mais le cœur n'y est plus. Ce lieu calme n'est troublé que par quelques touristes et des véhicules de police. La vigueur avec laquelle les Roumains surveillent la frontière serbe me surprend. J'assiste depuis deux jours à une noria orchestrée par la police des frontières, qu'elle soit en bateaux, en hélicoptères ou en voitures. D'ailleurs je me fais contrôler une fois encore, sauf que cela n'a plus d'importance désormais, puisque j'ai récupéré mes papiers en bonne et due forme.

Je passe la nuit à Svinița, un petit village perché dans les Carpates méridionales où les gens sont souriants et semblent apprécier les Français. Les quelques personnes que je rencontre connaissent même quelques mots de ma langue maternelle. On me guide jusqu'au maire qui m'invite à dormir dans un local prévu à cet effet. Il me suggère aussi de cueillir des figues qui sont présentes un peu partout, ce qui me met en joie parce que j'attendais depuis longtemps de pouvoir enfin en déguster. Le local est confortable, avec un lit et un coin cuisine, bref tout ce dont j'ai besoin. En soirée, une dame vient même m'apporter un sac à provisions contenant du pain, du fromage, des tomates, des concombres, de la confiture et même un billet de cinquante lei[1] ! Je suis touché par la gentillesse et la bienveillance de toutes ces personnes, qui rappellent à mon cœur le doux souvenir de la Roumanie que j'avais connue onze ans plus tôt. Il n'en fallait pas plus pour qu'à nouveau l'âme du voyage reprenne vie en moi et me remotive à continuer l'aventure, même si je songe toujours avec impatience au moment béni où je me baignerai enfin dans la mer Noire.

Jour 73, la brume se lève pour laisser place à un ciel dégagé qui dévoile un Danube majestueux serpentant au milieu des pics, des falaises et des collines qui se succèdent jusqu'à la grande ville d'Orsova où Hervé m'attend. Quand bien même la journée s'est

1. La devise locale.

bien passée, je sens mon regain d'espoir de la veille s'éteindre comme une frêle bougie soufflée par un courant d'air intempestif. En outre, l'idée d'aller frapper aux portes me devient de plus en plus insupportable. Je n'ai plus l'envie ni les ressources psychiques nécessaires pour continuer à me mettre volontairement dans l'inconfort, surtout en milieu urbain, où trouver l'hospitalité se révèle plus délicat. Courir quarante à cinquante kilomètres par jour représente l'effort maximal que je me sens désormais capable de fournir, alors je prends la décision d'aller dormir à l'hôtel avec Hervé. Une dose de culpabilité m'étreint à chaque fois que je cède ainsi à la facilité. Je me sens honteux de revenir sur les règles du jeu que j'avais définies au début de mon expédition, alors que la fin de celle-ci est si proche. Tiraillé entre mon désir de ne rien lâcher et celui d'écouter mon corps qui montre ses limites, je n'arrive pas à sentir ce qui est vraiment juste pour moi. Un sentiment de frustration lié à cette confusion s'ajoute aussi à mon trouble. J'apprécie sincèrement que mon ami reste silencieux sur ce point afin de ne pas m'influencer. Sans doute me faut-il encore un peu de temps pour clarifier ma position sur ce sujet sensible pour moi. En attendant, nous prévoyons de nous revoir dans deux jours.

À partir d'Orșova, je quitte la paisible ambiance des Carpates pour me diriger dans la plaine où règnent une chaleur écrasante et un trafic routier des plus denses. Je suis surpris par le décalage entre la montagne relativement préservée et la plaine où tout a été saccagé à perte de vue pour y planter des céréales. Le paysage est par endroits lunaire et il ne reste des arbres qu'à proximité des villages. Cela me donne l'impression d'arriver dans une oasis en plein désert. D'après les panneaux, je me trouve à précisément 347 km de Bucarest. Qu'il est bon de lire enfin des noms de villes annonciateurs de la fin ! Selon mes estimations, il me reste encore deux semaines de voyage. En milieu d'après-midi, je fais une pause à l'ombre d'un parasol dans un bar où un Roumain apprenant que je voyage sans argent se propose de me payer un repas. Je lui explique que je ne mange pas de produits animaux ni rien de cuit mais que je veux bien une assiette de crudités. Avec un regard réprobateur, il me répond: «Ah! Mais tu es végane!» Même si ce n'est pas exact[2], je ne démens pas afin de connaître le fond de sa pensée. Visiblement contrarié, il tire un trait sur son invitation à m'offrir un repas et préfère à la place me servir son avis sur le sujet, à savoir que cette alimentation est malsaine et contre-nature. Il s'étonne même que j'aie pu courir d'aussi loin en m'alimentant de la sorte. Face à ses critiques, je reste silencieux et songeur en me disant que si ma performance physique ne suffit pas à le convaincre qu'il est possible de se nourrir exclusivement de fruits, de légumes et d'oléagineux, alors rien ne le fera... À le voir me regarder de la tête aux pieds avec suspicion, je pense même que ma corpulence normale[3], qui contraste avec la moyenne plus élevée de la population, doit au contraire lui paraître comme étant un signe de dénutrition.

Après cette conversation peu amène, je repars en plein cagnard me faire raser par les poids lourds. Finalement, si je fais le bilan, depuis Gibles mon point de départ, plus je vais vers l'est et moins les habitants comprennent ma démarche, tant et si bien qu'il m'est de plus en plus difficile de trouver de l'aide pour avancer. Je l'interprète ainsi: les habitants de l'Europe de l'Est considèrent les Occidentaux et leurs valeurs centrées sur l'argent, le statut social et le pouvoir comme un modèle de réussite qu'ils veulent imiter. C'est pourquoi, à mon avis, il est totalement inconcevable pour eux qu'un Français puisse volontairement se mettre en situation de dénuement. J'ai même le sentiment qu'ils se disent: «Si cela t'amuse de te mettre volontairement dans la merde, alors

2. Le seul produit animal que je consomme est le miel.

3. Mon indice de masse corporelle (IMC) de 21 se situe dans la norme, qui est comprise entre 18,5 et 25. L'IMC moyen en Europe est de 25, à la limite du surpoids.

débrouille-toi ! » Alors qu'en Occident, même si ma démarche paraît saugrenue, nous avons tous pris conscience que nos façons de vivre et de penser nous conduisent dans une impasse et que nous devons les repenser. Les marginaux de mon espèce, même s'ils sont rarement compris, bénéficient au moins de la reconnaissance portée à ceux qui ont le courage de sortir du rang pour essayer autre chose. Ce qui n'est pas du tout le cas en Roumanie où je cumule tant de rencontres désagréables que je me sens de moins en moins enclin à demander de l'aide. Hervé n'est pas loin et je pourrais très aisément, sur une simple décision, mettre un terme à la difficulté de quémander. Mais visiblement ma culpabilité de céder à la facilité est toujours plus forte que ma fatigue !

En fin de journée, je rencontre dans un village trois jeunes parlant bien français qui me proposent spontanément de m'héberger. Ravi par cette opportunité qui tombe à point nommé, j'accepte volontiers et monte dans leur voiture afin qu'ils me conduisent chez eux, à quelques kilomètres de là d'après leurs dires. Sauf que le conducteur, une fois sorti du village, se met à rouler très vite et à faire des zigzags pour s'amuser. Les quelques kilomètres qui devaient nous séparer de leur maison sont largement franchis alors je leur demande où ils m'emmènent. Sans répondre à ma question, ils explosent de rire comme si j'avais sorti la blague du siècle et une petite voix à l'intérieur de moi m'avertit d'un danger imminent. Dans quel pétrin me suis-je encore fourré ?... Heureusement, des travaux sur la route les obligent à ralentir, ce qui me permet d'ouvrir la portière et de sauter hors du véhicule en marche. À la suite de cette petite cascade, leur voiture pile et les trois jeunes Roumains en sortent avec le regard ahuri. Cherchant à me convaincre de remonter, ils me demandent pourquoi j'ai sauté. À mon tour de ne pas répondre à leur question : je les fusille du regard avant de leur tourner le dos pour reprendre mon chemin dans ce qui me semble être la bonne direction. J'arrive ensuite dans un village où plusieurs personnes adoptent un comportement agressif envers moi quand je m'avance dans leurs cours pour leur parler. Je suis visiblement *persona non grata* dans ce coin... Je rencontre néanmoins une personne bienveillante et plus loquace que les autres qui m'avertit que je ferais mieux de ne pas dormir par ici car je risquerais de me faire agresser. J'ignore si l'endroit est réellement dangereux ou pas, mais après le simili-kidnapping que je viens de vivre, et étant donné l'ambiance très glauque de ce village, je n'ai plus qu'une seule envie : déguerpir de là au plus vite.

Ces derniers incidents ont eu le mérite de m'apporter une prise de conscience nécessaire : à savoir qu'il est désormais juste pour moi d'accepter l'aide que la vie m'apporte, à travers Hervé, pour finir ce voyage. Je me sens maintenant aligné avec cette décision. En outre, je sens bien qu'il ne s'agit pas d'une suggestion insidieuse de mon mental ou d'une sensation passagère, mais bien de la voix de la sagesse. Je suis trop harassé et les conditions sont trop hostiles pour que je puisse continuer seul. Sans culpabilité mais tout de même avec de la déception, je prends alors mon téléphone pour appeler Hervé et lui faire part de mes dernières mésaventures. Je lui explique que j'ai pris la décision, une bonne fois pour toutes, de finir le voyage avec son aide quotidienne, et que j'ai besoin qu'il me rejoigne sur la route 56A dès qu'il le pourra car je ne trouve aucun endroit où me loger. Mon ami me répond par un laconique mais efficace « J'arrive ! » Je l'attends alors patiemment dans un petit parc propice à la méditation. Même si je me sens vivement soulagé d'avoir ôté ce poids de mes épaules, quelques pensées culpabilisantes viennent me tracasser. Nul doute qu'il me faudra plusieurs journées pour digérer la déception de ne pas avoir été suffisamment fort pour aller jusqu'au bout de mon voyage en conservant les règles du jeu initiales. Et par ailleurs, quelle chance inouïe qu'un ami soit là pour me tendre la main pile au bon moment et me permettre de finir ce voyage malgré tout !

Le voilà justement qui arrive alors que le crépuscule s'installe sur la campagne roumaine et que le trafic routier s'apaise. Nous fêtons nos retrouvailles anticipées par un copieux repas, avant de monter la tente nuitamment sous les aboiements des chiens que notre présence intrigue.

Confortablement installé dans le sac de couchage, j'ai encore du mal à lâcher prise, et mon esprit revient sans cesse sur cet incident qui aurait pu mal tourner. Quel message la vie souhaite-t-elle me faire passer à travers cette mésaventure ? En tout cas, je l'ai interprétée sans équivoque comme le signe que je devais accepter l'aide d'Hervé. J'avais visiblement besoin de vivre ces mauvaises rencontres pour m'aider à faire le choix le plus sage. J'y vois aussi la preuve qu'un excès de fatigue a faussé mon intuition alors que cette dernière s'était révélée infaillible jusqu'à présent. Je dois maintenant accepter pleinement que l'aventure sans équipement et sans argent se termine à six cents kilomètres de la ligne d'arrivée. Quoique, pas tout à fait, car Hervé prend à sa charge l'intégralité des frais, si bien que la philosophie de mon voyage reste quand même préservée. N'est-il pas absolument magique que, sans le programmer, un copain vienne me rendre un si grand service ? Je m'endors sur ces douces pensées de gratitude, rassuré de savoir mon aventure entre de bonnes mains.

Les Carpates roumaines que j'ai parcourues il y a dix ans avec émerveillement, tant pour le côté humain que les paysages, n'ont plus rien à voir avec la partie sud que nous traversons désormais ; des forêts entières ont été rasées pour y planter des céréales, et la plupart des puits sont abandonnés quand ils ne sont pas souillés. Les arbres fruitiers, qui étaient plantés en double rangée tout au long des routes, ont eux aussi été sacrifiés. Je me souviens également qu'on ne trouvait avant aucun produit alimentaire transformé dans les magasins, pas même des biscuits. Désormais, tous les « aliments » transformés et toxiques que la civilisation a produits se retrouvent dans les épiceries roumaines. Ils ont bien rattrapé leur «retard» sur cet idéal que l'Occident représente pour eux, et l'épidémie d'obésité est galopante.

Bien que je n'aie plus à me soucier de trouver de la nourriture et un endroit pour dormir, cette dernière partie de l'expédition est encore longue et s'annonce éprouvante. Je sens toutes les cellules de mon corps me crier qu'elles aspirent au repos. Je leur réponds que je les ai entendues mais qu'il est tout simplement hors de question pour moi d'arrêter si près du but. Chaque jour est une épreuve en soi et je donne tout ce que j'ai. Cela me permet de réaliser des étapes de cinquante kilomètres en moyenne. Nous avançons sur des routes rendues dangereuses par la présence de nombreux poids lourds et de voitures à la conduite nerveuse et au klaxon facile. Tout autour de nous, un immense désert s'étend à perte de vue. Pas un arbre à la ronde, sauf quelques rescapés dans les villages. Cela me brise le cœur de constater un tel massacre. Sur ces immenses surfaces déboisées s'étendent à perte de vue des plantations de maïs, de soja, de tournesol, etc.

Pendant ces longues journées sous un soleil de plomb permanent, mon énergie psychique et ma concentration sont entièrement absorbées par la gestion de la fatigue, l'observation des quelques mètres de goudron devant moi (pour éviter les gravillons et les éventuels objets perforants), par la surveillance visuelle des véhicules venant de face et la surveillance auditive des véhicules venant dans mon dos. Je peux heureusement compter sur la présence d'Hervé qui fait son maximum pour me soutenir et assurer ma sécurité en roulant juste derrière moi dans les portions les plus dangereuses. Ce n'est clairement pas sans raison que cette route du sud de la Roumanie a reçu le prestigieux titre de route la plus dangereuse d'Europe! Nous n'avons vraiment pas l'impression d'être sur une véloroute...

Les difficultés que j'éprouve pour venir à bout de chaque journée sont une confirmation supplémentaire du fait que je ne pouvais pas finir seul. Je ressens beaucoup de gratitude pour tout ce que je reçois, pour le dévouement dont fait preuve Hervé ainsi que pour sa patience à supporter mes coups de gueule: «J'en ai marre de ce voyage! Je veux rentrer chez moi!» Il est inenvisageable d'arrêter si près du but mais qu'il est dur de repousser sans cesse ses limites! J'en bave, mais je sais qu'une fois de retour à la maison je ne vais conserver de tout cela que le positif, comme je l'ai toujours fait pour mes précédents voyages.

13
ENSEIGNEMENTS

Même s'il me tarde de finir, je mesure le privilège que j'ai de vivre une telle expérience. C'est pourquoi je ne dois pas en gâcher la fin. Il est important que, malgré la fatigue, je savoure ces derniers jours hors du temps avant de revenir dans la matrice. Le temps semble d'ailleurs s'être vraiment arrêté, il fait tous les jours grand soleil avec des températures proches de 35 °C. Pendant ces longues heures de course où j'essaye de m'échapper de mon corps fatigué, je réfléchis aux enseignements que m'a apportés ce voyage.

ENSEIGNEMENT NUMÉRO 1 : Il existe une forte corrélation entre la qualité de l'environnement et l'humanité des personnes qui l'habitent. J'ai pu observer que dans les endroits où le paysage est beau et l'ambiance calme, les gens sont naturellement de bonne humeur, souriants et accueillants. Bref, ils sont plus humains que dans les lieux où la nature a été saccagée et où règne une activité industrielle et commerciale intense. Moralité : l'endroit où l'on habite est primordial pour notre équilibre global et notre bien-être.

Avec un voyage énergivore comme Eurotopia qui peut vite conduire à l'épuisement, je me trouve dans une situation idéale pour ressentir avec une grande acuité les éléments et les pratiques qui redonnent efficacement des forces quand on ne peut plus compter sur les siennes.

ENSEIGNEMENT NUMÉRO 2 : Nous tirons principalement de l'énergie du repos (sommeil ou sieste adossé à un arbre), de l'air respiré en quantité (*via* le sport ou les respirations conscientes), du soleil (en exposant sa peau), du contact avec la nature, de l'alimentation vivante, des pensées et émotions positives (en pensant et ressentant les bons moments du passé et ceux à venir que l'on souhaite et visualise), et, surtout, des contacts humains lorsque l'on se sent écouté, compris, encouragé, aidé voire aimé. Un simple sourire, un bonjour, un geste de fraternité ont le pouvoir de recharger nos batteries. Moralité : ne sous-estimons pas le pouvoir des forces de la nature et des gestes de bienveillance, même s'ils nous semblent anodins. Leur énergie dépasse de loin nos forces personnelles limitées.

ENSEIGNEMENT NUMÉRO 3 : Un effort d'endurance en solitaire dans la nature est une situation idéale pour laisser vagabonder son esprit qui, tôt ou tard, finira par faire remonter à la surface de la conscience des projets ou des rêves que notre âme aspire à réaliser dans cette incarnation. On reconnaît l'authenticité de ces projets et de ces rêves à l'énergie et à la joie qu'ils nous procurent (parfois accompagnées de frissons) simplement en pensant à eux. Une fois de retour au quotidien, dans la matrice, le piège consiste à repenser à ces rêves en les trouvant finalement ridicules ou irréalisables. Le ridicule est précisément de ne pas considérer comme de la plus haute importance tout ce qui fait vibrer notre âme, aussi fou que cela puisse paraître…

Lorsque l'on voyage sans rien, on devient vulnérable au point d'être totalement dépendant du bon vouloir des personnes que l'on rencontre. Et quand de surcroît on est pieds nus et que l'on porte des vêtements singuliers, cela suscite très souvent de la peur ou du rejet. Alors cette situation peut vite engendrer de l'exaspération, voire de la colère.

ENSEIGNEMENT NUMÉRO 4: Rejeter ceux qui nous rejettent revient à reprocher à l'autre ce que nous-mêmes sommes incapables de faire: accueillir ce qui est sans juger. Accepter le rejet et la différence est un soulagement, une libération.

Avec les conditions très singulières de mon voyage, force est de constater que seul un très faible pourcentage de la population est prêt à héberger un inconnu aussi insolite que moi. Pour trouver ces bonnes âmes au milieu de la masse, je ne pouvais donc pas compter que sur le hasard ou sur des stratégies rationnelles pour solliciter telle personne plutôt qu'une autre. Je devais écouter mon intuition et interpréter les attitudes, les gestes, les expressions faciales, les tons de voix, etc. Avec l'expérience et un certain degré de sensibilité, j'ai appris à lire les intentions (bienveillantes ou non) en un simple regard. Parfois, seuls la démarche de la personne ou le ton de sa voix suffisent pour me signaler si celle-ci est disposée à m'aider ou pas. Pour cela il est nécessaire d'être à l'écoute de son propre ressenti et de ne pas refouler certaines de ses propres émotions, ce qui est le cas lorsque l'on a des blessures de l'âme non identifiées qui viennent parasiter le dialogue avec son corps. Ainsi, quand je vois une personne, même si je ne peux pas savoir à l'avance si elle va m'héberger ou pas, je sais en revanche si elle est disposée à m'aider ou pas. Et cela fait toute la différence.

ENSEIGNEMENT NUMÉRO 5: Le langage corporel (contrairement aux paroles) ne ment pas et nos ressentis sont toujours justes. Alors, écoutons-les! Bien des relations humaines s'en trouveront simplifiées et nous nous dirigerons alors vers les «bonnes» personnes...

Au cours d'Eurotopia, j'ai été gagné par la peur en Serbie, après être entré illégalement dans ce pays. Le moindre contrôle d'identité pouvait en effet me mener en prison, d'autant plus que certains Serbes appelaient la police quand je leur demandais l'hospitalité. Tant et si bien que je m'inquiétais dès qu'une voiture ralentissait à ma hauteur, et le soir je me cachais pour dormir. Étant trop fatigué et complètement décentré, j'ai laissé la peur prendre le dessus sur moi, et c'est à ce moment-là que j'ai commencé à subir le voyage et à perdre la motivation pour continuer. Pourtant, seule ma perception de l'expérience que je vivais avait changé.

ENSEIGNEMENT NUMÉRO 6 : La peur est une émotion naturelle et légitime quand notre vie (ou celle de nos proches) est menacée. Elle est là pour assurer notre survie et, en ce sens, il est vital de l'écouter. En revanche, si on laisse cette peur diriger notre vie, loin de nous apporter la sécurité que nous convoitons, elle nous amène au contraire sur la pente qui conduit aux enfers...

Quand j'observe toutes ces personnes qui portent volontairement le masque ou bien se nourrissent avec des poisons notoires, il m'arrive de désespérer et de les juger... Sur Eurotopia, il se trouve que ce sont justement ces personnes-là qui m'ont parfois sauvé la mise en m'hébergeant ou en me rendant un service.

ENSEIGNEMENT NUMÉRO 7 : Quel que soit le degré de conscience de nos actes, nous participons tous aux plans parfaits de l'Univers. Alors, faisons-lui confiance, même (et surtout) au cœur de la tempête...

Connaître des états de grande fatigue permet de mesurer la puissance insurpassable de l'amour. Je ne parle pas ici d'attachement à une femme, un homme ou à des enfants, mais de cette énergie qui se dégage à chaque fois que l'on établit un contact authentique d'humain à humain. Chaque soir où j'ai été invité à dormir, la fatigue de la journée s'envolait comme par magie devant l'humanité dont mes hôtes faisaient preuve à mon égard.

ENSEIGNEMENT NUMÉRO 8 : Bien souvent nous multiplions en nombre ou en fréquence des contacts humains trop superficiels qui ne nous nourrissent pas. L'amour dont nous avons tous besoin se manifeste dès lors que nous sommes pleinement présents, par nos seules perceptions, à l'autre. C'est cet état de pure écoute que nous recherchons tous dans nos relations.

Le pendant de l'enseignement numéro 4, concernant l'acceptation, sont les limites de cette acceptation. Nous avons tous des limites et des besoins fondamentaux qui ne sont pas négociables. Voyager sans rien en étant totalement dépendant des autres m'a permis de les mettre en lumière, notamment dans les moments difficiles où les bornes de ce que j'étais capable d'accepter se trouvaient dépassées.

ENSEIGNEMENT NUMÉRO 9 : Il est de notre responsabilité individuelle d'identifier clairement nos limites et nos besoins afin de connaître les conditions nécessaires à notre bien-être. C'est une condition préalable pour se dédouaner du poids de la culpabilité lorsque nous ne répondons pas aux attentes illégitimes de notre entourage.

J'ai conscience que c'est la magie du voyage qui me permet d'avoir l'esprit suffisamment clair pour accéder à ces neuf enseignements que je note précieusement sur un morceau de papier au fur et à mesure qu'ils apparaissent. Ils représentent à mes yeux le bien le plus important que je vais retirer de ce voyage. Toutefois, je sais par expérience qu'une fois de retour à la maison, je vais en oublier une partie et que j'aurai besoin d'y revenir encore et encore, jusqu'à ce qu'ils soient pleinement intégrés dans ma conscience.

14

DERNIÈRE LIGNE DROITE

Au fil des jours, une routine se met naturellement en place entre Hervé et moi. Nous prenons chacun nos repères pour fonctionner de conserve et trouver un équilibre qui convienne à chacun. Hervé ne se lasse pas de me filmer sous toutes les coutures, et il s'accorde des moments de solitude en allant loin devant pour installer son drone. C'est également lui qui s'arrête sur les marchés pour faire les courses et rapporter de délicieux fruits. Nous formons un bon tandem. À la différence des Hongrois et des Serbes, les Roumains aiment parler et nombreux sont ceux qui m'apostrophent en me voyant courir comme Tarzan. Le drone attise lui aussi la curiosité. Nous faisons de belles rencontres avec des personnes qui nous offrent de l'eau, des fruits et des sourires. Un soir, nous expérimentons même le luxe de dormir sur des matelas neufs dans une maison fastueuse à peine achevée que les aimables propriétaires n'avaient pas encore eu le temps d'aménager ! Parfois, nous tombons sur des Roumains moins généreux qui réclament d'être payés alors qu'on leur demande seulement de l'eau du robinet. D'une manière générale, il est nécessaire en tant que touriste d'être vigilant dès que l'on paye quelque chose, car les prix ont vite fait d'être rehaussés. Parfois, de guerre lasse, nous renonçons à acheter sur les marchés où les prix ne sont pas affichés (et se font donc à la tête du client) pour aller plutôt dans un supermarché où nous sommes sûrs de ne pas nous faire arnaquer.

L'aventure continue donc, mais à deux désormais et sans le stress de se retrouver sans rien la nuit venue. Chaque jour la chaleur nous écrase et le soleil nous brûle. J'en viens même pour la première fois du voyage à utiliser de l'huile de ricin comme lubrifiant au niveau de l'aine pour diminuer les frottements. Nous nous arrêtons plusieurs fois par jour dans des bars pour nous désaltérer ou, plus rarement, pour échapper à un orage. Parfois je rafraîchis mes pieds, ou même mon corps entier, dans les lavoirs que l'on croise. La nuit, nous alternons entre tente, invitation chez l'habitant et hôtel. C'est cette dernière option que nous choisissons le soir du jour 78 lorsque nous arrivons à Calafat. Confortablement installés dans une chambre climatisée, nous nous accordons une journée complète de pause pendant laquelle nous jeûnons et nous nous purgeons afin d'accélérer la récupération. Hervé, qui en a encore l'énergie, choisit de passer cette journée de pause à visiter les environs de Calafat, tandis que je préfère de mon côté la passer au lit, sans la moindre motivation pour me lever.

Le lendemain, je concentre tous mes efforts pour trouver l'énergie d'avancer et je me rends compte que je suis de moins en moins enclin à m'ouvrir à la population, surtout depuis que la réponse à mes besoins ne dépend plus d'elle mais d'Hervé. Avec ses capacités à parler facilement anglais, espagnol et allemand, il est le plus à même de dialoguer avec les Roumains et je me repose sur lui pour cela également. Comme je le dis en plaisantant devant la caméra: « J'ai la chance d'être accompagné par un ami philanthrope, cameraman, assistant et traducteur! »

Le stress et le bruit omniprésent de la route me pompent tellement le peu d'énergie qui me reste, que la présence et le soutien d'Hervé me sont devenus indispensables. Ce sentiment de danger lié aux véhicules qui nous klaxonnent, parfois de manière agressive, n'est pas toujours facile à gérer. Alors nous essayons de distiller un peu d'humour quand nous nous retrouvons dans de telles situations, et je suggère ainsi à Hervé qu'au prochain coup de klaxon on lève les bras en l'air comme si l'on nous avait acclamés, alors que l'on sait très bien qu'ils nous klaxonnent pour que l'on s'écarte. Le premier automobiliste auquel on réserve cette petite farce, un homme assez âgé, pile aussitôt devant nous, puis sort de sa voiture pour nous invectiver avec les poings fermés, comme prêt à se battre. Nous passons notre chemin sans répondre à sa violence, ce qui a pour effet d'apaiser la situation. Quelle civilisation étrange a vu le jour...

Jour 84 sur Eurotopia, nous traversons une dernière fois le Danube en prenant un bac avant de découvrir avec joie le premier panneau qui indique « Constanța », l'ultime ville du parcours. Les Roumains prononcent « Contentsa », moi je dis « Content de ça » ! Ce panneau me fait chaud au cœur, à la tête et à tout le corps. Il ne me reste plus que cent cinquante kilomètres à parcourir, une bagatelle ! Le bain tant attendu dans la mer Noire n'a jamais été aussi proche. Cette bonne nouvelle ne m'empêche pas de ressentir quand même une grande lassitude, si bien que, comme dans un état d'équanimité, les joies comme les peines sont atténuées. Je n'ai plus vraiment d'énergie propre, je me contente de me laisser porter par les courants d'énergie qui me traversent et qui viennent de je ne sais où. Dans les moments bas je marche, et je trottine quand ça va un peu mieux.

Nous passons le quatre-vingt-cinquième jour à proximité de Rasova ; je fais mes dernières ablutions dans le Danube puis je lui exprime toute ma gratitude avant de lui dire au revoir. Je me suis toujours senti protégé à proximité de ce fleuve, fil conducteur de mon voyage, qui me soufflait de ne pas trop m'éloigner de lui quand je vagabondais à la recherche d'un toit pour la nuit. À partir de cet endroit, ce colosse, avec son débit faramineux de 6000 m^3 d'eau par seconde, bifurque au nord pour décrire une dernière boucle avant de se jeter dans la mer Noire. De mon côté je me dirige plein est pour rejoindre Constanța au plus court. La mer Noire est toute proche, et je savoure déjà le bonheur et la paix que je vais ressentir à fouler la plage de mes pieds nus, comme si je franchissais une ligne d'arrivée, celle que mon imagination débordante a tracée. Je suis parti sans rien mais je vais laisser quelque chose à cette fameuse mer Noire. La *mère noire*, comme une marâtre dont on aurait hérité les croyances limitantes et les conditionnements qui nous font par la suite tant souffrir. Ce voyage a mis en exergue chez moi un sentiment de culpabilité que j'éprouve trop souvent et qui complique ma vie, mes choix et mes relations sociales. Cette culpabilité, notamment celle de recevoir de l'aide, était criante lorsque je n'arrivais pas à me convaincre que le soutien providentiel d'Hervé était juste. Il a fallu que je me fasse (presque) kidnapper pour que je devienne lucide quant au fait que j'avais outrepassé mes forces et qu'accepter de l'aide était devenu plus que légitime. Maintenant que je ne souhaite plus éprouver ce sentiment dans des situations inappropriées, je vais rendre, sous forme symbolique, ce fardeau à la mer Noire en lui jetant un galet sur lequel j'aurai écrit le mot « Culpabilité ». Je suis ému par cette prise de conscience qui arrive là, juste au bon moment. Comme si, pour me récompenser d'avoir fait preuve de tant de bonne volonté, la vie m'offrait l'un des plus beaux cadeaux qui soient : une prise de conscience à rapporter à la maison pour faire de moi un homme davantage conscient de qui il est.

Jour 87. Il ne reste plus que soixante-dix kilomètres avant Constanța. Hélas, je me blesse à un pied avec un petit morceau de verre perforant. Rien de méchant, mais la douleur est forte et elle m'oblige à marcher avec le pied de guingois sur de longues sections. Mes nerfs lâchent et je hurle toute ma colère et ma frustration au ciel ! Pourquoi dois-je encore souffrir aussi près du but ? Je trouve cela profondément injuste au regard de tous les efforts fournis, de toutes les difficultés surmontées et de toutes les souffrances endurées pour arriver jusqu'ici ! Faut-il encore que la vie me mette à l'épreuve, même un jour avant la fin ? Je dis non ! Hervé me regarde interloqué, il sent que j'ai besoin de rester seul un moment. Une fois la pression relâchée par les cris, je m'installe en haut d'un talus pour méditer. Une demi-heure plus tard, la colère est enfin passée et je me sens recentré. En me remettant debout, j'ai même la bonne surprise de constater que la douleur a quasiment disparu et qu'il m'est à nouveau possible de courir normalement. J'esquisse un sourire de fierté en songeant que malgré toutes les embûches rencontrées, rien ne m'aura arrêté. Je me sens fin prêt pour retrouver l'équipe de tournage qui arrive, caméra au poing, pour filmer le dernier acte de *L'Empreinte*. Dieu que c'est bon !

Jour 88 : afin de témoigner toute ma gratitude envers la vie, je décide de jeûner pour ce dernier jour de voyage. Il est des moments dans une vie où l'acte de manger me paraît être un sacrilège. Toute l'équipe se réjouit que l'aventure ait été menée jusqu'au bout et qu'il y ait une belle histoire à raconter. Mais avant tout, il s'agit de finir l'expédition sans relâcher notre vigilance, car même s'il ne nous reste que trente kilomètres à parcourir, nous nous trouvons toujours sur une des sections les plus dangereuses d'Europe, avec un fort trafic et des accotements réduits. Pierre se demande même comment nous avons fait pour rester en vie après avoir parcouru huit cents kilomètres en Roumanie ! Grâce à un de ses amis journalistes influents, il parvient à organiser une réception avec la mairie de Constanța ainsi qu'une escorte de police pour m'accompagner sur les derniers kilomètres jusqu'au lieu du rendez-vous. Je le garde en mon for intérieur afin de ne pas le décevoir, mais cette fête organisée sans mon aval me perturbe un peu car je me représentais au contraire la fin de l'aventure comme un moment de recueillement dans l'intimité. Mais soit, je sens bien que je dois lâcher prise et me laisser embarquer de bon cœur par ce que la vie me propose encore !

Nous entrons dans la banlieue de Constanța, une ville de 280 000 habitants qui abrite le plus grand port de la mer Noire. Encore à quinze kilomètres du centre-ville où je suis attendu, Hervé et moi avançons sur une route à voie rapide très dangereuse, et nous nous demandons pourquoi l'escorte promise n'est pas là pour nous protéger. Les klaxons vont bon train et nous n'en menons pas large quand les poids lourds nous doublent. Les appels d'air que cela provoque me donnent l'impression d'être giflé. Sur ces entrefaites, nous voyons enfin arriver les voitures de police qui viennent pour nous encadrer. Deux voitures se placent devant nous et deux autres restent à l'arrière. Quel coup de théâtre ! Quand je pense que la police roumaine a contrôlé sept fois mes papiers d'identité et que, plus généralement, au cours de ce voyage, j'avais la hantise d'entendre une sirène et de me faire arrêter par les forces de l'ordre, voilà que maintenant ils sont là pour me protéger ! Jamais je n'aurais pu imaginer un tel renversement de situation, même dans mes rêves les plus fous ! Tandis que nous entrons dans le centre-ville, l'escorte interrompt le trafic aux carrefours et aux ronds-points en déclenchant ses sirènes pour nous laisser passer comme des vedettes. Cette fois, les voitures nous doublent avec respect, intérêt parfois pour cette scène peu banale que certains vont jusqu'à filmer. Je vis ce moment à la fois comme une consécration et la preuve que l'opinion publique peut très vite basculer selon que les instances officielles valident ou non une personnalité. Du statut de vagabond je suis presque passé au rang de star, simplement avec l'aide de quelques uniformes représentant l'autorité. Il y a de quoi méditer quant à la facilité avec laquelle la population se laisse influencer…

Alors que je savoure avec émotion ce final grandiose, j'ai la conviction que toutes les souffrances que j'ai endurées au cours de ma vie n'étaient pas vaines. Je sens dans mes tripes qu'elles ont toutes concouru à la concrétisation de cet instant magique. Éric est juste devant moi avec sa caméra, assis dans le coffre ouvert d'une voiture. Il filme mon visage marqué par la fatigue mais rayonnant. Ne sachant où me rendre dans le centre-ville, je continue de suivre l'escorte jusqu'à une rue piétonne pavée où un policier masqué me fait signe de le suivre en courant dans les ruelles. Il est accompagné de deux journalistes qui me filment et me photographient au prix de quelques essoufflements. Éric, lui, a chaussé ses rollers et me rattrape pour filmer les derniers mètres de cette odyssée. Je passe devant plusieurs restaurants avant d'arriver sur une place au centre de laquelle se trouve une statue surélevée de la louve capitoline nourrissant Rémus et Romulus, symbole de la mère nourricière et protectrice.

C'est depuis cette place que j'aperçois enfin la mer Noire, cette fameuse mer que je visualise depuis cinq ans comme étant la ligne d'arrivée de mon périple. J'aimerais m'arrêter et prendre le temps de la regarder pour me recueillir mais les caméras tournent et j'ai pour consigne de suivre à la trace le policier qui m'emmène jusqu'au mythique hôtel Palace, où Pierre a organisé ce qu'il appelle une petite surprise... En attendant de pouvoir me baigner et lancer cette fameuse pierre de la culpabilité dans la mer Noire, je me sens soudainement envahi par une vague d'énergie qui efface toute trace de fatigue physique et psychologique en moi, comme si on m'avait lavé de l'intérieur et rechargé. Je ressens aussi une immense fierté, celle d'être allé jusqu'au bout de la mission que je m'étais fixée.

ÉPILOGUE

En ce milieu d'après-midi, le soleil nous fait l'honneur d'être présent, triomphant au-dessus de nos têtes dans un ciel d'azur immaculé. Je descends quelques marches, puis j'arrive sur la promenade du bord de mer qui forme une longue ligne droite au bout de laquelle j'aperçois un petit attroupement de personnes et des banderoles : c'est certainement là qu'est prévue la réception. Pierre est resté secret à ce sujet et je n'ai aucune idée de la surprise qui m'attend. Il me reste cent cinquante mètres à parcourir avec trois objectifs braqués sur moi qui me mitraillent. Je suis bien loin de l'arrivée dans l'intimité et le recueillement avec la mer Noire que j'avais tant imaginée ! Je la regarde du coin de l'œil comme pour lui dire que je ne l'ai pas oubliée. Mais j'accepte de bon cœur de jouer le jeu, car cette aventure, je l'ai réalisée autant pour moi que pour laisser mon empreinte dans ce monde qui tourne à l'envers.

Tous mes sens sont aux aguets pour graver cet instant dans ma mémoire. Mes pieds foulent des dalles multicolores agréables au contact, à ma droite le bleu de la mer se confond avec celui du ciel et, à ma gauche, l'allée est bordée par une rangée d'arbres où se mêlent quelques badauds. La réception à laquelle je suis invité est juste au niveau de l'arbre à soie que je reconnais au premier coup d'œil grâce à ses fleurs roses paradisiaques. Elle n'est plus qu'à quelques pas, et je commence à distinguer quelques visages connus quand j'ai la grande surprise de voir ma mère qui me stoppe dans mon élan. Nous nous serrons dans les bras tandis que les caméras tournent autour de nous. Les larmes aux yeux, ma mère me félicite et me dit que je peux être fier de mon exploit.

Pierre, qui a tout orchestré, me dirige ensuite vers le maire adjoint de Constanța qui vient me serrer la main et me féliciter en ces termes: « Constanța est l'une des plus anciennes cités de Roumanie, vieille de deux mille cinq cents ans et chargée d'histoire. Merci d'avoir fini votre voyage ici où l'Europe commence. Vous avez montré que l'Europe n'a pas de frontières et c'est un honneur pour nous de vous recevoir ici. Bienvenue à Constanța! »

Précédemment, mes conditions de voyage aux confins du Grand Nord étaient aux antipodes des codes sociaux et de l'éducation que j'ai reçus. Là-haut, c'est le royaume de la nature sauvage avec ses lois naturelles et ses règles de survie auxquelles tout être vivant est assujetti. Nul besoin de forces de l'ordre pour réprimander les contrevenants, les forces de vie se chargent de faire régner le juste équilibre. Il n'y a là-bas nulle injustice et nul mensonge. C'est dans ces milieux sauvages, de la toundra aux forêts primaires, que je me sens vraiment chez moi et en paix. Cette réception n'est-elle pas justement une invitation à réconcilier deux parties déchirées à l'intérieur de moi: l'explorateur épris de vérité et l'homme conditionné que je demeure néanmoins? Le temps est révolu où je vivais mes aventures en solitaire comme un animal blessé qui fuit autant la civilisation que le conditionnement familial. Cette fois, le point d'orgue de ma plus grande expédition se termine dans les bras de ma mère pleine de fierté, avant que je serre la main du maire adjoint de Constanța qui reconnaît officiellement la valeur de mon travail. Autant de mains tendues pour que mon cœur accepte à nouveau de s'ouvrir pleinement à l'Humanité. À ce petit détail près qu'il n'y a pas le maire mais son adjoint, *la réconciliation avec les instances officielles prendra sans doute un peu plus de temps*, me dis-je avec humour…

Encore plus imprévisible, un autre honneur m'est réservé avec la présence de Şerban Dimitrie Sturdza qui n'est autre que le prince de Roumanie, venu lui aussi me serrer la main et me féliciter. Cette réception organisée au pied levé, à peine vingt-quatre heures avant mon arrivée, nous la devons à Denis Florent Cheyrouze, journaliste et ami de Pierre, qui lui aussi nous a rejoints pour une photo officielle devant l'hôtel Palace. Toujours à leurs côtés, je reçois comme cadeaux de la mairie deux drapeaux: celui de Roumanie et celui de Constanța. Puis, nouvelle surprise, Florence sort du petit groupe de badauds assemblés autour de nous pour m'embrasser et me remettre une rose rouge.

J'ai à peine le temps de reprendre mes esprits que c'est au tour de ma grand-mère de manquer de me faire pleurer. À 84 ans, elle n'a pas hésité un seul instant à prendre l'avion pour voir son petit-fils, malgré les peurs de son entourage au sujet de la pandémie. La mairie offre un bouquet de fleurs à toutes ces femmes venues jusqu'ici pour moi, et nous prenons ensuite la pause devant les photographes avec le drapeau de Constanța pour immortaliser l'événement. Pendant ce temps, Hervé, fidèle à lui-même, continue de prendre des photos le sourire aux lèvres et s'assure que je n'ai pas besoin d'eau.

Une fois la réception terminée, nous faisons quelques photos souvenirs avec Hervé puis je descends les marches qui mènent à la plage. Voilà enfin le moment que j'ai tant attendu, ce fameux face à face avec la mer Noire, une fois le travail accompli. Je me rends compte à cet instant que je ne ressens plus la moindre trace de fatigue quand bien même je n'ai encore rien mangé de la journée. Sur la grève, je ramasse quelques coquillages et trois pierres de couleurs différentes en forme de cœur qui me sont apparues spontanément. Puis je m'installe en méditation pour exprimer du fond de mon âme l'éternelle gratitude que j'ai envers la vie de m'avoir autorisé à vivre cette expérience unique. Oui, toutes ces souffrances n'étaient pas vaines...

Pendant que je me recueille, l'équipe de tournage s'affaire autour de moi pour préparer la dernière scène du film en rapport avec cette fameuse culpabilité. Maintenant que j'ai mis le doigt sur elle, je comprends que cette culpabilité ne se cantonne pas à la gêne de demander de l'aide et d'oser prendre ma place. Elle se manifeste aussi quand je ne réponds pas aux attentes de mon entourage ou de la société. Tout s'éclaire dans mon esprit en cet instant. Je comprends maintenant pourquoi, de manière totalement surnaturelle, tout au long de ces trois mille cinq cents kilomètres, mon regard se portait automatiquement et de manière obsessionnelle sur toutes les pierres en forme de cœur. Parfois cela devenait même usant d'avoir le mental qui focalise en permanence sur tous ces cœurs en pierre! La vie voulait simplement me montrer ce que je pense inconsciemment de moi: que j'ai un cœur de pierre et que je suis une mauvaise personne! Je me souviens de toutes ces fois où ma mère me disait sur un ton ulcéré: «Tu as un cœur de pierre.» Cette blessure profonde remontant à mon enfance n'est toujours pas guérie. Mais quelle grâce de voir à l'œuvre la magie de la vie opérer une guérison en faisant remonter à la surface de ma conscience les croyances négatives qui me rendent malheureux.

Maintenant que j'ai identifié cette croyance qui empoisonne ma vie, je vais la jeter au fond de la mer Noire, et ainsi la rendre à la *mère noire*, *via* un galet, rituel classique et efficace qui aide l'inconscient à se reprogrammer. Tout est en place; Pierre, comme son prénom l'indique à merveille, a trouvé la pierre de la bonne taille et un feutre indélébile sur lequel j'écris ces lettres en majuscule: «CULPABILITÉ». Les caméras et le drone prêts à filmer, je pars nager dans la mer Noire, ma pierre de la culpabilité à la main, avant de la lancer de toutes mes forces en direction du large avec le vœu qu'elle ne remonte jamais des profondeurs où elle est tombée. Fin symbolique pour ce voyage en même temps qu'annonciatrice d'un renouveau, comme un cadeau que la vie me fait avant de rentrer. Ainsi ce voyage ne sera pas qu'un simple souvenir dans ma mémoire, il aura participé à mon évolution, mon enrichissement et laissera une empreinte indélébile dans mon âme et mon ADN.

Après avoir jeté cette pierre, je nage jusqu'à un îlot rocheux non loin pour faire le bilan et réfléchir à la suite de ma vie, avant de retourner dans la civilisation avec laquelle je dois renouer. Le voyage aura duré 88 jours, avec 8 jours de repos et 80 jours courus à une moyenne de 8-9 km/h pour 44 km quotidiens. Un voyage sous l'auspice du chiffre 8, à la fois ma mission de vie et mon chiffre préféré. Avant même de partir pour Eurotopia, je pressentais que ce serait ma dernière expédition. Maintenant que j'ai atteint mes limites dans le domaine de l'aventure, tant au niveau des prouesses physiques qu'à celui des prises de risques, j'ai le sentiment d'avoir fait le tour de ce que je voulais expérimenter en la matière. Étant un explorateur dans l'âme, je vais poursuivre ma quête des vérités éternelles mais dans des domaines plus subtils, jusqu'à ce qu'un jour, peut-être, je recontracte le virus du voyage...

Tous ces voyages ont été mon école de la vie et en même temps une thérapie. Mais entre-temps la donne a changé. Grâce à ce que j'ai appris ces dernières années sur la santé naturelle du corps et de l'esprit *via* l'hygiénisme, le développement personnel et la spiritualité, je n'ai désormais plus besoin de partir dans des régions perdues du globe, ou bien de me fixer des défis impossibles, pour continuer mon chemin de guérison et d'évolution. Je dispose dorénavant des outils nécessaires pour approfondir ce cheminement intérieur depuis chez moi. En outre, je sens qu'une nouvelle vie va commencer pour moi, notamment sur le plan professionnel, puisque je vais mettre un terme à mon travail forestier pour me consacrer uniquement à promouvoir les principes de la santé naturelle, domaine dans lequel la société a manifestement de grosses lacunes… Mon goût pour l'aventure s'exprimera dorénavant à travers mon travail d'éducation à la santé qui va à l'encontre de la doxa.

Le clap final du film ayant été donné, nous nous donnons rendez-vous avec Hervé, l'équipe de tournage, Denis le journaliste et le prince de Roumanie pour dîner dans un restaurant en soirée. Nous passerons ensuite la nuit à l'hôtel avant de rentrer à Paris dès le lendemain matin depuis l'aéroport de Bucarest. Nous serons alors le 8 septembre 2020, jour de célébration de la Nativité de la Vierge qui marquera la fin définitive de cette Odyssée…

Je me retrouve ensuite enfin seul avec ma mère, ma grand-mère et Florence, après avoir vécu ces émotions fortes qui ont rechargé nos cœurs. Nous déambulons dans les rues de Constanța avec nos bouquets de fleurs et nos drapeaux à la main. Au hasard des rues, nous passons devant la cathédrale Saint-Pierre-et-Saint-Paul qui me rappelle soudainement que je voulais allumer deux cierges: un pour remercier toutes les personnes qui m'ont aidé sur le chemin, un autre pour remercier la vie de m'avoir offert cette expérience. Après avoir pénétré dans l'enceinte de la cathédrale, nous entrons dans un petit bâtiment réservé exclusivement aux vœux et aux cierges qui sont très nombreux. Au milieu d'une centaine de flammes chargées d'espoir et de gratitude, j'allume à mon tour deux cierges avec solennité. Mon regard est ensuite attiré vers la sortie où une vieille dame étrange est assise sur le pas de la porte comme si elle contrôlait les entrées. Elle me regarde avec des yeux insondables et semble me parler, mais d'une voix inaudible. Qui donc peut bien ainsi passer son temps à regarder les pèlerins allumer un cierge ? Mon premier réflexe est de penser qu'elle est dérangée ou qu'elle fait l'aumône, alors mon attention se détourne d'elle pour revenir vers ma mère et ma grand-mère en train d'allumer elles aussi un cierge. Puis, au moment de passer devant cette vieille femme pour sortir, je constate qu'elle continue de me parler en me fixant de son regard intense. Voyant que je ne comprends toujours rien, elle finit par me montrer du doigt les bouquets, puis m'indique du même doigt une direction à l'extérieur. La lumière s'allume enfin en moi... En fait, c'était moi le dérangé ! Comment ai-je pu oublier de rendre grâce à la Vierge pour la protection divine dont elle m'a fait bénéficier pendant tout ce voyage ? Effectivement, au-dehors, à quelques pas seulement, se trouve une représentation en bois de la Vierge anoblie par de nombreuses offrandes de fleurs. À notre tour, nous allons donc déposer avec soin nos fleurs dans les bras de la Vierge ; elles ne pouvaient trouver plus juste place ! Une autre vieille dame en totale dévotion intervient alors d'une main experte, pour ajuster nos offrandes avec une grande délicatesse afin que la grâce de l'instant soit parfaite.

FIN

Septembre 2023
Florian Gomet

LIVRET HYGIÉNISTE

DÉFINITION : Étymologiquement, le terme « hygiénisme » tire son origine de la mythologie grecque, Hygie ou Hygée (en grec ancien *Ὑγιεία/Hugieía* ou *Ὑγεία/Hugeía*, « santé »), fille d'Asclépios, dieu de la médecine, et d'Épione, déesse de la santé, de la propreté et de l'hygiène. Elle représente la santé préservée et symbolise également la médecine préventive.

Le débat quant à la « bonne » manière de vivre date de l'Antiquité, et certains personnages influents de ces derniers siècles, comme l'éducateur de santé américain Herbert Shelton (1895-1985) et le philosophe Jean-Jacques Rousseau (1712-1778) avaient compris les bénéfices – en matière de santé et de bien-être – que nous pourrions tirer à observer la nature et ses lois. Désormais, les preuves scientifiques[1] abondent dans ce sens et nous prenons conscience que nos théories et nos sciences contemporaines gagneraient à s'inspirer de l'intelligence de la nature et des travaux de Béchamp qui relativise le rôle des microbes dans l'occurrence des maladies.

L'hygiénisme est un courant de pensée né dans les années 1820 aux États-Unis qui considère le corps humain comme capable

1. À ce sujet, lire : *Le Bain dérivatif* de France Guillain (éditions du Rocher, 2009), *La maladie a-t-elle un sens ?* de Thierry Janssen (Fayard, 2008), *Tout ce qui ne nous tue pas* de Scott Carney (Amphora, 2017), *L'Histoire du corps humain* de Daniel Liberman (JC Lattès, 2015), *L'Intelligence dans la nature* de Jeremy Narby (Buchet-Chastel, 2005), *Renaître par le souffle* de Désiré Mérien (Jouvence, 1997).

à la fois de s'adapter à la grande majorité des conditions de vie naturelles, et de guérir seul en cas d'agression de tout type. Pour ce faire, le corps aurait besoin simplement que l'on respecte ses besoins vitaux: oxygène, nourriture adaptée (physiologique), élimination des toxines et repos suffisant. Ce mouvement a ensuite été popularisé un siècle plus tard par l'éducateur de santé américain Herbert M. Shelton qui prônait déjà l'autoguérison par le crudivorisme et le jeûne.

L'hygiénisme est une approche naturelle de la santé dont le principe est de vivre et se soigner en accord avec les lois de la nature. L'hygiénisme ne se cantonne pas à la prévention et ses effets bénéfiques observés ne se limitent pas à l'effet placebo. Au contraire, il s'agit d'une approche holistique de la santé qui redonne de la vitalité au corps afin qu'il ait les moyens d'opérer une véritable guérison.

Pour optimiser notre santé et notre bien-être, l'hygiénisme considère que la meilleure manière de vivre se doit d'être en adéquation avec notre physiologie de primate. Se revendiquent hygiénistes ceux qui pratiquent ou recommandent un comportement propre à imiter la vie que nous aurions si nous étions lâchés dans la nature, comme autrefois. Cela fait sens puisque notre génétique de primate s'est adaptée au cours des soixante-cinq derniers millions d'années à notre environnement et que la vie moderne a radicalement changé nos conditions de vie.

Cette vision de la santé est en général difficile à appréhender car elle est en opposition avec l'approche pasteurienne qui considère que bien des maladies ont pour origine les mauvais microbes. Alors que dans l'approche hygiéniste l'apparition des maladies est systématiquement liée à une accumulation trop grande de toxines dans l'organisme. Une hypothèse de plus en plus confirmée par l'expérience ainsi que par les travaux de Béchamp sur les microzymas. Une toxémie exogène en lien avec la pollution et une alimentation non physiologique, et une toxémie endogène en lien avec le stress et les troubles émotionnels. Ce qui sous-entend que si nous vivions en paix dans un environnement parfaitement sain, nourris avec une alimentation adaptée à nos véritables besoins, alors nous serions tous naturellement en bonne santé. D'ailleurs, dans la nature, les animaux sauvages sont très rarement malades ce qui n'est pas le cas de nos animaux domestiques qui contractent les mêmes maladies en vivant à notre contact.

Le cours de ma vie et la qualité de ma santé ont radicalement changé quand j'ai découvert et mis en pratique dans mon quotidien la majorité des pratiques hygiénistes qui existent. Pour ces raisons, j'ai adopté la définition personnelle de l'hygiénisme suivante: «L'hygiénisme est l'art et la manière de concilier dans notre vie quotidienne des pratiques qui visent à recréer, de manière naturelle ou artificielle, les conditions de vie qui prévalaient à l'aube de l'humanité et pour lesquelles notre organisme est fait.»

L'expérience m'a montré que plus on intègre l'hygiénisme à son quotidien et plus le bien-être et la joie jaillissent spontanément de notre corps. Cela sans avoir à atteindre des objectifs élevés ou avoir besoin de réunir différents paramètres d'une équation qui serait celle du bonheur. On se sent bien ici et maintenant, et ce, sans aucun artifice. La raison en est simple, l'hygiénisme nous rapproche, par ses antidotes, des conditions de vie naturelles des primates que nous sommes!

Voici un petit tour d'horizon de quelques pratiques hygiénistes que j'ai adoptées:

1. L'ALIMENTATION VÉGÉTALE ET VIVANTE

Je la considère comme notre alimentation de base, celle qui est vraiment faite pour l'humain. C'est l'alimentation que nous aurions si nous ne mangions que ce que l'on peut attraper dans la nature avec nos mains. Des mains dont les os sont appelés, en grec, *metakárpion* (métacarpe), ce qui signifie littéralement «derrière le fruit».

L'alimentation vivante, dite aussi alimentation végétale et vivante, rassemble tous les aliments du règne végétal, avec les algues et les champignons, qui n'ont subi aucune congélation ni cuisson supérieure à celle de la température corporelle. Ces aliments doivent rester à leur état naturel, crus, pour favoriser une assimilation optimale des micronutriments (grâce à la présence d'enzymes que la cuisson détruit) et mener à bien l'élimination des toxines.

Si les aliments sont consommés sous leur forme brute, cela n'empêche pas d'employer des modes de transformations doux comme l'extraction de jus, la déshydratation, le mixage. Certaines transformations comme la germination et la lactofermentation enrichissent même l'aliment avec de nouveaux nutriments.

En résumé, un aliment vivant est un aliment dont le potentiel d'activité enzymatique n'a pas été détruit par une cuisson ou un mode de transformation.

2. LE JEÛNE

Lorsqu'on s'arrête un temps de manger, l'économie de la fonction digestive (40 à 60% de l'énergie qui sont normalement dévolus à la digestion) permet à toutes les forces vitales de l'organisme de se tourner vers les fonctions d'élimination et de régénération. À travers cette période de nettoyage organique, il lui est donné l'occasion de déposer des couches de poisons. Pendant le jeûne, l'organisme utilise ses réserves pour subvenir à ses besoins. C'est le principe de l'autophagie ou autolyse. La lyse (destruction cellulaire) s'effectue sur nos propres cellules, en commençant par celles qui sont abîmées, infectées, dégénérées et parfois dangereuses comme celles qui constituent les tumeurs.

En parallèle, les graisses en réserve sont utilisées pour produire de l'énergie, bien avant que ne soient entamées les masses musculaires (celles-ci peuvent être partiellement utilisées si le jeûne se prolonge sur une longue durée). En outre, les organes vitaux comme le cerveau, les tissus nerveux, les glandes, le cœur ne sont pas affectés par cette lyse. En même temps que s'effectue cette autolyse organique, il se produit une élimination accrue de toxines qui encombrent habituellement l'organisme, même en l'absence de symptômes. Le jeûne est une aide merveilleuse qui accélère le nettoyage des vaisseaux, des cellules et du milieu interstitiel. En outre, la réduction de la toxémie favorise le renforcement du terrain organique, et favorise ainsi notre immunité naturelle.

3. LES PURGES

Le mot « purge » vient du latin *purgare*, qui signifie : « purifier, nettoyer ». La purge est une pratique qui remonte à l'Antiquité et elle était enseignée par Hippocrate. Elle consiste à absorber au cours d'un jeûne court une substance végétale ou minérale qui améliore les processus de détoxication de l'organisme, notamment en nettoyant le sang et la lymphe circulante de ses acides et de ses colles tout en provoquant une vidange gastrique par laquelle les toxines vont s'échapper du corps. Les animaux eux-mêmes se purgent, il s'agit donc bien d'un procédé naturel hygiéniste en accord avec les Lois du vivant. Au Moyen Âge, les apothicaires n'avaient que des substances naturelles à proposer aux malades et les purges étaient monnaies courantes. C'est depuis le XIXe siècle, avec la découverte de l'existence des microbes et la vision pasteurienne des maladies, que l'usage des purges s'est perdu et a été relégué au rang de remède « de grand-mère ».

Il est important de ne pas confondre laxatif et purge. Si une purge déclenche une vidange gastrique, son intérêt thérapeutique réside avant tout dans sa capacité à nettoyer le sang et la lymphe circulante de ses acides ou de ses colles. Ce que ne fait pas un simple laxatif.

Sur la centaine de purges qui étaient autrefois utilisées, seules quelques-unes ont traversé les âges : l'huile de ricin (*Palma Christi* en latin, c'est-à-dire la main du Christ), le sel d'Epsom (ou sulfate de magnésium), le sulfate de sodium, le chlorumagène et la magnésie San Pellegrino. Il serait bien sûr possible d'en réhabiliter d'autres, en attendant celles-ci sont efficaces et se complètent bien.

4. LES RESPIRATIONS WIM HOF DE BASE

Wim Hof est un athlète néerlandais de sport extrême. Surnommé Iceman ou encore «l'homme de glace», il est connu pour ses performances et ses records d'exposition en températures extrêmement basses.

Les respirations Wim Hof de base sont anti-inflammatoires et atténuent les douleurs. Leur efficacité à faire croître le pH sanguin *via* une augmentation de bicarbonate a des propriétés alcalinisantes. Par le phénomène d'hyperventilation, elles sont également détoxiquantes et améliorent la circulation lymphatique. Elles favorisent aussi le bon fonctionnement de l'hypothalamus ce qui participe à la régulation des émotions et de la température corporelle.

Protocole des respirations:

On inspire profondément par le nez et on fait ressortir l'air par le nez (ou par la bouche si on ressent un grand stress ou si le nez est bouché) sans forcer. Sur un rythme plus rapide que la respiration au repos, on réalise une trentaine de respirations avant de retenir son souffle le plus longtemps possible (mais sans forcer) poumons vides (vertus relaxantes) et puis sur quinze secondes à poumons pleins (vertus dynamisantes). À répéter sur une séance de trois-quatre cycles. Le but consiste à rééquilibrer le système nerveux autonome entre la partie sympathique et parasympathique.

5. L'HORMÈSE

L'hormèse regroupe l'ensemble des réactions physiologiques générées par notre organisme en réponse à un stimulus que l'on appelle communément «stress».

La loi de l'hormèse suppose que tout organisme vivant possède naturellement la capacité de s'adapter à son environnement, aussi hostile soit-il. Du moment que cette capacité d'adaptation n'est pas dépassée, tout stimulus stressant renforce l'organisme.

La loi de l'économie, elle, stipule que toute capacité qui n'est pas utilisée par le corps se perd afin d'éviter une dépense énergétique inutile à entretenir ce qui ne sert plus. En conséquence, si notre corps n'est pas suffisamment soumis à des stress naturels (chaud, froid, faim, fatigue et apnée) alors il perd progressivement ses capacités adaptatives innées et l'organisme dépérit.

Selon ces principes, il est vital de soumettre notre corps à certains stimuli afin de renforcer notre capacité innée d'adaptation.

L'hormèse est un processus par lequel l'organisme exposé à des agents générateurs de stress se trouve renforcé et développe même une plus grande résistance à des niveaux plus élevés de stress. En pratique, cela consiste à exposer son corps à des facteurs de stress progressifs, jusqu'à la limite de sa capacité adaptative, en vue d'augmenter sa résistance et d'améliorer sa santé.

Concrètement, le principe de l'hormèse consiste à faire subir un stress intense, de courte durée, suivi d'une pause afin de permettre à l'organisme de récupérer et de se renforcer.

L'hormèse vise donc l'atteinte de la «zone hormétique» optimale, soit le niveau de stress maximal, tout en ne dépassant pas la capacité adaptative. L'expérience montre que la sollicitation brève de l'organisme, respectant cette capacité adaptative et un temps de repos suffisant, améliore les fonctions biologiques.

On distingue principalement cinq différents types d'expositions hormétiques:

- par l'activité physique;
- par le jeûne;
- par l'exposition au chaud;
- par l'exposition au froid;
- par les apnées.

Pour terminer cet aperçu de la philosophie hygiéniste (qui sera détaillée dans mon prochain livre sur l'hygiénisme, voici quelques lois et principes naturels sur lesquels elle s'appuie :

- l'état naturel pour tout organisme est la santé ;
- la toxémie est à l'origine des maladies ;
- le corps a la capacité de s'autoguérir ;
- les maladies fonctionnelles (diarrhée, fièvre, vomissement, etc.) servent à expulser les toxines et sont salutaires, on les appelle crises d'éliminations ;
- la loi de l'homéostasie : le corps revient naturellement à son état d'équilibre, la santé, si l'on jeûne et se repose ;
- la loi de l'hormèse : les stress d'origine naturelle qui ne dépassent pas la capacité adaptative de l'organisme et pour lesquels le temps de récupération est suffisant renforcent l'organisme et sont nécessaires à son bon fonctionnement ;
- en alimentation végétale et vivante, nous aimons ce dont nous avons besoin ;
- tout aliment végétal et cru a des propriétés thérapeutiques.

REMERCIEMENTS

Je remercie la vie et tous les êtres qui la composent de m'avoir permis de vivre cette aventure qui me fait dire aujourd'hui qu'aucune de mes souffrances n'était vaine.

À Valérie Brame et COLORis nature pour avoir confectionné la tunique unique que je porte en hommage aux Tarahumaras.

À tous ceux qui m'ont ouvert leur porte et leur cœur, cette traversée n'aurait pu aboutir sans votre soutien et votre humanité.

À tous ceux qui, de près ou de loin, m'ont soutenu et encouragé. Votre énergie bienveillante m'a porté jusqu'au bout.

Au règne végétal qui m'a nourri et rechargé en énergie avec tant d'abondance.

Aux éditions Guy Trédaniel pour la confiance et l'intérêt qu'elles m'accordent.

À toutes les personnes qui ont participé par leur présence, leurs conseils ou leur soutien à l'aboutissement de ce livre.

J'ai également à cœur de remercier:

Hervé Deschamps pour l'aide inestimable et l'amitié indéfectible dont il a témoigné à mon égard.

Marlène Trouillas pour avoir offert ses précieuses compétences de relectrice au service de mon récit.

Enfin, une pensée de gratitude envers les arbres qui ont été utilisés pour l'impression du livre que vous tenez entre les mains.

Conception graphique et mise en pages: Soft Office

Achevé d'imprimer en avril 2024
sur les presses de la Nouvelle Imprimerie Laballery
58500 Clamecy
Dépôt légal : avril 2024
Numéro d'impression : 404088

Imprimé en France

La Nouvelle Imprimerie Laballery est titulaire de la marque Imprim'Vert®

En haut du Saint-Cyr, point culminant de la Bourgogne du Sud,
un lieu où j'aime méditer et m'entraîner à la course à pied.

Interview avec France 3 juste avant le départ du 11 juin 2020 à 11 heures.

Saut de joie sur les premiers kilomètres : « À 35 ans, je suis enfin libre ! »

Premier ravitaillement dans une épicerie où est affichée la une du journal qui parle de mon aventure.

Rose cueillie sur le bord du chemin pour remercier mon premier hôte du voyage.

Une foulée sur l'avant du pied, caractéristique de la course pieds nus.

Nourriture glanée en chemin dans un supermarché.

Le lotus, ma posture de méditation quotidienne pour m'apaiser l'esprit avant de partir en quête d'un hébergement pour la nuit.

Rencontre avec une famille dans un camping à la ferme lors de ma première nuit en Allemagne.

Première nuit au bord du Danube, en Allemagne,
dans une écurie avec trois chevaux.

Lorsque la fatigue me gagne et chaque fois que c'est possible,
je me recharge en énergie avec une sieste le dos contre un arbre.

Journée de repos chez Heidi en Allemagne.

Un bonheur de suivre la véloroute 6 sous le soleil.

N'ayant pas d'imperméable, je cours sous la pluie pour ne pas me refroidir.

Les fruits glanés en chemin représentent 80 % de mes rations caloriques.

En arrivant à la cathédrale Saint-Étienne à Vienne, à mi-parcours.

En plein tournage dans les rues de Vienne.

Nuit en Hongrie où je dors dans un champ avec quelques couvertures offertes par les habitants.

Jeunes Hongrois avec qui j'ai parcouru quelques kilomètres.

André, mon hôte allemand vivant dans un camping hongrois où je resterai trois nuits.

Repas de fruits chez une Serbe.

Famille serbe où Hervé et moi sommes invités à manger et à dormir.

Après une nuit dans une caravane, petit déjeuner copieux
chez une famille serbe juste avant d'entrer en Roumanie.

En Roumanie, la véloroute ne fait qu'un avec la route, une des plus dangereuses d'Europe.

Après le simili-kidnapping en Roumanie, mon ami Hervé restera à mes côtés jusqu'à la fin.

Gratitude après avoir terminé une longue section de goudron très inconfortable pour les pieds.

Les longues lignes droites en Roumanie sur les deux dernières semaines de voyage où je rassemble ce qui me reste d'énergie.

Avec des températures dépassant les 35 °C, je refroidis mes pieds, et parfois tout le corps, dans les lavoirs.

Il me tarde d'arriver à la mer Noire alors je réalise parfois des étapes de plus de 60 km.

La police, après m'avoir arrêté lors de mon entrée en Roumanie, m'escorte sur les derniers kilomètres.

Après plus de 3 500 km et 88 jours de voyage, j'aperçois enfin la mer Noire.

À Constanța, la ville d'arrivée, ma mère, ma grand-mère et Florence me réservent la surprise de leur venue. Elles tiennent les fleurs qui seront déposées aux pieds d'une statue représentant la Vierge Marie.

De gauche à droite, je pose avec Costina Cheyrouze, son mari Florent Cheyrouze, le maire adjoint de Constanța et Serban Dimitrie, le prince de Roumanie.

Épilogue de l'aventure, je me recueille devant la mer Noire avec beaucoup d'émotions et de gratitude pour avoir eu le privilège de vivre une telle aventure.